실패하는 vs 성공하는 기업

이주열·최성안·송종화 지음

(주)광문각출판미디어

20여 년 전 컨설팅 회사에 근무할 때 신사업 기획을 담당하면서 대기업과 글로벌 기업의 개방형 혁신을 처음 접했던 것 같다. UC 버클리의 헨리 체스브로 교수의 논문과 책을 읽으면서 오픈 이노베이션에 대한 개념을 정리할 수 있었지만, 실제적으로 어떻게 기업에 적용해서 성과를 도출할지에 대해서는 조금 막연했던 것 같다. 그러한 답답함 때문에 직접 오픈 이노베이션을 경험하고자 현장에 뛰어들었던 것이다. 필자는 지난 10년 넘게 스타트업에 투자하고 육성하면서 스타트업 생태계를 배울 수 있었고, 대기업, 중견 및 중소기업을 만나 오픈 이노베이션을 자문하면서 이론과 실제의 Gap을 줄일 수 있었던 것 같다.

모든 기업의 숙명은 지속 성장과 생존일 것이다. 2023년보다 2024년 매출 목표를 낮게 책정하는 기업은 아마 없을 것이다. 작년보다는 올해가, 올해보다는 내년이 더 성장하고 더 내실 있는 기업으로 더 변화하는 것이 세상의 모든 CEO에게는 풀어야 할 당면 과제이다. 이를 해결하기 위해 신사업기획팀 또는 내부의 전략기획팀을 두고 미래의 성장 동력과 먹거리를 끊임없이 찾고 새로운 사람들을 만나고 기획을 제안하고 결론짓는 것을 반복하는 것이다.

그러나 각 기업의 미래를 책임질 신사업 아이디어와 히트 상품이 어찌 그리 쉽게 나오겠는가? 수없이 많은 도전과 시행착오를 겪으면서 성장의 그래프를 그려가는 것이 기업들이 마주해야 할 현실이기도 하다. 이 책은 그러한 시행착오를 조금이라도 덜어 주고자 집필하게 되었다. 실제로 국내에서는 오픈 이노베이션의 이론과 사례 그리고 추진 방법론까지 정리되어 있는 책이 없어서 저자들이 모여 함께 책을 쓰게 되었다. 이 책에는 오픈 이노베이션의 발상지인 실리콘밸리를 포함한 다양한 해외 경험과 국내 우수 오픈 이노베이션 사례를 직접 겪은 저자들의 경험을 한데 모았다.

이 책은 대기업, 중견기업, 중소기업, 정부 지자체와 공공기관, 대학과 연구소, 스타트업 간의 협업을 위한 방법론인 오픈 이노베이션을 실전 업무에 적용할 수 있는 사례들과 노하우를 공유하도록 구성하였다. 또한, 신사업을 기획할 때 어떤 방향성을 갖고 진행해야 하는지, 어떤 프로세스로 추진해야 하는지 방법론을 담아내어 기업의 실제적 업무 혁신에 적용할 수 있도록 돕고자 했다. 즉 국내 상황에 맞게 맞춤화된 오픈 이노베이션의 포괄적인 가이드를 담은 책이라고 이해하면 좋겠다. 최신 연구와 실용적인 사례를 바탕으로 오픈 이노베이션의 이론과 실천을 심층적으로 다루며, 다음과 같은 목적으로 그 잠재력을 활용할 수 있는 지식과 도구를 독자들에게 제공한다.

- **대기업/중견기업**: 미래 성장 동력을 발굴하고, 새로운 사업을 기획하고, 진화하는 고객의 요구를 충족하는 혁신적인 제품과 서비스를 개발하는 데 활용하기를 바란다.
- **중소기업**: 전략적 파트너십과 협력을 통해 리소스와 전문 지식을 확보하여 대규모 플레이어와 효과적으로 경쟁하고 성장할 수 있도록 고민의 폭과 깊이를 더하는데 활용하면 좋을 것 같다.
- **정부 및 지방정부**: 개방형 혁신 생태계를 조성하여 복잡한 사회 문제 해결과 지역 경제 발전을 촉진하는 데 지침서가 되기를 바란다.
- **공공기관**: 혁신 프로세스에서 시민과 이해관계자와 협력하여 서비스 제공과 효율성을 향상시키기 위한 고민과 노력들이 이 책을 참고해서 의미 있는 결과물로 나오기를 바란다.
- **스타트업**: 기존 조직의 지원과 리소스를 활용하여 혁신적인 솔루션을 개발하고 성장을 가속화하는데 대기업, 중견 및 지자체, 공공 기관과 어떻게 협력하고 어떤 이득을 취할 수 있을지 전략적으로 고민하고 이해하는데 활용 지침서가 되면 좋겠다.

오늘날 급변하고 복잡해지는 세계에서 기업, 정부, 공공기관, 스타트업 등은 지속 가능한 성장과 생존을 달성하기 위해 기존의 혁신 모델만으로는 더 이상 충분하지 않다는 것을 직감적으로 알고 있다. 기술 발전의 가속화, 세계화, 새로운 사회경제적 도전들은 혁신에 대한 우리의 접근 방식에 근본적인 변화를 필요로 한다. 오픈 이노베이션은 폐쇄적이고 내부에 국한된 기존 조직의 전통적인 경계를 허물고 다양한 이해관계자의 지식, 기술, 자원을 활용하는 보다 포용적이고 열린 형태의 패러다임 전환을 촉구한다. 스타트업, 대학, 연구기관, 고객, 심지어 일반 대중을 포함한 외부 파트너에게 혁신 프로세스를 개방함으로써 기업과 기관은 미개척의 잠재력을 활용하고 혁신의 속도를 높일 수 있을 것이다. 이 책을 읽으시는 모든 분에게 오픈 이노베이션을 통한 성장의 토대가 만들어지기를 기대해 본다.

2024년 05월, 이주열, 송종화, 최성안 저자 일동

추천사

[영어]

The author's expertise shines through; The Kudos on the thought-provoking content to the founders in startup/AC/VC. The essential best practices for the open-innovation & new business modeling decision makers for their global expansion strategy.

- Gyehyon Andrea Jo, Investor & Entrepreneur in Silicon Valley (CEO of MVLASF US & Canada | Forbes Business Development Council | The author of "IR Playbook for Startups & Ventures while Fundraising Diaspora".)

[한국어]

저자들의의 전문성이 빛을 발하는 책입니다. 스타트업/AC/VC의 창업자들의 생각을 자극하는 콘텐츠에 대한 찬사를 보냅니다. 글로벌 확장 전략을 위한 개방형 혁신 및 새로운 비즈니스 모델링 의사 결정자를 위한 필수 모범 사례입니다.

- 조계현, 실리콘밸리의 투자자인 MVLASF 미국 및 캐나다 CEO, 포브스 비즈니스 개발 위원회, 『디아스포라 자금 조달 중 스타트업 및 벤처를 위한 IR 플레이북』 저자, (전, LG테크놀로지벤처스 CFO)

계산된 모험을 통해 미래를 선도하는 기업이 되자.

세라젬은 끊임없이 변화하는 시장 속에서 계산된 모험을 통해 성장해 온 기업입니다. 이 과정에서 오픈 이노베이션을 통해 다양한 외부 기술과 아이디어를 적극적으로 도입하여 미래 성장 동력을 발굴하고 있습니다. 이 책은 오픈 이노베이션의 전략과 성공 사례를 통해 혁신을 위한 과감한 도전과 전략적인 접근의 중요성을 보여 줍니다. 특히, 스타트업과의 협업, 기술 라이선싱, 공동 연구 등 다양한 오픈 이노베이션 활동을 통해 어떻게 새로운 시장을 개척하고 경쟁력을 강화해야 하는지 아이디어를 얻을 수 있습니다.

미래를 선도하는 기업이 되고 싶은 모든 기업에게 이 책을 추천합니다. 특히, 변화하는 시장 환경에 적응하고 새로운 성장 동력을 발굴하기 위해 오픈 이노베이션을 고려하는 기업들에게 이 책은 귀중한 지침서가 될 것입니다.

- 세라젬 대표이사 이경수

교수님 책 너무 재미있게 먼저 읽을 기회 주셔서 감사합니다. 그래도 전체를 훑어보느라 시간이 좀 더 소요되었습니다. 책 발간되면 저희 컨설턴트 내에서 책 읽도록 할게요, 시간되 시면 저자와의 대화/브라운백 세미나 한번 부탁드릴게요^^

감사합니다.

- 김정태 드림

오픈 이노베이션에 대한 적지 않은 책이 있지만, 이를 기업가 정신과 연결해 설명하는 유일한 최고의 책! 이 책을 읽지 않고서 오픈 이노베이션 프로그램 설계를 제발 하지 마라!

오픈 이노베이션은 우리가 삶을 살아오고 경력을 개발하며 더 나은 성취를 해 가는 방식과 유사하다. 우리가 모르는 것을 배우고, 현재의 위치를 벗어나 더 나은 미래로 향하며, 불확실성과 시행착오의 리스크를 견뎌 내며 우리가 원하는 것을 성취하듯, 오픈 이노베이션은 기업이 어떻게 더 나은 기업이 될 수 있는 한 가지 위험하면서도 강렬한 방식을 제공한다.

오픈 이노베이션을 설계하는 담당자 외에도 오픈 이노베이션에 참여하는 외부의 스타트업과 내부의 사내 벤처팀, 신사업 개발 부서원 모두가 읽고서 토론한다면, 그렇지 않고 시작하는 오픈 이노베이션과 비교해 압도적으로 다른 결과를 보게 될 것이다.

- 엠와이소셜컴퍼니 MYSC 김정태 대표이사

이주열 교수님,

하기와 같이 추천사를 전달드립니다. 그럼 조만간 직접 뵙고 인사드리겠습니다. 감사합니다.

우리는 AI 혁명과 디지털 전환의 시대에 살고 있다. 파괴적인 혁신 이 빈번히 일어나고 산업 간, 국가 간 경계도 없는 새로운 사업 환경과 맞닥뜨리게 된 것이다. 기존 1등 기업도 안심할 수 없고, 상상도 못 했던 새로운 경쟁자들이 여기저기서 튀어나올 것이다. 오픈 이 노베이션은 이러한 변화를 위기가 아닌 기회로 만들 수 있는 열쇠이다.

대기업 혁신의 리더분들, 스타트업 창업가분들과 같이 혁신의 폭을 키우고 새로운 기술과 사업 모델에 대한 상상력의 그릇을 넓혀야 하는 분들에게 이 책을 추천한다. 탄탄한 이론과 다양한 사례를 같이 겸비한 만큼, 오픈 이노베이션을 제대로 이해하고 실행할 수 있는 지침서가 될 것이다. 이를 통해 대한민국에서 더 많은 위대한 혁신 기업들이 탄생하기를 응원한다.

- 야놀자 김종윤 대표

잘사는 나라는 기업이 있고 못사는 나라는 기업이 없다.

지금의 경제는 과거의 청년들이 창업을 한 것이고 대한민국의 미래는 지금 청년 창업가들에게 달려 있다.

새로운 사업은 늘 청년들이 주도했다.

이런 측면에서 이주열 교수의 해박한 지식과 산업 현장 경험을 바탕으로 하는 청년들의 기업가 정신에 대한 뛰어난 기술은 이 시대에 참으로 필요한 책이다.

창업에 관심이 있는 청년들에게 일독을 추천한다.

이런 청년 기업가들과 기존 기업의 Open Collaboration을 통한 멋진 대한민국의 미래를 응원한다.

- 포스코 기술투자 박성진 대표이사 사장

대기업들이 독자적으로 모든 것을 기획, 개발, 생산과 서비스, 판매하는 시대가 끝나가고 있다.

대기업들은 새로 출현하는 혁신 기술에 항상 눈과 귀가 열려 있어야 하며, 필요한 미래 성장 동력을 발굴하기 위해 실력 있는 스타트업과 협업이 필수 불가결한 개방형 혁신open innovation 시대를 살고 있다.

개방형 혁신을 통해 스타트업들에게는 우물 안 개구리에서 벗어나 대기업들로부터 기술을 검증받고, 다양한 전문가로부터 insight를 얻고, 대기업들의 영업망과 영업 능력을 활용해 사업 확장의 기회를 갖게 될 것이다.

대한민국에 개방형 혁신에 관련된 전문서적이 부족한 시점에 이주열 교수의 탄탄한 이론과 풍부한 경험을 바탕으로 작성된 이 책은 대한민국 기업들을 upgrade 시킬 수 있는 좋은 지식을 제공할 것이라는 확신을 갖게 된다. 또한, 최성안, 송종화 대표의 다이내믹하고 다양한 실리콘밸리의 흥미로운 사례들은 읽는 내내 고개를 끄덕이게 했다.

아무쪼록 중앙정부나 지방정부 그리고 관련된 공공기관들이 긴 호흡으로 대기업들과 스타트업들을 연결하는 역할을 할 수 있는 플랫폼을 만들어 대기업들과 스타트업들이 언제든지 참여하고 연결될 수 있는 장터를 만들어 주기를 기대한다.

- 서울벤처대학원대학교 김춘호 총장 (전, 한국뉴욕주립대학교 총장)

모든 기업은 사업의 기초를 만들고 성장하며 외부의 연구와 기회를 사업화하고 인수를 하면서 성장했다.

역사가 보여 주듯 기업의 역사만큼 오픈 이노베이션은 깊은 역사를 보유하고 있다.

컴퓨터, 인터넷, 모바일 같은 거대한 세상의 변화가 순차적으로 오던 시기를 넘어 우리는 지금 AI, 로보틱스, 모빌리티, 신재생 에너지 같은 변화의 파도가 한꺼번에 몰려오는 인류 역사상 가장 큰 변화를 맞이하고 있다.

어떠한 기업도 모든 변화를 혼자서 만들 수 없다. 50년 가까운 역사를 보유한 마이크로소프트가 아직도 전 세계에서 가장 높은 회사 가치를 유지하는 비결은 AI를 리딩하는 Open AI 덕뿐이다.

스타트업과 중소기업에는 사업의 기회와 자본을, 그리고 기업에게는 미래 먹거리를 만들어 줄 수 있는 오픈 이노베이션은 이제 선택이 아닌 필수가 되었다.

이 책은 과거와 현재, 그리고 미래의 오픈 이노베이션이 필요한 모든 기업가에게 현실적인 대안을 제시해 주고 있다.

또 다른 MS와 Open AI를 기대해 보겠다.

- 퓨처플레이 대표이사 권오형

기술이 융·복합화되어 가고, 스피드 경쟁이 치열해지는 가운데 오픈 이노베이션은 기업의 생존과 성장을 위한 필수 요소가 되어 가고 있습니다. 2010년 실리콘밸리에서 삼성전자의 오픈 이노베이션을 진두지휘하고 있을 때 송종화 대표를 처음 만났는데, 그동안 현장에서 다양한 실무 경험을 한 저자가 오픈 이노베이션의 길잡이가 되는 본 저서를 발간하게 된 것이 국내 확산에 전환점이 될 것으로 기대합니다. 새로운 시각에서 미래 혁신을 꿈꾸는 기업 경영자, 실무자 및 글로벌 시장을 목표로 하는 스타트업 종사자에게 이 책을 권합니다.

- 고려대기술지주 대표이사 장재수

디지털이 가속화되는 시대, 데이터와 AI 그리고 생성 AI가 등장해서 서비스와 제품 고객과 상호작용하는 방법까지 다 바꿔 버리고 있는 요즘, 기업들이 더 이상 기존의 제품과 서비스로는 살아남을 수가 없게 되었다.

지금 기업은 생존을 위해 사업의 본질부터 혁신하기 시작하였다. 이제는 전통적인 제조업체도 더 이상 HW 회사가 아니라 데이터와 AI로 혁신하는 SW 회사로의 변신을 준비하고 있는 것이다. 하지만 그 변신의 과정이 기업 내부의 역량만으로는 도저히 역부족이다.

필자는 국내 대기업의 신사업TF팀과 전에 없었던 새로운 사업 모델을 협업하면서, 기업의 오픈 이노베이션이 얼마나 어려운지 실감하고 직접 목격한 바 있다. 오픈 이노베이션의 과정에 있어 전사적 차원의 전폭적인 지지도 어렵고, 막상 실력 있는 스타트업을 인수하거나 사내 벤처로 육성된다고 하더라도 결과적으로 성공하기가 너무 어려운 구조인 것이다.

이 책은 오픈 이노베이션의 다양한 구조와 각각의 성공 비결을 현장의 사례를 통해 친절하게 설명해 주고 있다. 경험이 없어 처음 열정과는 다르게 너무나도 많은 시행착오를 하고 있는 많은 기업의 실무자들에게 그리고 대기업과 오픈 이노베이션을 하면서 수많은 어려움을 겪는 스타트업들에게도 이 책은 어둠 속의 빛과 같은 큰 힘이 되어 줄 거라고 믿는다.

- 한양대학교 비즈니스인포메틱스학과 학과장 차경진 교수, 『데이터로 경험을 디자인하라』 저자

오픈 이노베이션은 스타트업이 경쟁 우위를 확보하고 지속 가능한 성장을 이루는 데 중요한 역할을 합니다. 이 책은 오픈 이노베이션의 이론, 국내외 사례, 추진 방법론을 총망라한 실용서로서 신사업 기획에 큰 도움이 되리라 생각합니다. 보다 많은 혁신가들이 오픈 이노베이션에 대한 이해를 높이고, 스타트업들과 함께 우리나라 경제의 혁신의 돌파구를 찾기를 바랍니다.

- 전성민 가천대 경영학부 교수, 전 한국벤처창업학회장

이 책에는 오픈 이노베이션에 대한 통찰력 있는 탐구를 통해 오픈 이노베이션을 추구하는 기업에게 성장 잠재력을 열어 주는 키와 같은 기능을 담고 있다. 기술 발전 및 혁신의 속도가 이루 말할 수 없이 빠른 최근 비즈니스 환경에서 생존 및 성공을 위한 모든 사람의 필독서이다.

- 정회훈 KAIST청년창업투자지주 대표이사

목차

1

지금 이 시대 우리 모두에게 필요한 것은 기업가 정신이다!!

1.

지금 이 시대 우리
모두에게 필요한 것은
기업가 정신이다!!

2023년에 이어 2024년에도 경영 환경이 더 어려워질 것이라고 한다. 게다가 급격한 기술의 변화와 예측하기 어려운 비즈니스 환경으로 인해 기업들은 다양한 도전에 직면하고 있다. 러시아와 우크라이나, 이스라엘과 하마스의 전쟁, 2024년 미국 대선과 대한민국의 총선 등 통제 불가능한 외부 환경의 변화가 끊임없이 이어지고 있다. 코로나19 이후 사람들의 소비 패턴과 공간 및 시간의 활용 방식 등 라이프 스타일의 변화는 기업의 비즈니스 환경을 송두리째 바꾸어 놓았다. 이러한 시기에 기업가 정신의 역할은 단순히 '있으면 좋지'라는 인식을 뛰어넘어 기업의 생존과 지속 성장을 위한 필수적인 태도, 마인드셋이 되어야 한다고 기업가들의 생각이 바뀌고 있다. 2023년 올한 해 동안 필자에게 기업가 정신의 핵심과 사례에 대해 강의와 자문 요청을 해 온 대기업, 중견기업의 수만 해도 이전에 비해 3배 이상 늘었기에 더 체감하고 있다.

기업가 정신은 종종 험난한 바다에서의 등대에 비유된다. 전통적인 사업 모델이 거센 경쟁의 압력을 견디지 못할 때, 기업가적 사고는 이 난국을 헤쳐 나가기 위해 필요한 돌파할 힘과 민첩성과 혁신, 뚝심을 제공한다. 기업가들은 본능적으로 역경 속에서 기회를 식별하고, 장애물을 성장과 혁신을 위한 디딤돌로 바꾸는 데 능숙하다. 그래서 기업가 정신의 핵심은 적응력과 혁신 그리고 책임지려는 태도에 있다. 어려운 비즈니스 환경에서 방향을 전환하고 적응하는 능력은 매우 중요하다. 기업가적 마인드를 가진 기업들은 시장의 변화를 빠르게 인식하고, 새로운 기술 도입, 미개척 시장 탐색, 비즈니스 모델 재창조 등 변화를 더욱 쉽게 받아들인다.

기업가 정신의 힘을 활용하기 위해서는 위험 감수, 창의성, 지속적인 학습과 책임지는 태도를 장려하는 환경을 조성해야 한다. 이는 모든 직원이 기업가처럼 생각하고 행동하도록 장려하는 것을 의미한다. 즉 현 상태에 의문을 제기하고, 혁신하며, 복잡한 문제에 대한 새로운 해결책을 찾는 것이 일상이 되도록 하는 것을 말한다. 이러한 문화는 회복력을 키울 뿐만 아니라 회사의 비전과 목표에 대한 집단적 소유감과 열정을 조성할 수 있다.

더 넓은 의미에서, 기업가 정신은 경제 성장과 일자리 창출의 중요한 동력이 된다. 경제가 어려울 때, 기업가 정신으로 무장한 스타트업 대표는 혁신적인 제품과 서비스를 도입하고, 새로운 시장을 개척하며, 고용 기회를 창출함으로써 경제를 자극한다. 이러한 파급 효과는 전체 커뮤니티와 지역을 끌어올릴 수 있어, 기업가 정신은 어떠한 경제 회복 전략에서도 필수적인 구성 요소이다.

결론적으로, 비즈니스 환경이 어려울수록 기업가 정신은 더욱 중요해진다. 위험을 감수하고, 혁신하며, 적응할 의지가 충만하고, 그 문제를 책임지고 해결해 보려는 기업가 정신이 기업의 다양한 도전을 기회로 바꾸고, 단순한 생존을 넘어 지속 가능한 성장과 성공을 보장하는 데 도움을 준다. 기업들이 불확실한 시기를 헤쳐 나갈 때, 기업가 정신을 받아들이는 것이 생존하는 기업과 진정으로 번영하는 기업을 가르는 결정적인 요소가 될 수 있다. 이에 오픈 이노베이션을 추진하더라도 기업가 정신이라는 철학과 근본적인 스피릿에 무게를 두고 시작하기를 바란다.

1-1. 삼성이 망하면 한국 청년들은 창업을 할까요?

2023년 6월 어느 날, 핀란드 알토대학교 학생들 12명이 필자를 찾아왔다. 왜 왔는지 무엇이 궁금해서 왔는지 필자도 궁금했고 만남이 설렜었다. 이 12명의 청년들과 필자는 2시간 20분이 넘게 기업가 정신에 대해 열띤 토론을 했었다. 그들은 흡사 기업가 정신으로 무장된 전사들 같았으며, 알토스 ES Entrepreneurship Society의 핵심 리더다웠다.

학생들은 기업가 정신과 지속 가능성 Sustainability을 굉장히 강조하여 말을 했고, 모든 학생의 입에서 기업가 정신을 자연스럽게 이야기하는 것을 보고 오히려 필자가 알토대학교에 대해 궁금증이 더 생기기 시작했다.
'한국 학생 중에 기업가 정신에 대해 이렇게 깊이 있게 생각하고 이야기하는 청년들이 얼마나 될까?' 속으로 생각도 들었다.

"저희는 지난 며칠 동안 한국에 머물면서 스타트업 생태계를 돌아보니 대한민국 정부에서 창업에 대한 지원금도 많고 연구 지원자금도 주고, 투자 생태계도 각 단계별로 너무 잘되어 있어서 매우 놀랐습니다. 그러면서 몇 가지 궁금한 것이 있어서 교수님을 찾아왔습니다."

핀란드 알토대학교 ES 학생들과의 만남은 이렇게 시작되었다. 학생들의 질문은 꼬리에 꼬리를 물고 이어졌는데 중요하다고 생각하는 것만 정리해 보았다.

[핀란드 알토대학교 학생들과 함께, 사진 이주열 교수 제공]

여러분도 이 질문들을 잠시 생각해 보고 답을 해 보면 좋겠다.

첫째, 한국에서는 기업가 정신을 강조하는 교육을 하나요? 기업가 정신을 가르치는 것을 선생님들이 직접 하시는지 아니면 창업가들이 와서 가르치고 학생들과의 만남을 갖고 있는지요?

둘째, 대학생 중에 창업을 도전하는 학생들이 몇 %나 되나요?

셋째, 한국의 대학생들은 취업과 창업 중에 어떤 것에 더 관심을 갖는지요? 만약 취업에 관심을 갖는다면 어느 기업에 취업하려고 하는지요? 창업을 안 하는 학생들이 대부분이라면 왜 도전하지 않는다고 생각하시나요?

넷째, 만약 노키아처럼 삼성이 망한다면 청년들은 창업을 더 많이 하려고 할까요?

너무 많은 질문과 답이 오가기는 했지만, 요약해 보면 위 4가지 정도인 것 같다. 특히 필자를 자극했던 질문은 네 번째 질문이었다. '만약에 삼성전자가 노키아처럼 쇠퇴한다면 대한민국의 청년들은 창업에 더 몰입하고 뛰어들까?'라는 도발적인 질문에 필자는 선뜻 '그럴 것이다'라고 자신 있게 대답할 수 없었다. 필자의 솔직한 대답은 '경제가 어렵고 삼성까지 어려워진다면 많은 사람은 창업보다는 더 안정적인 방향을 선택할 것이다.'였다. 그러나 핀란드 학생들에게 자존심 구기는 말을 하고 싶지 않아서 '그때 가봐야 알 것 같다'는 애매모호한 답을 할 수밖에 없었다. 필자의 모호한 답을 듣고 알토대학교 학생들은 핀란드가 왜 스타트업의 강국이 되었고, 알토대학이 왜 탄생했는지를 설명해 주었다.

  예전에 핀란드는 노키아의 나라였다. 핀란드 GDP의 약 25%까지 담당하던 노키아, 휴대전화 분야에서 부동의 글로벌 No.1이었던 노키아의 명성은 너무 유명해서 모르는 사람이 없을 정도다. 그러나 노키아는 애플의 스마트폰이 나온 이후 변화에 흐름을 리딩하지 못하고 쇠락의 길을 걸었다. 핀란드 사람 그 누구도 노키아가 망할 거라고는 생각지도 못했고 상상도 하지 못했다고 한다. 어쨌든 노키아가 망했다는 것이다. 핀란드 정부에서도 노키아 쇠퇴 이후를 고민해야 했고, 나라의 방향을 정하는 중요한 시기였다고 한다.

  이때 핀란드의 전략적 방향은 "1개의 거대한 노키아를 만드는 것보다 빠르고 강한 100개의 작은 노키아를 만들자"라는 생각을 갖고 정책을 설계하고 실행했다고 한다. 그래서 탄생한 것이 알토대학교라고 한다. 실제로 정부의 주도로 헬싱키 공과대학교Helsinki University of Technology, 1849년 설립, 헬싱키 경제대학교Helsinki School of Economics, 1904년 설립, 헬싱키 미술 디자인 대학교University of Art and Design Helsinki, 1871년 설립들이 합병된 알토 대학교가 2010년에 출범되었다고 한다.

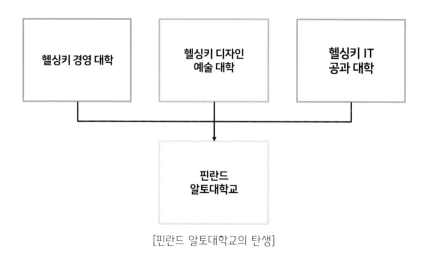

[핀란드 알토대학교의 탄생]

알토대학교는 약 1만 7,500명의 학생과 4,000명의 직원이 있는 6개의 학교로 구성되었으며, 핀란드에서 두 번째로 큰 대학교라고 한다. 학생들의 말에 의하면 100명 중 60~70명은 졸업 후 스타트업 또는 그와 관련된 일을 한다고 한다. 이 말이 사실인지는 통계적으로 나온 데이터가 없지만, 학생들이 자랑스럽게 이야기를 한 것이기에 어느 정도 신빙성은 있지 않을까 싶다. 그래도 60% 이상이 큰 기업에서 일하기보다 작지만 자신이 하고자 하는 일에 도전하고 뛰어든다는 것이 놀랍기도 하고 부럽기도 했다. 실제로 대한민국의 대학 중 3만

명 이상이 다니는 큰 대학교에서 창업하는 학생들이 1년에 300명, 즉 1%가 될지 필자 자신도 자신 있게 대답할 수 없기에 60%는 너무도 큰 숫자였고 믿지 못할 놀라운 수치였다.

게다가 이 청년들이 2시간 내내 강조했던 것은 사회 문제 해결을 위한 바보 같은 도전을 하는 학생들이 얼마나 많으며, SDGs나 Sustainability지속 가능성, ESG에 대해서도 초중고 때부터 배우고 적용하고 내재화하고 있는지를 계속해서 물어보았다는 것이다. 사실 토론하는 내내 우리와는 너무 다른 이질적인 문화와 정서 그리고 질문들로 인해 혼란스럽기도 했지만, 기업가 정신을 중요하게 다루고 이야기하는 사회 분위기와 문화는 솔직히 부럽기도 했다.

The combination of three universities opens up new possibilities for strong multi-disciplinary education and research. Aalto University is strongly future-oriented while at the same time building on the combined 300-year-history of three highly-regarded universities. Only the best students and researchers are admitted to study and conduct research at Aalto University.

The Aalto University strives to change the world through top-quality interdisciplinary research, pioneering education, surpassing traditional boundaries, and renewal. The Aalto University educates responsible, broadminded experts with a comprehensive understanding of complex subjects to act as society's visionaries.
Values
  * A passion for exploring boundaries.
  * The freedom to be creative and critical.
  * The courage to influence and excel.
  * The responsibility to care, accept and inspire.
  * Founded on high ethics, openness, and equality

[핀란드 알토대학교의 교육 이념, 알토대학교 홈페이지 참조]

1-2. 기업가 정신이란 무엇이며, 왜 기업에 필요한가?

여기서 핀란드 알토대학교 학생들이 주야장천 강조했던 기업가 정신에 대해 살펴보려고 한다.

과연 우리 기업들은 직원들에게 기업가 정신을 가르치고 강조하며 함양할 수 있도록 노력하고 있는가? 우리의 학교들은 기업가 정신이 있는 청년들을 육성하려 노력하고 있는가?

이에 대한 해답을 찾기 위해 기업가 정신의 유래와 학자들의 주장을 몇 가지 정리해서 설명하려고 한다. 아울러 필자가 생각하는 기업가 정신의 의미와 사례 및 프레임을 제시하고자 한다.

기업가 정신이란 무엇인가?

기업가 정신에 대한 사전적 정의는 "새로운 아이디어를 발견하고, 이를 상업적으로 이용하며, 이 과정에서 위험을 감수하는 능력"이라고 되어 있다. 이는 새로운 기업을 창출하거나, 기존의 사업을 확장하는 데 필요한 창의, 혁신, 리더십, 위험 감수 등의 특성을 포함하고 있다고 한다. 그래서 기업가 정신을 함양하기 위해 필요한 4가지 역량을 꼽자면 창의, 혁신, 리더십, 위험 감수라고 말할 수 있을 것이다.

1. **창의성**: 기업가는 종종 새로운 아이디어나 제품, 서비스, 혹은 프로세스를 발견하거나 개발한다. 이들은 기존의 방식을 벗어나 새로운 해결책을 찾아내는 능력이 있다. 문제 해결의 방식도

이전의 방식이 아닌 새롭고 기발한 아이디어를 도출해 전혀 다른 방향으로 해결책을 제시한다.

2. **혁신**: 기업가 정신은 단순히 새로운 아이디어를 생각하는 것을 넘어서 그것을 현실화하는 데 필요한 혁신적인 접근을 필요로 한다. 즉 신제품 개발, 새로운 시장 개척, 새로운 방식의 서비스 제공 등을 포함한다. 조안 마그레타 교수의 정의를 빌리자면 "혁신이란 시장, 즉 고객이 원하는 기존의 방식이 아닌 무언가 새로운 제품, 서비스, 방법론을 제시하는 것"이라고 한다.

3. **리더십**: 기업가는 팀을 이끌고, 비전을 공유하며, 다른 사람들로 하여금 그 비전을 실현하는 데 필요한 행동을 취하도록 영향을 미치는 능력이 필요하다. 이를 위해서 필요한 것이 비전을 제시하고 공유하며 끊임없이 커뮤니케이션하는 역량이 요구된다.

4. **위험 감수**: 기업가 정신에는 불확실성과 위험을 감수하는 요소도 포함되어 있다. 기업가들은 새로운 비즈니스를 시작하거나 혁신적인 아이디어를 실행하기 위해 금전적, 직업적, 개인적 위험을 감수하고는 한다. Risk Taking 위험 감수 할 수 있는 역량이 없다는 것은 책임지는 일을 하고 싶지 않다는 것과 크게 다르지 않다고 해석할 수 있다.

위 4가지 역량에 대해 우리 직원, 우리 임원들이 갖추고 있는가를 기업의 CEO들은 항상 살펴보고 새로운 일에 도전할 수 있도록 동기부여를 꾸준히 해야 할 것이다.

이번에는 조셉 A.슘페터, 피터 드러커, 하워드 스티븐슨 등 경영학자들이 이야기하는 기업가 정신을 살펴보고자 한다.

1. **조셉 A. 슘페터**: 이론적 경제학자인 슘페터는 기업가 정신을 "혁신과 창조적 파괴"로 정의했다. 그에 따르면, 기업가들은 기존의 평형 상태를 깨트리고 새로운 기회를 창출하는 혁신적인 행동을 취하는 사람들이다. 이는 새로운 상품을 개발하거나, 새로운 시장을 창출하거나, 새로운 생산 방식을 도입하거나, 새로운 원재료를 찾아내거나, 새로운 경영 조직을 형성하는 것을 포함한다.

2. **피터 드러커**: 경영학의 대부로 알려진 피터 드러커는 기업가 정신을 '기회의 탐색과 활용'으로 정의했다. 그에 따르면, 기업가 정신은 변화를 수용하고 이를 기회로 전환하는 것을 의미한다. 피터 드러커는 기업가를 "변화를 만들어 내는 자"로 보았고, 이 변화를 통해 새로운 서비스나 제품, 생산 방법 등을 창출하며 사회적 가치를 창출하는 것이 기업가의 역할이라고 주장했다.

3. **하워드 스티븐슨**: 하버드 비즈니스 스쿨의 하워드 스티븐슨은 기업가 정신을 "리스크와 보상 간의 균형을 잃지 않고 기회를 추구"하는 것으로 정의했다. 그는 기업가를 "경제적 자원이 현재 더 낮은 가치의 영역에서 더 높은 가치의 영역으로 이동하는 것을 주도하는 사람"으로 보았다.

우리는 위 3명의 경영학자의 이야기를 조금 더 다른 관점에서 살펴봐야 한다. 필자의 개인적인 소견은 기업가 정신이 비즈니스를 하는 기업인들만의 전유물이 아닌 우리의 일상과 삶으로 더 다가와야 한다는 생각이다. 즉 기업가 정신은 위대한 기업을 만든 기업가들만의 전유물이 아니라 학생, 직장인, 평범한 주부 등 우리 사회의 모든 사람이 갖춰야 할 시대정신이며, 자녀들에게 전수해야 할 기본적인 삶의 방식이자 태도가 아닐까 싶다.

1-3. 기업가 정신이란 "책임지는 연습을 하는 것"이다.

여러 학자의 정의를 토대로 필자는 기업가 정신을 이렇게 정의 내리고 싶다.

> "현대에 와서 기업가 정신을 이야기할 때 **이전에 없던 혁신적인 가치 또는 활동을 만들어 내고 책임지는 사람을 기업가정신이 있는 사람**이라고 말하고 싶다. 즉 **다양한 문제에서 비즈니스의 기회를 발견하고, 지속 가능한 수익 창출 솔루션**profitable solution**을 만들어 내는 실현 역량**, 이것을 기업가 정신이라고 말할 수 있다."

[기업가 정신에 대한 이주열 교수의 정의]

위 정의에서 중요한 것은 기업가 정신을 함양한 기업가는 『책임지는 사람』이라는 것이다. 혁신적인 가치와 활동을 만들어 낼 뿐 아니라 책임지는 사람이 진정한 기업가라는 것이다. 우리 사회가 다음 세대 청년들에게 가르쳐야 할 것은 책임지는 연습을 통해 나의 선택과 사회의 다양한 문제에 책임지는 사람이 되도록 하는 것이다. 아놀드

토인비가 역사의 연구에서 '역사는 도전과 응전의 반복'이라고 했던 말을 기억해야 할 것이다. 척박한 땅이 주는 도전과 갑작스러운 코로나19와 같은 질병이 주는 도전, 생각지도 못한 전쟁으로 인한 도전 등 다양한 도전에 직면했을 때 어떻게 반응하고 대응하느냐가 국가의 존망과 기업, 개인의 미래를 결정지어 왔다. 조금 다르게 해석해서 이야기하면 이렇다.

인류의 역사가 위대한 리더를 키우는 방식이 Challenge and Response 도전과 반응에 담겨 있다는 뜻이다. 우리가 직면하고 있는 세상의 다양한 Challenge에 어느 누구도 반응하지 않고 외면할 때 '제가 한번 해결해 보겠습니다.'라고 손을 들고 반응하는 그 한 사람, 부끄럽고 소심하더라도 Response 하는 그 한 사람을 통해 역사는 발전해 왔고 성장해 왔다. 그리고 그 반응하는 사람에게 하늘은 Ability능력라는 축복을 마음껏 부어주었다. 왜냐하면 '제가 한번 해결해 보겠습니다'라는 스스로의 고백에 책임지려면 문제 해결을 위해 공부하고 연구하고 사람도 만나고 책도 읽고 방법을 찾아야 하기 때문에 문제 해결 역량이 자연스럽게 축적되고 내공이 쌓이게 된다. 그래서 'Response 반응 + Ability 능력 = Responsibility 책임'이라는 단어가 되어 리더의 덕목에 이르게 된다는 말이다. 이 비밀을 아는 사람들은 책임지는 훈련을 통해 역량이 개발되고 리더가 된다는 사실에 우리는 주목해야 한다. 책임지는 행동, 책임지는 언어, 책임지는 일상을 꾸준히 연습해 온 사람들이 이 사회의 리더가 되어야 건강하고 행복한 사회로 성장할 가능성이 높다.

**세상의 다양한 Challenge에
Response 하는 사람은
그 문제를 해결하면서
Ability를 갖추게 되고
그 시대의 Leader로 성장하게 된다.**

[역사가 리더를 성장시키는 방법, 이주열 교수 강의에서 발췌]

그래서 필자는 기업가 정신을 쉽게 이해하고 적용할 수 있도록 3가지 프레임을 제시하고자 한다. 이것을 POPs라고 부르면 기억하기 쉬울 것이다. POPs의 첫째는 Problem Define 문제의 정의, 둘째는 Opportunity Finding 비즈니스 기회 탐색, 셋째는 Profitable Solution 지속 가능한 수익 창출이다. 위 3가지 관점에서 기업도 분석해 보고 내가 도전해 보고 싶은 과제를 정리해 볼 수도 있을 것이다.

[기업가 정신의 3가지 프레임 POPs]을 기반으로 정리하다 보면 기업을 만든 창업자의 철학과 생각을 읽을 수 있다.

- 대체 이 사람은 어떤 문제를 해결하고자 이런 무모한 도전을 했는가?
- 그리고 무엇을 핵심 문제라고 생각하고 정의했는가?
- 고객들의 불편, 불만에 대해 충분히 조사하고 인터뷰를 했는가?
- 이런 문제를 안고 있는 사람들이 얼마나 많다고 생각했는가?

[기업가 정신의 3가지 프레임 POPs]

Problem Define 문제를 정의해 보세요 이상과 현실의 Gap을 생각하세요	이들은 세상의 어떤 문제를 해결하고자 도전했나요? 그 문제를 고객의 관점에서 작성해보세요. 어떤 고객 어떤 사람들이 어떤 아픔과 불편이 있었고 그것을 해결하고 싶어 도전했다고 생각하는지 작성해보세요.
Opportunity Finding 비즈니스 기회를 써보세요. 시장의 크기를 추정해 보세요	문제의 크기는 시장의 크기입니다. 이런 문제를 안고 있는 사람들이 얼마나 많았을지 생각해보세요. 시장 전체의 크기와 우리가 진입해서 수익 창출이 가능한 유효 시장과 당장 진입해서 수익화 가능한 시장의 크기를 세분화해서 살펴보세요.
Profitable Solutions 지속가능한 수익 창출 솔루션, 비즈니스 모델을 작성하세요	남과 다른, 이전에 없거나 더 탁월한 솔루션이어야 고객들에게 선택받습니다. 이들이 내 놓은 솔루션은 지속 가능한 수익 창출 가능한 솔루션이었나요? 어떤 솔루션이었는지 작성해보세요.

- 문제의 크기는 시장의 크기인데 전체 시장의 규모가 얼마나 된다고 추정했는가?
- 기존의 해결책과는 전혀 다른 혁신적이고 수익 창출이 가능한 솔루션인가?
- 경쟁사 대비 확실하고 차별화된 솔루션을 제시했는가?

위 프레임으로 기업과 기업가들의 생각들을 엿볼 수도 있고 정리해 볼 수 있다. 이해가 쉽도록 2가지 사례를 들어 설명해 보겠다.

1-4. 빈곤의 악순환을 해결하는 KIVA 플랫폼을 만든 제시카 재클리

2015년 제시카 재클리는 한국을 방문하여 '사회적 기업가 정신: 혁신을 통한 빈곤 퇴치'라는 주제로 자신의 생각을 밝힌 적이 있다. 제시카 재클리는 빈곤 퇴치를 위한 P2P 마이크로 렌딩 서비스 '키바'의 공동 창업자이다. 아프리카에서 삶의 의지가 사라진 극빈곤 계층 사람들을 보며 이들에게 인간의 존엄성을 상기시키고 기본 권리를 향상하는 일을 해야겠다고 다짐했다고 한다. 해마다 봉사 활동을 가서 아프리카 친구들을 만나보면 여전히 가난하고 힘들어하고 아파한다는 사실이 제시카에게는 아픔으로 다가왔다. 필자 생각으로는 '구호와 원조가 진정한 해답일까?'라는 고민을 한 것이 아닐까 싶다. 창업 의지와 욕구가 충만한 사람들 인터뷰하면서 "나도 돈만 있으면 사업을 해서 자립할 수 있을 텐데…"라는 동일한 내용을 현지 사람들에게 듣고 제시카는 새로운 대안을 찾는 것이 필요하다고 확신하게 된다. 실제로 아프리카의 금융 시스템을 살펴보면 모든 사람에게 서비스가 제공될 만큼 발달하지도 못했으며, 계좌가 없고 신용이 없는 사람들에게 돈을 빌려줄 수 있는 근거 또한 없기에 자립은 먼 이야기처럼 보였을 것이다.

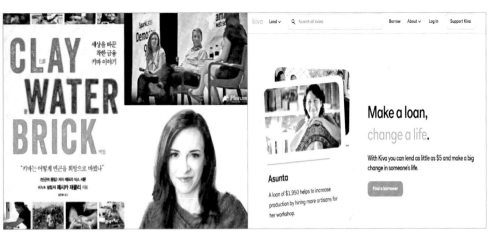

[이주열 교수의 ESG 캡스톤 디자인 워크북에서 발췌]   [KIVA 홈페이지 발췌]

    제시카는 창업 욕구가 넘치는 사람들을 찾아가 그들의 목표와 사업 이야기를 듣고 자립하고자 하는 그들의 열망을 전 세계에 알려 대출을 받을 수 있도록 지원하는 플랫폼을 만들었다. KIVA는 단순한 후원이 아닌 주민의 자립을 위한 투자 성격을 지닌 대출로 후원자들의 관점을 변화시켜 사회 문제를 해결하고 있다. KIVA의 사명은 '빈곤을 줄이기 위해 대출이란 방법으로 사람들을 연결한다'는 것이다. 돈만 내고 잊어버리는 단순 기부, 단순 후원이 아니라 대출에 참여하는 사람들이 돈을 빌리려는 사람의 '이야기'에 관심을 갖고 KIVA가 둘 사이의 연결 고리를 만들어 주는 것이 핵심이다.

    아프리카에 여행을 가거나 봉사활동을 간 사람이 얼마나 많을까? 그 많은 사람 중에 아프리카의 빈곤에 관심을 갖고 문제를 해결하기 위해 직접 뛰어드는 사람은 1% 미만이 아닐까? 어느 누구도 Response 하지 않을 때 제시카는 과감하게 반응을 했고 돈의 흐름을 바꾼 의미 있는 일을 만들어 낸 것이다. POPs 프레임에 적용해서 정리해 보면 다음과 같다.

[제시카가 만든 KIVA 플랫폼을 POPS 프레임에 간략하게 정리]

Problem Define 문제를 정의해 보세요 이상과 현실의 Gap을 생각하세요	빈곤의 악순환, 사업하고 싶은 사람들은 많으나 신용도가 낮아 사업자금을 대출해 줄 수 있는 금융 시스템이 부족하고 부재한 현실을 문제로 인식했다.
Opportunity Finding 비즈니스 기회를 써보세요. 시장의 크기를 추정해 보세요	사업의지와 아이디어가 많은 사람들이 저개발 국가 곳곳에 많다. 금융이 낙후된 곳에 사업 의지가 가득한 사람들이 대부분 몰려 있다는 것을 비즈니스의 기회로 볼 수 있다.
Profitable Solutions 지속가능한 수익 창출 솔루션, 비즈니스 모델을 작성하세요	스토리 펀딩에 참여하는 사람들이 많아지면 수많은 사람들을 도울 수 있고 사업에 성공하여 자립하는 사람들이 많아지면 사람들과 기관들의 지원, 후원이 늘어날 것이다. 단, 적절한 신용 평가 모델이 필요하며, 채권 관리가 중요하다.

KIVA가 거둔 열매를 수치화해 보면 다음과 같다.

• 전 세계 80개 국가로 확대됨.

• 돈을 빌려준 사람 220만 명

• 돈을 빌려 간 사람 480만 명

• 돈을 갚고 회수 확률 96.4%

• 키바를 통해 창업자들에게 흘러간 돈 19.8억 달러

여기서 돈을 빌려 간 사람이 480만 명이라는 사실에 주목해야 한다. 480만 명의 창업가가 양성되었다는 의미로 해석할 수 있을 것 같은데, 그 이유는 다음과 같다. 480만 명 중의 96.4%가 사업을 해서

자립을 했고, 4명을 고용할 수 있어 급여를 지급할 수 있는 기업이 되어 피고용자가 4명의 가족을 먹여 살릴 수 있게 되었다면 최소 7,400만 명 이상을 빈곤으로부터 해방시킨 일을 한 셈이다. 빈곤이라는 Challenge에 고민하고 연구하고 그 문제를 해결하려 Response 했던 그 한 사람 제시카가 얼마나 위대한 일을 했는가를 우리는 기억해야 한다. 한 사람의 기업가 정신을 가진 사람이 이 사회에 길러진다면 얼마나 많은 일을 해낼 수 있을지 가슴 설레지 않은가?

1-5. 전 세계에 3만 9,000개 이상의 도서관을 지은 존 우드

다른 사례 하나를 더 보자면 다음과 같다.

세계적인 기업 마이크로소프트의 중국 지사 서열 2위, 촉망받는 30대 임원이었던 존 우드라는 사람이 있었다. 고도의 효율을 자랑하는 조직을 이끌고 있었고, 사세는 확장되고 있었으며, 수익이 엄청나게 늘면서 연봉도 눈덩이처럼 불어나고 있었다. 눈앞에 펼쳐진 것은 모든 사람이 부러워할 만한 탄탄대로 그 자체였다. 그러나 그는 '인생이란 단지 이것뿐인가?'라는 회의가 들었다고 한다. '이렇게 성공하고 돈을 많이 벌고 많은 사람에게 인정받는 것이 내 인생의 전부인가?'라는 생각이 들 즈음 그는 휴가를 맞아 히말라야로 잠시 여행을 떠난다. 거기서 존 우드는 인생의 극적인 터닝포인트를 맞게 된다. 그는 우연히 히말라야 지역의 아이들을 만나게 된다. 자신의 몸보다 더 큰 가방을 메고 다니는 학생들을 보며 그들의 소박한 바람을 듣게 된다. "아저씨, 책을 읽고 싶어요"라는 소박한 바람 말이다.

히말라야의 아이들은 존 우드뿐 아니라 찾아오는 관광객들에게 책을 읽고 싶으니 책을 보내 달라는 요청을 심심찮게 이야기했다고 한다. 사실 도서관은 있었지만, 책은 거의 없는 명목상의 도서관만 덩그러니 있었던 것이다. 많은 관광객이 이런 상황을 보고 본국에 돌아가면 '책을 보내줄게'라고 약속을 하지만 실제로 책을 보낸 사람들은 극히 드물다고 한다. 왜냐하면 책값보다 책을 보내는 배송비가 훨씬 더 비쌌기 때문이다. 그리고 대부분은 깜박 잊었을 것이다.

존 우드는 아이들의 초롱초롱한 눈망울을 보고 깊은 생각에 잠겼을 것이다. 아마 본국에 돌아와서도 그 아이들의 눈빛을 잊지 못하고 계속 생각하지 않았을까 싶다. 필자도 인도 콜카타를 방문하면서 그때 만난 학생들을 못 잊어 해마다 여름휴가를 반납하고 장장 12년을 교류했었던 적이 있으니, 존 우드의 심정이 어땠을지 공감이 간다.

그다음 해에 그는 3천여 권의 책을 당나귀에 싣고 히말라야 아이들을 만나러 떠나게 된다. 그리고 아이들을 만나 행복한 경험을 한 뒤 결국 마이크로소프트를 그만두고 더 아름다운 세상을 만들고 싶다는 그 꿈을 실현하고 싶어 새로운 도전을 하게 된다. 그 멋지고 아름다운 도전은 NGO 단체 Room to Read를 설립하게 된다. Room to Read의 홈페이지에는 이렇게 쓰여 있다.

"All children deserve room to read, room to learn and room to grow.
We Believe that World Change Starts with Educated Children."

존 우드는 교육받은 아이들이 세상을 바꾸는 일의 첫 시작이라는 것을 믿고 책을 읽고 배울 수 있고 성장할 수 있는 공간을 만드는 것에 집중하게 된다. 그 결과는 우리가 생각하고 상상하는 것 그 이상이었다. 철강왕 카네기가 자신의 사재를 털어 설립한 도서관보다 더 많은 도서관을 짓고 아이들을 교육하며 세상을 바꾸는 일에 존 우드는 이바지하게 된다.

[사진: https://slowalk.com/961에서 발췌]

존 우드는 네팔, 인도, 베트남 등의 오지에 2021년 기준 전 세계에 3만 9,000개 이상 도서관을 지었고 수천만 명 어린아이들의 삶에 영향을 주었다. 이 모든 엄청난 성과에도 불구하고 그는 결코 자신의 성공담을 과시하려고 하지 않았다. 다만 그는 인생의 의미를 다시 발견하고 새로운 열정을 바친 자신의 삶을 책 속에서 담담하게 고백하고 있다. 히말라야를 방문하는 사람들, 관광하러 가는 사람들이 세상에는 참 많다. 그러나 현지의 아이들에게 관심을 갖고 그들의 아픔에 공감해 주고 그들의 문제를 해결하고자 바보처럼 뛰어드는 사람은 거의 없다고 봐야 한다. 제시카와 같이 존 우드의 도전은 살아 있는 기업가 정신을 엿볼 수 있는 좋은 사례라고 생각한다. 이를 POPs 프레임으로 정리해 보면 다음과 같다.

[존 우드의 Room to Read에 대한 기업가 정신 분석해 보기]

Problem Define 문제를 정의해 보세요 이상과 현실의 Gap을 생각하세요	전 세계의 책을 읽고 싶고 배우고 싶고 성장하고 싶은 아이들이 많으나 도서관이 없는 마을과 학교가 많다는 것을 문제의 핵심이라고 봄. 문맹율을 낮추는 것을 목표로 함.
Opportunity Finding 비즈니스 기회를 써보세요. 시장의 크기를 추정해 보세요	전세계에서 글을 읽거나 쓰지 못하는 사람들은 19%였음. 그 가운데서도 고소득층의 문맹률은 1%, 중산층은 8.6%, 저소득층은 36.2%라고 함.
Profitable Solutions 지속가능한 수익 창출 솔루션, 비즈니스 모델을 작성하세요	NGO 단체이기에 수익 창출을 목표로 하지 않으나 지속적인 후원을 받고 도서관을 건립하고 여학생들을 중심으로 교육을 시켜 변화의 길을 만들고 있음.

우리가 사는 세상의 다양한 문제를 발견하고 그 문제를 안고 고통스러워하는 사람들이 얼마나 많은지 파악해 보고 그 문제를 해결하기 위해 바보처럼 뛰어들어 해결책을 만들고 책임지는 행동, 이것이 필자가 생각하는 기업가 정신이다. 이런 기업가 정신은 우리 모두에게 필요한 삶의 태도이자 가치로 가슴에 담고 살아가야 하지 않을까 싶다.

여러분이 다니고 있는 기업은 창업주가 고민하고 생각했던 것들을 하나하나 우직하게 실천하여 지금의 형태와 모습을 만든 것이다. 현재 여러분 기업의 창업주가 처음 기업을 만들고자 했을 때의 기업가 정신이 담긴 미션과 핵심 가치가 지금까지 잘 전수되어 고객에게 전해지고 있다면 정말 다행이라고 생각한다. 그러나 그 본질적 가치와 철학이 경영에 내재화되지 못하고 직원들과 고객들에게 전달되고 있지 않다면 다시금 생각해 보고 정리해서 내실을 다져야 할 것이다. 모든 혁신 활동의 기본은 창업주가 생각하고 달성하고자 했던 그 숭고한 가치를 다시금 회복하고 곱씹으면서 시작되어야 한다. 즉 Why에서 시작되어야 한다.

- 우리 회사는 왜 이 세상에 존재해야 하는가?
- 우리 회사는 무엇을 위해 존재해 왔는가?
- 창업주는 왜 이 기업을 만들었는가?
- 어떤 사람들을 돕고 섬기려 이 회사를 탄생시켰는가?
- 우리 회사의 제품과 솔루션을 통해 어떤 사람들이 혜택을 받는가?
- 우리가 제공하는 제품과 솔루션을 필요로 하는 사람들은 얼마나 많을까?

• 조금 더 철학적이고 본질적인 질문을 통해 뼛속까지 기업가 정신으로 무장해야 더 나은 세상을 만들고 미래를 만들어 갈 수 있지 않을까?

오픈 이노베이션 전략의 핵심은 기업의 지속 성장과 미래 성장 동력을 확보하는 것이다. 이를 위해 필요한 기본 뼈대가 되는 철학은 기업가 정신이 되어야 할 것이다. 기업이 오픈 이노베이션을 추진하기 전에 우리 회사의 기업가 정신은 무엇이며, 어떻게 내재화시켜야 하는지를 고민한다면 중심을 잡아 주는 철학이 밑바탕에 있기에 오래도록 진정성을 담아 추진할 수 있으리라 기대해 본다. 이번 기회에 기업가 정신을 가슴에 새기고 우리 회사의 미래 성장 동력을 오픈 이노베이션을 통해 발굴하고 육성하여 열매 맺도록 도전해 보는 기회로 삼기를 바란다.

2

오픈 이노베이션이란 무엇이며, 왜 필요한가?

2.

오픈 이노베이션이란 무엇이며, 왜 필요한가?

2-1. 기업들은 신사업을 갈망한다.

> "회사"란 상행위나 그 밖의 영리를 목적으로 설립한 법인을 말한다.
> (「상법」 제169조)

기업들이 신사업을 하는 이유는 무엇일까?

기업이란 우리가 일반적으로 '회사'라 부르는 개체이고 이윤을 내기 위한 집단이다. 이 이윤을 내기 위해 사업이란 행위를 영위한다. 고로 사업이란 다양한 종류의 사업 모델과 제품, 또는 서비스를 해당 솔루션이 필요한 고객에게 제공하는 행위이며 기업에 이윤을 발생시킨다.

그래서 기업이 신사업을 하는 이유는 근본적으로는 단 하나다. 결국 이 이윤을 늘리기 위해서다. 하지만 이미 하나 이상의 사업 모델로 시장에서 활동하는 기업들이 새로운 출발선상에 서는 각각의 이유는 좀 더 자세히 뜯어보면 세분화되어 있다.

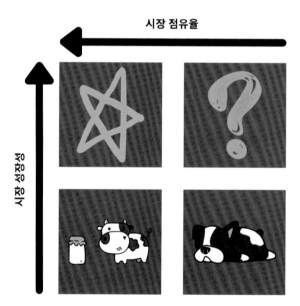

[BCG 매트릭스: 기업이 영위하는 사업을 시장 점유율과 시장 성장성을 기준으로 Dog(개), Cash Cow(현금 젖소), Question Mark(물음표), Star(별)의 4개 영역으로 분류하는 방식이다.]

어떤 기업은 현재 기존의 사업이 Cash Cow현금 젖소로 자리 잡아 지속적인 잉여 현금이 발생하기 시작하고, 이를 기반으로 신사업을 추진하는 건강한 선순환이 이뤄지고 있을 수 있다. 하지만 반면에 기존 사업이 사양산업으로 접어들고 치열한 경쟁 속에 점유율도 확보할 수 없는 Dog개 사업이 되어 사업을 정리하고 새로운 돌파구를 찾아내야 하는 기업도 있다. 이 두 기업의 신사업에 대한 열망은 좀 다를 것이다.

결국 신사업이란 BCG 매트릭스상의 성장성이 높은 시장에 새롭게 제품이나 서비스를 선보인 Question Mark물음표 사업을 Star 사업으로 점유율을 키워 나가고 궁극적으로는 차세대 Cash Cow로 키워내는 과정이다.

이러한 일련의 과정은 대부분 사람이 동의할 것이다.

하지만 국내 상당수 기업에서는 '신사업 = 신제품'이라는 오해가 있는 것 같다.

가전제품을 제조하는 회사가 IoT 기능이 추가된 가전제품을 개발하는 것은 신사업이라고 보기 어렵다. 반면 IoT 기능을 통해 데이터를 수집하고 이를 가공하여 유의미한 사용자 경험을 제공하기 위해 IT 서비스를 제공한다면 신사업이라고 할 수 있을 것이다. 가전제품을 판매하여 얻는 수익보다 사용자에게 제공하는 서비스 구독료로 더욱 큰 수익을 얻을 수도 있다.

즉 신사업을 통해 업의 본질이 바뀌는 것이다.

필자가 다녔던 어보브반도체는 마이크로컨트롤러를 개발하는 팹리스 반도체 업체이다. 재직 당시 무선통신 영역에 새롭게 진출한다며 블루투스 저전력 반도체를 처음 개발하기 시작하였는데, 필자의 입장에서 이는 신제품일 뿐이다. 이후에 필자가 추진했던 Edge AI 제품 기획이 신사업의 예이다. 왜냐하면 전자는 업의 본질이 반도체 하드웨어 개발이며, 후자는 하드웨어보다 상단에 탑재되어야 하는 AI Engine 및 추론 모델, 학습 모델의 소프트웨어 역량이 더 중요한 제품이며 업의 본질이 소프트웨어로 바뀌어야 했기 때문이다.

[송종화 대표의 신사업에 대한 경험담]

2-2. 과연 신사업을 해야 할까?

본질적인 질문을 한 번 할까 한다.

세상의 모든 기업이 신사업을 해야 하는 걸까? 대답은 Yes and No라고 생각한다.

기술은 지속해서 발전하고, 인류가 1차에서 4차까지 산업혁명을 거치면서 새로운 산업들이 등장하고, 기존 산업의 강자들이 와해되기도 했다. 다만 모든 산업이 매크로적인 변화에 바로바로 민감하게 반응하는 것은 아니다. 기업이 현재 속한 본사업의 영역이 규모도 크고 성장률이 큰 시장이라면 오히려 본업에 집중해서 경쟁력을 더욱 다지는 것이 맞을 것이다.

이 단계를 극복하고 물음표가 별이 되고, 별이 현금을 낳는 젖소가 되면 기업은 안정적으로 성장할 것이다. 문제는 그 다음이다.

Cash Cow였던 사업은 예상치 못한 외부 요인으로 순식간에 Dog 사업으로 전락할 수도 있다. 체력이 다져지지 않은 기업은 외부 요인이 영구적인 것이 아니어도 몇 년이라는 시간 안에 치명타를 입을 수 있다.

최근 몇 년간의 매크로 동향을 살펴보자.

우선 코로나19로 인해 중국 제조 산업의 중단, 물류비 상승, 대면 서비스 산업의 폭락, 여행, 항공사들의 위기 등이 있었다. 단기적인 영향일 것으로 예상되었으나 지속해서 변종 바이러스가 등장하고 팬데믹이 엔데믹으로 전환되며 코로나19와 함께하는 일상이 될 때까지는 3년이라는 시간이 걸렸다.

반대로 그 와중에 코로나19로 인해 성장한 산업들이 있다. 1차원적인 진단 키트 제조업체는 차치하고, 모든 생활이 비대면으로 전환되며 모든 음식을 배달해서 먹고, 택배 수요는 늘어나고, IT 회사들의 비대면 서비스나 제품 수요가 급격히 늘어났다.

맥킨지 & 컴퍼니의 당시 2020년 10월경 분석에 의하면 디지털 전환율이 세계적으로 7년 가까이 가속화된 것으로 평가하고 있다.

자연스럽게 바이오 관련 투자 붐이 일었고, 배달 수요가 늘어나며 배달원, 택배기사 수요와 단가가 인상되며, 관련 업체들은 호황기를 이루었다. 개발자의 수요가 늘어나며 개발자의 연봉도 천정부지로 올라가기 시작했다.

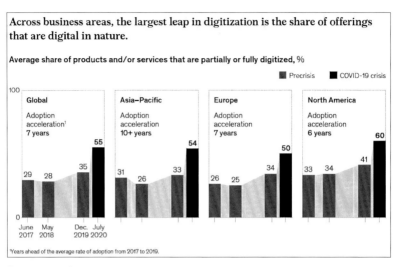

Across business areas, the largest leap in digitization is the share of offerings that are digital in nature.

Average share of products and/or services that are partially or fully digitized, %

■ Precrisis ■ COVID-19 crisis

Global
Adoption acceleration[1]
7 years
29 28 35 55

Asia–Pacific
Adoption acceleration
10+ years
31 26 33 54

Europe
Adoption acceleration
7 years
26 25 34 50

North America
Adoption acceleration
6 years
33 34 41 60

June 2017 May 2018 Dec. 2019 July 2020

[1]Years ahead of the average rate of adoption from 2017 to 2019.

[코로나19 이후 제품이나 서비스의 디지털화가 최소 6~10년 이상 가속화되었다 출처: McKinsey & Company. McKinsey Digital and Strategy & Corporate Finance Practices. "How COVID-19 has pushed companies over the technology tipping point—and transformed business forever", 2020. 10.]

그러다 코로나19는 팬데믹에서 엔데믹으로 우리 일상의 일부가 되었다. 모든 것이 정상화될 것 같던 이때 엎친데 덮친 격으로 러시아-우크라이나 간 전쟁이 발발했다.

전 세계적인 식량난이 시작되고 원자재 가격이 폭등하였다. 코로나19가 창궐했던 기간에 대량으로 풀었던 현금과 늘어난 가계부채로 고금리 시대가 도래했고, 전쟁으로 인한 고물가, 그리고 여기서 예상되는 경기 침체까지 찾아왔다.

이제는 반대로 많은 기업이 투자에 대해서 보수적인 입장을 취하게 되었고, 허리띠를 졸라매기 시작했다.

사회적 거리 두기가 완화되며 외식 수요도 보복 소비에 가까울 정도로 폭발적으로 회복했고, 재택근무 제도를 시행하던 기업들은 대부분

회귀했다. 그간 늘어났던 각종 바이오 및 생활 폐기물이 골칫거리가 되고, 새로운 키워드로 경영 효율화, ESG가 떠올랐다. 실리콘밸리의 선진 IT 기업들마저도 수많은 인원을 해고하며 경영 효율화에 집중 중이다.

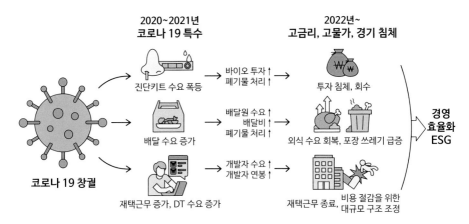

[2020년 등장한 코로나19로 세상이 변했으나 2022년부터는 변했던 세상에 대한 반동이 찾아왔다. 코로나19로 인해 급성장한 바이오산업, 배달, 비대면 산업이 2022년부터는 생활이 정상화됨에 따라 ESG와 경영 효율성이 더 중요해졌고, 다시 한번 많은 변화가 생겼다.]

여기서 끝이 아니다. 2023년도 희망찬 시기는 아니었고, 2024년 역시 희망찬 미래가 올 것으로 생각하면 큰 오산이다. 2023년 초 EY의 설문조사에 의하면 전 세계 CEO들의 98%가 비록 지속 기간과 파급력에 대해서 차이는 있지만 경기 침체가 올 것이라고 예상했다. 경영 효율화와 근본적으로 건강한 경영을 위한 차원의 ESG 역량 강화는 계속될 것으로 예상되었다. 실제로 이 책이 출판된 시점 2024년에도 이러한 기조는 변함없이 유지되고 있다.

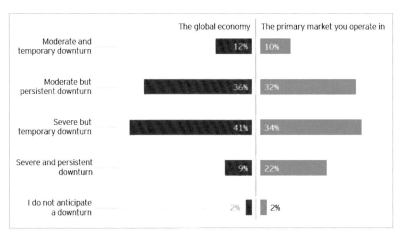

	The global economy	The primary market you operate in
Moderate and temporary downturn	12%	10%
Moderate but persistent downturn	36%	32%
Severe but temporary downturn	41%	34%
Severe and persistent downturn	9%	22%
I do not anticipate a downturn	2%	2%

[98%의 글로벌 CEO들이 2023년 경기 침체를 예상했다 출처: EY. EY CEO Outlook Pulse Survey. "The CEO Imperative: How will CEOs respond to a new recession reality?" 2023. 01.]

그러면 다시 본론으로 돌아가 보자.

신사업을 해야 할까?

그렇다. 무조건 해야만 한다. 기업의 숙명은 지속 성장을 이루는 것이다. 이를 위해서라도 끊임없이 새로운 미래 먹거리를 발굴하는 것이 당연하다고 본다.

다만 매크로적인 외부 요인들을 선제적으로 포착해야 되며, 기업이 속한 산업에 찾아올 영향들을 항시 전략적으로 분석하고 있어야 한다. 몇 년 앞을 내다보며 산업의 변화로 인해 도태될 것으로 예상되는 Dog 사업을 정리하고, 기업의 본질적인 강점은 어디에 있는지 메타인지 를 확실하게 해야 한다.

> **메타인지 Metacognition란?**
> - 자신의 인지 과정에 대하여 한 차원 높은 시각에서 관찰·발견·통제하는 정신 작용. 출처: 네이버 국어사전
>
> 다른 말로, 자기 스스로를 객관적으로 평가할 줄 아는 능력이다.

그리고 코로나19 팬데믹이 영원히 지속되지 않았듯, 수혜를 입었다면 그 수혜가 언제까지 유효할지 고민하며 신사업을 추진해야 한다. 시장에 빠르게 진입하기 위해 Time-to-Market이 중요하다는 것은 많이들 알고 있을 것이다. 하지만 Time-to-Exit에 대한 중요성을 많이들 간과하고 있다. 수혜는 영원하지 않기 때문에 적절한 Exit 타이밍을 고려하여 신사업을 추진해야 한다는 뜻이다.

신사업은 기업이 변화하는 매크로 요인들에 유연하게 대응할 수 있는 하나의 수단이다. 타격을 입기 전 사업의 다각화를 미리 고민하고, 어떤 상황이 발생해도 정상 경영이 가능한 회복성을 갖추기 위해 신사업을 추진해야 한다.

오픈 이노베이션을 어렵게 생각할 필요는 없다. 하지만 '오픈 이노베이션 = 신사업'이라는 오해를 하지는 않기를 바란다.

오픈 이노베이션을 이해하기 위해 신사업의 본질을 이해할 필요가 있다고 생각하여 신사업에 대한 정의를 다뤄 보았다. 오픈 이노베이션이란 결국 신사업과 새로운 제품 서비스 개발을 위한 수단, 방법론 중 하나일 뿐이라는 것을 명심하면 좋겠다.

신사업과 신상품에 대한 구분을 기업의 입장에서 조금 더 명확하게 분리하여 이야기하자면 다음과 같다. 보통은 본부 내에서 개발하는 상품의 경우에는 신상품이라고 이야기한다. 반면 본부와 본부 간

에 융합을 통해 상품이 개발 될 경우 신상품이라기보다는 신사업 전담팀에서 개발하여 New Business 신사업라고 정의를 하는 것이 일반적이다.

[신상품과 신사업에 대한 정의 사례]

신사업에 있어서 중요한 요소는 다음과 같으며, 마음에 새기고 이 책을 읽으면 좋을 것 같다.

- 신사업은 지금을 위한 사업이 아니다. 미래를 대비하기 위한 것이다.
- 신사업과 신제품은 다르다. 신사업은 업의 본질이 바뀐다.
- 신사업을 위해서는 외부 변화를 지속적이고 빠르게 포착해야 한다.

2-3. 오픈 이노베이션이란?

　지속 성장하여 성과를 창출하는 기업들은 대부분 오픈 이노베이션을 진행하고 있다. '오픈 이노베이션'이라는 용어는 2003년에 처음 사용되었으며, 최근에는 스타트업 생태계에서 널리 알려진 단어가 되었다. 직역하자면 '개방형 혁신', '열린 혁신'이다. 단어만으로도 어느 정도 의미가 전달될 것이다. 최근에는 국내 기업들도 오픈 이노베이션을 하고 있다는 뉴스를 많이 접할 수 있다.

　먼저 '왜 오픈 이노베이션이 필요할까?'에 대해서 이해가 필요하다.

　오픈 이노베이션은 기업 내부 R&D로만 혁신 기술을 개발하고 시장에 선보이던 폐쇄적인 혁신 방식에서 벗어나, 내부와 외부의 아이디어 및 기술을 합쳐서 새로운 가치를 창출하는 열린 혁신을 의미한다.

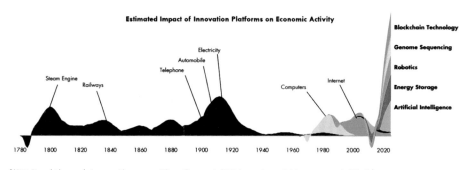

[참조: Breakthrough Innovation over Time Source: ARK Investment Management, Big Ideas 2019]

그럼 기업 내부 R&D연구개발만 가지고 혁신 기술을 개발하고 시장에 선보이면 안 되는 이유는 무엇일까?

기업 내부만의 R&D연구개발 활동으로 혁신 기술을 주도하는 것은 현재 너무나도 많은 혁신 기술이 등장하고 있으므로 불가능해졌다. 예전에는 증기기관, 전화기, 핸드폰, 컴퓨터, 인터넷 등과 같이 시대를 혁신한 기술이 하나씩 나왔지만, 지금은 다르다. 인공지능, 로보틱스, 블록체인 등과 같이 한 가지 기술만으로도 세상을 바꿀 수 있는 기술들이 끊임없이 그리고 정신없이 등장하고 있다. 기업의 입장에서는 이런 혁신 기술들에 따라가지 못해 도태되면 살아남지도 못하는 상황이 온 것이다. 그렇기 때문에 기업에 입장에서는 새로운 혁신 기술들을 이끌어가지는 못하더라도 따라가는 것만으로도 큰 도움이 된다.

그렇지 않다고 생각하나? 다른 측면에서 현실을 직시해 보자.

S&P 500 인덱스 기업들의 평균 수명을 확인해 보자. 기업들의 평균 수명은 점점 줄고 있다.

1970년도 후반과 1980년도 초반을 보면 수명은 30년~35년이다. 지속해서 기업의 수명은 줄어들어 지금은 15년~20년으로 줄었다. 이건 데이터이고 팩트이며 현실이다. 더 이상 피할 곳은 없다. 이제 기업들은 살아남기 위해서는 새로운 혁신을 받아들이고 기존 시장의 점유율을 늘리거나 지키며, 새로운 시장으로의 개척도 계속해서 도전해야 한다.

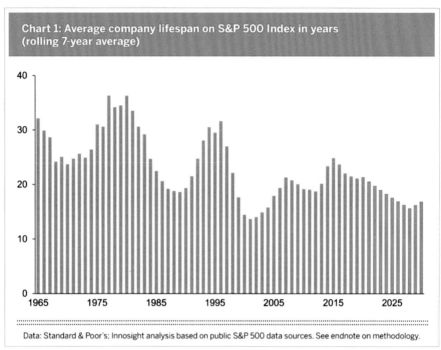

Chart 1: Average company lifespan on S&P 500 Index in years (rolling 7-year average)

Data: Standard & Poor's; Innosight analysis based on public S&P 500 data sources. See endnote on methodology.

[참조: Innosight: 2021 Corporate Longevity Forecast By S. Patrick Viguerie, Ned Calder, and Brian Hindo, May 2021]

오픈 이노베이션은 제품, 서비스, 프로세스 등 다양한 분야에서 이루어질 수 있으며 혁신적인 아이디어와 개방적인 마인드가 필요하다. 기업들은 이제 살아남기 위해서 적극적으로 오픈 이노베이션을 도입하며, 혁신적인 성과를 거두어야 한다.

2-4. 오픈 이노베이션이란 과연 무엇인가?

오픈 이노베이션이라는 것은 무엇일까?

[2016년 Open Innovation 2.0 Conference에 참석한 Henry Chesbrough헨리
체스브로 교수. 사진 출처: Wikimedia Commons]

2003년 미국 UC버클리대학교의 Henry Chesbrough헨리 체스브로 교
수가 Open Innovation이라는 저서를 집필하며 정의한 기업의 혁신
을 위한 방법론이다. 기본 골자는 "기업의 혁신은 내부에서 일어나지
않는다"는 점에서 점차 발전해 왔다. 공식적인 정의는 다음과 같다.

> 오픈 이노베이션이란 "기업의 혁신을 위해 필요로 하는 아이디어나 기술을 외부에서 조달하고 한 편으로는 내부 자원을 외부와 공유하면서 새로운 제품이나 서비스를 만들어 내는 것"

쉽게 설명하면 '외부에서 내부로_{인바운드}', '내부에서 외부로_{아웃바운드}'의 2가지 전략이 공존하는 비즈니스 모델이며 2014년에는 조직 내에 정보가 유기적으로 공유되도록 하는 시스템의 형태로 재정의하며 체계화된 오픈 이노베이션 전략이 기업들에 도입되기 시작했다.

> 오픈 이노베이션은 '내부'와 '외부'로 부터 '혁신의 자극'을 받아들여서 '기존 사업의 확장'과 '미래의 먹거리'를 만들어 내는 것이다.

[오픈 이노베이션에 대한 최성안 대표의 정의]

그렇다면 이러한 오픈 이노베이션의 실제 사례도 2003년 이후에나 존재하였을까?

아니다.

인간은 좀 더 편리한 삶을 위해 오래전에도 창의력을 발휘하였고 오픈 이노베이션과 유사한 행위의 역사적인 사례들은 2003년보다도 한참 전에도 있었다.

우리가 인식할 수 있는 기록된 역사 속에서의 실사례는 1714년 대영제국의 앤 여왕이 발포한 경도법으로 거슬러 올라간다. 대항해 시대에 망망대해를 항해하던 선박들이 정확한 경도를 알 수가 없어 당대 위대한 탐험가들도 갈팡질팡하던 와중 영국 전함 4척이 좌초되며 2,000여 명의 생명이 수장되는 비극까지 발생했다.

정부는 이 문제를 해결하는 사람에게 2만 파운드의 상금을 걸었고, 존 해리슨이라는 무명 시계공이 31년간 이 문제에 매진하여 현재까지도 사용되고 있는 크로노미터_{해상시계}인 H1을 개발하게 된다. 하지만 그는 당시 지식층들과 위원회의 반발로 1759년 더욱 정밀하고 소형화된 H4를 개발할 때까지도 공로를 인정받지 못했다. 1773년, 존 해리슨이 세상을 떠나기 3년 전에야 공로를 인정받고 상금의 일부를 받을 수 있었다.

오픈 이노베이션이라는 개념이 자리 잡기 전의 어떻게 보면 안타까운 사례이다.

그 이후에도 우리의 생활 속에 녹아 있는 역사 속 오픈 이노베이션의 사례는 1795년에 통조림에서 있었다. 우리가 현재 흔히 접하는 통조림 역시 특정한 필요성이 있어 오픈 이노베이션을 통해 개발된 사례로 볼 수 있다.

당시 프랑스는 전쟁 중이었고, 나폴레옹은 식량 부족으로 인한 군의 사기 저하를 우려했다.

정확히는 침공한 지역에서 식량을 제공하거나 판매하지도 않을 경우를 대비한 해답이 필요했다. 이를 해결하기 위해 나폴레옹이 설립한 '프랑스 산업 장려협회'에서는 1만 2,000프랑의 상금을 걸고, 방부제를 사용하지 않은 식품의 장기 보존 기술을 공모하였다.

샹파뉴 지방의 셰프였던 니콜라 아페르는 음식을 넣은 유리병을 가열 후 밀봉하는 형태의 병조림을 개발하였고, 이는 프랑스군과의 Proof-of-Concept _{PoC: 개념 검증} 과정을 통해 프랑스군의 사기와 기동

[영국의 시계 제조공 존 해리슨이 개발한 크로노미터 'H1'
출처: https://www.flickr.com/photos/mmmavocado/24127172360]

력에 혁신을 가져왔다.

이후 병조림은 프랑스인인 필립 드 기라르가 통조림 원천기술을 개발하며 여러 인물에 의한 개선을 거쳐 현재 우리 식생활의 편의를 담당하는 지금의 통조림이 완성되었다.

[슈퍼마켓에서 흔히 보이는 통조림. 전쟁이 없었다면 필요성이 없었을 것이고, 프랑스 산업 장려협회의 공모전이 없었다면 현재까지도 존재하지 않을 수도 있지 않았을까? 사진 출처: Wikimedia Commons]

실제 오픈 이노베이션의 사례는 이렇게 역사 속에서도 여럿 있었지만 현대적인 정의는 이전 언급하였던 것처럼 Henry Chesbrough 헨리 체스브로 교수에 의해 2003년 처음 소개되어 2014년이 지난 현재까지도 계속해서 진화하고 있다.

시인 김춘수의 "꽃"이라는 시에 보면 다음과 같은 구절이 있다.

> 내가 그의 이름을 불러주기 전에는
> 그는 다만
> 하나의 몸짓에 지나지 않았다.
> 내가 그의 이름을 불러주었을 때,
> 그는 나에게로 와서
> 꽃이 되었다.

오픈 이노베이션이라는 개념 역시 우리가 이름을 지어 주고 제대로 실천할 수 있는 방법을 정의하여 시스템이 갖춰졌을 때 효율적으로 돌아갈 수 있고, 시스템의 구성원 모두가 Win-Win 할 수 있는 구조를 수립할 수 있다고 생각한다. 그런 의미에서 현재 시점에서의 오픈 이노베이션이란 개념에 대한 산업에서의 이해도에는 차이가 있다. 여기서는 지난 몇 년간의 글로벌한 신사업, 혁신 직군에서의 활동들을 종합적으로 분석한 오픈 이노베이션의 구조를 소개하려 한다.

오픈 이노베이션은 하나의 '구멍 뚫린 깔때기'의 형태로 표현된다.

각각의 혁신 과제들이 이 깔때기를 거치면서 안팎으로 드나들게 된다. 다음 그림을 참고하면 큰 그림을 조금 더 쉽게 이해할 수 있을 것이다.

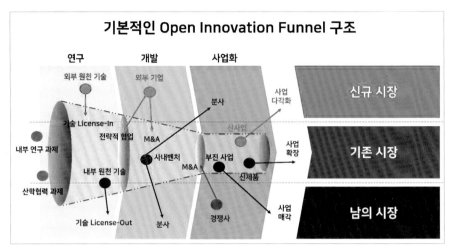

[오픈 이노베이션의 기본적인 구조. Copyright© 2024. 송종화 All Rights Reserved.]

오픈 이노베이션이란 크게 보면 합법적인 선에서 기업의 내부 역량과 외부에서 끌고 올 수 있는 역량을 수단과 방법을 가리지 않고 사업 전 과정에서의 혁신을 도모하는 방법론이다.

기본적으로 원천기술이 깔때기를 거치면서 연구 → 개발 → 사업화의 단계를 거치게 되는데, 이 과정에서 외부 기술이 도입되어 내부 역량이 개선되기도 하고, 반대로 기업이 가진 원천기술을 운 좋게도 타 산업의 기업이 자사의 사업에 활용할 수 있음을 발견하여 사용권을 제공하고 기대에 없던 새로운 수익을 발생시킬 수도 있다.

개발에서 사업화로 넘어가는 과정에서 외부 기업과 협업을 하거나 M&A를 진행하기도 하고, 내부 원천기술을 기존 사업과는 다른 곳에서 사업 모델을 구상하여 사내 벤처로 육성 후 분사시키는 전략을 택할 수도 있다.

이후 사업화 단계에서는 매우 가시적인 판단을 통해 동종 업계 경쟁사를 M&A 하거나 부진한 사업은 시장에 내놓아 경영 효율화를 할 수도 있다. 이 단계까지 깔때기를 성공적으로 거쳐 온 과제들은 기존 시장의 확장을 위한 신제품일 수도 있고, 완전 새로운 시장에서 사업 다각화를 위한 신사업일 수도 있다.

이처럼 오픈 이노베이션은 기업이 기술을 연구하고 시장에 내놓기까지의 전체 프로세스에서 내외부의 협력을 통한 혁신과 가치를 창출하는 방법론이다.

> 오픈 이노베이션은 내외부의 파트너가 서로 더욱 잘하는 것에 집중하여 '리스크를 분담'하고 '수확을 공유'하는 것이다.

[오픈 이노베이션에 대한 송종화 대표의 정의]

2-5. 오픈 이노베이션은 Time-to-Market을 조절하기 위한 장치

"오픈 이노베이션을 한마디로 설명하면 뭐라고 생각하나요?"

거의 10년 전 어떤 회사의 면접에서 면접관이 필자에게 한 질문이었다. 그 당시에는 '시너지'라고 대답했다. 그 대답의 배경에는 실리콘밸리에서 오픈 이노베이션을 접하며 스타트업의 민첩함과 대기업/중견기업의 인프라와 자본이 만났을 때 필자는 효과를 직접 눈으로 보았기 때문이었다.

면접관은 필자에게 답은 '스피드'라고 했다. 그 회사에 필자는 합격하지 못했다. 10년이 지난 지금은 답이 단순하게 '시너지'는 아니라고 생각은 하고 있지만, 여전히 답이 '스피드'는 아니라고 생각한다. 다음과 같이 이유를 들 수 있겠다.

스타트업의 장점은 시장에서의 스피드가 맞다. 시도 때도 없이 변화하는 시장에 대기업이나 중견기업은 발 빠르게 대응하기가 쉽지 않다. 언제든 피보팅하며 비즈니스 모델을 수정할 수 있는 스타트업이 기성 기업들에 비해 시장에 빠르게 진출할 수 있다.

하지만 항상 빠른 출시가 답은 아니다. 단적인 예로 1995년에 Forte Technologies Inc.라는 스타트업이 출시한 VFX1이라는 VR 기기가 있다. 당시 고성능 그래픽과 3D 사운드를 지원하며 소비자들에게 좋은 피드백을 받았지만 얼마 안 가 Forte사는 폐업하고 만다.

[Forte VFX1 헤드기어 이미지 출처: Wikimedia Commons]

Forte사의 VR 기기가 실패한 이유는 무엇이었을까?

여러 이유가 복합적이겠지만, 결국 쉽게 말하면 '시대를 너무 앞서 나가서'일 것이다. 당시 VFX1은 소비자 권장가 $695의 매우 고가의 제품이었고, 당시 시장에는 VR 콘텐츠가 제한적이었다.

그러나 가장 중요한 건 당시 소비자들은 VR에 관심이 없었다. 기술적인 혁신이었고 VR 산업의 선구자가 되었지만 시장은 준비되어 있지 않았고, 결국 스타트업이 경영을 지속하기 위한 매출을 발생시키지 못해 실패한 사례이다.

이런 관점에서 오픈 이노베이션을 다시 한번 살펴보자.

오픈 이노베이션은 한 편으로는 스타트업이 대기업, 중견기업이 가지고 있는 양산 노하우, 자본, 또는 인프라 등을 통해 더욱 빠르게 제품을 개발해 경쟁 우위를 가져갈 수 있게 해 준다.

다른 한편으로는 스타트업의 제품이나 서비스가 부딪힐 수 있는 어려움이나 한계점을 사전에 찾아내고 출시 전 수정을 거쳐 적절한 시기에 출시될 수 있도록 조절을 하기도 한다.

즉 오픈 이노베이션은 양방향이다.

기업과 스타트업이 함께 리스크와 혜택을 공유하기 때문에 서로가 제품이나 서비스가 가진 리스크를 최소화하고 시기적절한 출시를 할 수 있도록 조절할 수 있는 장치가 될 수 있다.

그래서 필자는 오픈 이노베이션을 'Time-to-Market'이라고 생각한다.

스타트업이 가진 폭발적인 성장력과 아이디어를 기업에서는 기존 산업에서의 경험을 바탕으로 점검 사항들을 만들고 검증하여 현재 시장이 제품을 받아들일 준비가 되어 있는지 판단하는 데 도움을 준다.

제조업에서 사용하는 'Just-in-Time' 생산이라는 개념처럼 오픈 이노베이션은 스타트업의 제품이 너무 늦지도 빠르지도 않게 출시될 수 있도록 도와줄 수 있다.

2-6. 오픈 이노베이션은 스타트업 생태계의 성공 사이클과도 상관관계가 있다

오픈 이노베이션을 더욱 깊게 이야기하기에 앞서, 오픈 이노베이션이라는 엔진을 움직이게 하는 스타트업/혁신 생태계에 대해서 알 필요가 있다. 생태계의 성숙도가 혁신의 질을 높여주는데 큰 요인이다.

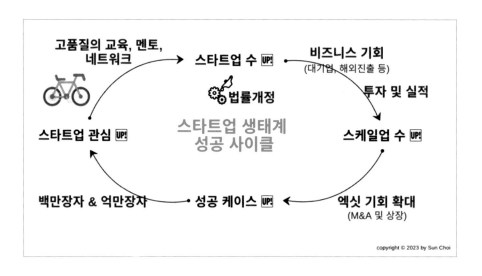

스타트업 생태계의 성공 사이클은 스타트업으로 시작해서 스타트업으로 끝난다. 먼저 스타트업을 하는 것에 관심이 있는 예비 창업가들에게 고품질의 교육, 멘토, 네트워크를 제공해서 창업하는 스타트업의 수를 늘려야 한다.

그 이후, 스타트업들에 비즈니스 기회를 제공해서 투자나 매출 등의 실적을 쌓을 수 있게 지원해야 한다. 여기서 중요한 역할을 하는게 바로 오픈 이노베이션이다. 예전에는 대기업 및 중견기업은 비밀스럽게 자신들만의 기술을 만들어 내서 상업화하는 방식을 취했다. 하지만 지금은 인공지능, 블록체인, 퀀텀 컴퓨팅, 자율주행 등 정말 많은 기술이 쏟아져 나오고 있어, 기업 내부의 R&D만으로는 시장 경쟁에서 뒤처질 수밖에 없다. 그렇기 때문에 많은 기업이 미래 먹거리를 위해서 지속적인 투자를 하고 있고, 오픈 이노베이션 활동을 적극적으로 진행하고 있다. 오픈 이노베이션을 통해 스타트업들은 스케일업_{백만 달러 이상, 10억 원 이상 투자 유치}이 되는 사례들을 많이 배출해 낼 수 있는 것이다.

스타트업이 스케일업이 된 이후에는 대기업, 중견기업에 매각, 즉 퇴장_{exit}하게 되면서 회사의 지분을 현금화할 수 있는 기회를 제공해야 한다. 성공 사례들이 생겨나면 자연스럽게 창업자들이나 초기 팀원들은 백만장자나 억만장자가 될 수 있는 기회가 되는 것이다. 그러면 그들은 또다시 창업을 하거나 투자자로 나서서 이 생태계를 건강하게 만드는 일에 이바지할 수 있다.

[최성안 대표의 실리콘밸리 경험담]

법률 개정과 법원 판결도 스타트업 생태계에는 중요한 윤활유 역할을 한다. 그 이유는 혁신이라는 건 아직 법적으로 다뤄지지 않아 합법과 불법 사이에 줄다리기를 하게 되기 때문이다. 예를 들어 승차 공유 서비스인 우버가 캘리포니아에서 사업을 시작했을 당시, 택시 업계의 반발이 매우 심했다. 하지만 대법원과 주정부는 택시 업계는 오랫동안 산업을 이끌어 왔으니, 새로운 산업에도 기회를 줘야 한다며 우버에 손을 들어 줬다.

위의 어느 하나라도 부족하다면 스타트업 생태계 성장에 걸림돌이 된다. 특히 오픈 이노베이션과 큰 관련이 있는 부분은 비즈니스 기회, 투자 및 실적, 엑시트 기회 확대이고, 스타트업 생태계에 매우 큰 영향을 미친다.

대기업은 기존 시장의 점유율을 유지하거나 높이고, 새로운 시장에 들어가기 위해 스타트업과 협업을 한다. 그 협업을 통해 스타트업은 시장에서의 검증과 매출이나 투자를 통해 피와 같은 현금이 돌고 성장의 디딤돌을 만들 수 있기에 서로 상생할 수 있는 모델이 될 수 있다고 인식해야 한다.

여기서 짚고 넘어가고 싶은 점은, 오픈 이노베이션은 대기업과 중견기업이 스타트업에 도움을 주는 게 아니라 양사 간의 협업을 통해 시너지를 내는 것이라는 부분이다. 필자는 한국에서 많은 대기업 관계자와 미팅했다. 그들은 스타트업을 자신들이 돕고 있다는 시선과 자세가 매우 강했다. 이런 시선과 태도는 잘못되었다고 생각한다. 스타트업은 대기업이 못 하는 영역에서 날마다 고군분투하고 있으며, 그들은 대기업에게 새로운 기회와 시장을 열어 주는 역할을 할 수 있다. 어떤 측면으로는 대기업이 스타트업에 도움을 받는 것이다. 해외의 경우, 잘나가는 스타트업은 대기업과 일을 잘 하지 않으려고 하는 경우도 많다. 대기업은 원하는 것은 많고, 진행도 더디고, 다른 기회도 많기 때문이다. 만약 아직 당신의 기업이 스타트업을 대하는 태도가 좋지 않다면 빠르게 태도를 전환하길 추천한다. 한국 스타트업 생태계가 더욱 성장하고 오픈 이노베이션에 대한 경험도 더 많이 쌓이고 나면 당신의 기업이 스타트업에 협업 부탁을 해도 무시당할 수도 있다.

시너지에 대한 이야기는 스타트업에게도 마찬가지로 해 주고 싶다. 스타트업이 물론 자금이든 인력이든 네트워크든 부족한 게 많은 건 당연하다. 하지만 너무 저자세로 다가갈 필요도 없다. 서로 상생하는 마인드로 다가가는 것이 오픈 이노베이션의 첫 시작이다.

2-7. 세계를 리딩하는 실리콘밸리

　스타트업 생태계의 성숙도와 오픈 이노베이션 성숙도는 큰 상관관계가 있다. 오픈 이노베이션에 대해서 깊게 파고들기 전에 실리콘밸리의 스타트업 생태계에 대해서 조금 더 알아보겠다.

　전 세계의 스타트업, 대기업, 정부기관, 투자자들이 실리콘밸리에 모인다. 실리콘밸리가 세계의 혁신의 중심에 있다는 건 누구도 부정할 수 없다. 최근 코로나19 이후로 샌프란시스코가 예전처럼 활발하지 못하고 혁신을 리딩하는 생태계가 다른 곳으로 이주했다고도 한다. 그럼에도 실리콘밸리는 아직 세계 최고의 혁신 생태계다. 실리콘밸리의 스타트업 생태계는 세계 어느 곳보다도 견고하다. 무너지지

FIGURE 2
COMPARING GLOBAL TECH SCALEUP ECOSYSTEMS
Source: Mind the Bridge with the support of Crunchbase

	South Korea	UK	France	Germany	Spain	Italy	Silicon Valley	Israel	Europe	US
Number of Scaleups	1,506	4,575	2,258	1,732	867	557	9,188	2,921	11,208	31,125
Number of Scalers	66	225	109	113	30	18	795	242	505	2,445
Number of Super Scalers	8	17	2	10	1	0	86	8	26	159
Total Capital Raised	$55.8B	$135.3B	$53.5B	$66.2B	$17.3B	$7.3B	$693.3B	$107.9B	$286.8B	$1,388.9B
Scaleup Density Ratio	2.9	6.77	3.44	2.08	1.82	0.94	187.5	32.5	3.81	9.3
Scaleup Investing Ratio	2.01%	3.58%	1.45%	1.24%	0.78%	0.24%	73.10%	25.81%	1.28%	6.01%

[참조: Mind the Bridge, 2023 MTB Tech Scaleup South Korea Report]

않은 성과 같다. 이 성은 오랜 기간을 거쳐 축적하고 쌓아왔고 발달해 왔다. 그 중심에는 다양성을 포용하는 혁신적인 기업가 정신의 문화와 마인드셋이 자리 잡고 있다.

다른 국가들과 실리콘밸리의 스케일업 백만 달러 이상 투자 유치한 스타트업 생태계를 비교해 보면 실리콘밸리가 얼마나 대단한지 한눈에 볼 수 있다. 특히 도표의 제일 밑 두 개를 확인해 보면 알 수 있다. 5번째 줄

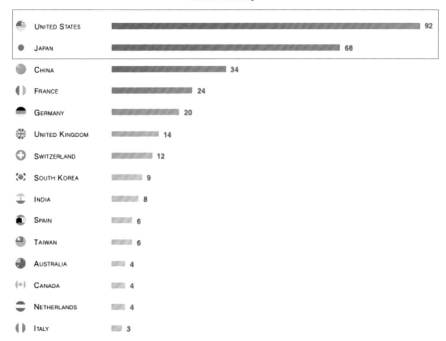

FIGURE 5
GLOBAL CORPORATE INNOVATION PRESENCE IN SILICON VALLEY (TOP 15 COUNTRIES)
Source: Mind the Bridge

UNITED STATES		92
JAPAN		68
CHINA		34
FRANCE		24
GERMANY		20
UNITED KINGDOM		14
SWITZERLAND		12
SOUTH KOREA		9
INDIA		8
SPAIN		6
TAIWAN		6
AUSTRALIA		4
CANADA		4
NETHERLANDS		4
ITALY		3

[참조: Mind the Bridge, 2023 MTB Corporate Innovation Outpost Report]

에 있는 건 인구 10만 명당 스케일업의 수다. 6번째 줄에 있는 건 GDP 대비 스케일업에 투자된 비율이다. 두 내용 모두 스케일업 생태계의 성숙도를 확인할 수 있는 척도이다. 실리콘밸리는 두 번째로 뛰어난 혁신 생태계인 이스라엘과 비교해도 크게 앞선다.

실리콘밸리에서 오픈 이노베이션 활동을 하는 기업들은 다양한 국가에서 실리콘밸리에 모여 있다. 국가별 순위를 보면 1위는 실리콘밸리가 미국이니 당연히 미국이고, 두 번째가 일본이다. 일본은 과거 혁신의 선두를 달렸으나, 현재는 그것이 이전만큼이나 두드러지지 않다. 이전과는 달리 혁신적인 아이디어나 기술을 찾기 위해서는 실리콘밸리와 같은 기술 혁신의 중심으로 눈을 돌리고 있다. 최신 기술 및 아이디어와 관련된 정보를 발 빠르게 수집하고 적용해서 일본의 기술 발전에 이바지하는 것을 노리고 있다. 그 뒤로는 중국, 프랑스, 독일, 영국, 한국, 인도가 뒤를 잇고 있다. 지역적으로 보면 APAC 국가에 본사를 둔 글로벌 대기업들이 가장 많다.

대기업들의 산업 분야도 다양하다. 순위로 보면 금융 및 은행, 모빌리티자동차, 전자기기, 바이오 및 제약, IT & 소프트웨어, 통신, 제조, 에너지 등이다. 물론 모든 대기업이 비슷한 레벨의 자원이나 에너지를 쏟고 있지는 않다. 1~2명의 담당자만 가지고 스타트업이나 새로운 기술을 학습하면서 트렌드를 파악하는 게 목적인 곳도 있고, 현지 스타트업과 공동 개발, 판매 및 유통 계약, 투자 등 다양한 협업을 목적으로 하는 곳들도 있다. 삼성, 악사AXA, 텔레포니카, 히타치와 같은 글로벌 대기업들은 오픈 이노베이션에 집중해서 돈과 사람을 투입하고 있다. 다양한 오픈 이노베이션 활동을 하기 위해서이다.

> 필자는 실리콘밸리에 있을 당시, 다양한 일본과 한국 기업들을 대상으로 네트워크를 쌓으면서 문제점이 있다는 것을 느꼈다. 이들의 제일 큰 문제점은 자기네들끼리 뭉친다는 점이다. 자기네들끼리 뭉쳐서 취미생활하고 술 마시고 한다. 현지인들과 벽이 생긴다. 일본이나 한국 본사에서 파견되어 가는 경우가 많은데, 1~3년 파견후 자국으로 돌아가야 한다. 이때 이들이 쌓은 현지 네트워크는 사라진다. 실리콘밸리의 현지인들은 사람과의 관계를 중요시하기 때문이다.

[최성안 대표의 실리콘밸리 경험담]

> 필자 역시 실리콘밸리에서 재직 시 삼성전자라는 한국 기업의 미국 지사에 재직하며 느낀 점이 최성안 대표와 비슷했다. 주재원들은 주재원들끼리 어울린다. 그리고 애초에 미국에서 술자리를 통한 친목은 굉장히 어려운데, 저녁은 가족과 보내는 문화적인 장벽도 있지만, 다들 물리적으로 자택들이 회사에 가깝지 않고, 실리콘밸리 회사원들의 대부분은 운전을 한다. 그래서 오히려 커피챗은 굉장히 활성화되어 있으나 2010~2014년 당시 실리콘밸리의 한국인 주재원들은 그런 문화에 익숙하지 않았던 것 같다. 물론 필자의 경우 현지 채용으로 현지인들과 직접 업무를 하다 보니 다양한 사람들과 어울리며 네트워킹을 하였는데, 이런 경험이 현재까지도 많은 도움이 된다고 생각한다.

[송종화 대표의 실리콘밸리 경험담]

실리콘밸리는 세계에서 가장 유명한 기술의 중심지이다. 여기에서는 세계 최고 수준의 기술 연구 및 개발이 이루어지며, 지속적인 오픈 이노베이션 활동을 통해 혁신적인 기술과 창의적인 아이디어가 계속해서 탄생하며 도입되고 있다. 지난 수십 년간 IBM, 애플, 구글, 페이팔 등 많은 창업 기업이 실리콘밸리에서 시작되었다. 이제는 매년 전 세계에서 수많은 스타트업 생태계 관련자들이 모이는 지역이 되었으며, 그들은 혁신과 기술의 최신 동향을 공유하고, 기술 스타트업과 혁신 리더들과의 네트워킹 기회를 만들기 위해 이곳을 찾는다.

2-8. 오픈 이노베이션에 대한 오해와 진실

> ❗ 오픈 이노베이션은 스타트업 딜 소싱이 아니다.

오픈 이노베이션이 단순히 기업의 사업에 붙일 수 있을 만한 스타트업을 외부에서 찾아서 매칭하는 딜 소싱이라고 생각하는 기업들이나 정부 관계자들이 많은 것 같다.

이런 맥락에서 수많은 오픈 이노베이션이라는 이름을 단 정부기관 및 기업들의 프로그램들이 진행되고 있는데, 물론 제대로 된 사례도 있겠지만 수많은 경우는 오픈 이노베이션의 기본 구조에 대해 무지한 상태에서 진행되는 구조를 띠고 있다.

오픈 이노베이션의 기본 골자는 참여하는 이해관계자들이 서로의 리스크를 공유한다는 것이다. 하지만 대부분의 오픈 이노베이션을 처음 시도하는 기업들이 협업 프로그램 운영을 대행해 주는 정부기관 또는 대행사 등을 통해 대서특필하며 홍보하고 진행하는 많은 프로그램을 뜯어보면 구조적으로 리스크를 지는 것은 스타트업 단 하나뿐이다.

왜 구조적으로 스타트업만이 리스크를 지는 걸까? 대부분의 구조는 다음과 같기 때문이다.

주관 기업	주제 및 해결 필요 과제를 제시, 후속 협업에 따른 투자 검토
정부기관	선발된 스타트업에 사업화 지원금, 입주 공간 외 멘토링, 자문 서비스 등 제공
대행사	정부기관의 지원금을 받고 온라인 공모, 설명회, 데모데이 등 행사를 진행

위의 내용을 가만히 보면 많은 것이 제공되는 것으로 보인다. 스타트업의 입장에서는 기업과 좋은 관계를 만들 수 있고, 프로그램 참여 기간 동안 각종 리소스가 제공이 되고 PR의 효과도 가질 수 있다.

그런데 왜 리스크는 스타트업만이 진다는 것일까?

왜냐면 이러한 구조의 프로그램은 단순히 학교에 지원하여 입학하고, 졸업하는 것과도 똑같기 때문이다. 인생의 끝은 학교를 졸업하는 게 아니다. 졸업 후에는 자신만의 커리어를 키워 가며 본인이 생각하는 '성공'이라는 기준에 부합하는 목표를 가지고 하루하루를 생존해 가며 꿈을 이뤄 가는 것이다.

그런데 이 과정에서 학교가 학생을 키워내는 데 리스크를 가져가는 것은 무엇이 있을까? 혹시나 그 학생이 졸업해서 사회적 물의를 일으켜서 명예가 실추되는 경우이지, 졸업생이 커리어적으로 성공하지 못했다고 학교는 영향을 받지 않는다. 하지만 반대로 졸업생이 성공하면 학교는 학생의 업적을 자랑하고 점차 명문이 된다. 이 과정을 뜯어 보면 사립학교의 경우에는 입학 과정에서의 변별력을 높임으로써 리스크를 최소화하는 것이 간편한 솔루션일 수 있다. 그리고 재단의 명예를 위해 교육의 퀄리티를 높이는 노력을 할 수 있다.

하지만 정부기관의 프로그램은 오너가 없는 학교와도 같다. 인프라가 좋은 곳에 있는 공립학교는 자연스럽게 우수한 학생들을 유치할 수 있고, 명문이 될 수도 있지만, 인프라가 갖춰져 있지 않다면 학생들이 기피하는 곳이 될 수 있다. 스타트업을 지원하는 정부기관이 잘되려면 굉장히 인프라가 좋은 곳에 협업하기 좋은 공간을 꾸며 스타트업들을 유도해야 한다. 이런 것들을 잘 갖추면 우수한 학생들, 즉 스타트업을 유치할 수는 있다. 하지만 이다음이 문제다. 인프라를 갖춘 우수한 학생들은 학비에 대한 부담이 없을 수 있다. 반면에 인프라를 갖추지 못한 곳의 학생들은 학비는 커녕 생활비마저 문제일 수 있다. 당장 생존의 문제인 것이다. 스타트업들도 마찬가지이다.

이러한 대부분의 오픈 이노베이션 프로그램은 투자가 전제되지 않는다. 혹시나 있다 하더라도, 프로그램이 종료된 이후에도 추가 수개월의 PoC개념 검증가 모두 완료되어 정말 사업적으로 기업에 도움이 될 것 같다는 확신이 들 때 기업이 투자를 할 수도, 안 할 수도 있다. 당장 스타트업, 또는 이 학생은 당장 먹고사는 것도 힘들 수 있는데 PoC를 위한 일부 소액 지원금만으로는 이 시기를 버틸 수가 없다. 학생이 과제를 하기 위한 재료비는 제공했지만, 이 학생은 당장 굶주림이 우선이다. 그렇다면 여기서 필요한 건 장학금인가? 아니다. 장학금만으로는 부족하고 생활을 위한 지원금까지 제공이 필요하다. 스타트업으로 보면 결국 투자가 필요한 것이다. 이 구조에서 정부기관은 투자를 하는 기능 자체가 없는 경우가 대다수이다.

이렇게 되면 결과는 어떻게 될까? 스타트업은 Pay Forward무언가를 받기 전에 먼저 주는 것 구조에 의해서만 생존이 가능한 존재이다. 물론 프로그램에서 각종 사업화 지원금, 데모데이 상금, PoC 과제비 등은 제공이 된다. 하지만 주관 기업이 혹시나 투자한다고 하였을 때 짧게는 6개월, 길게는 1년이 넘도록 해당 스타트업은 모든 리소스를 이미 이 프로그램에 투자했다. 여기서 투자를 받지 못한다면 다음 순서는 현금 흐름에 대한 리스크를 고스란히 떠안고 데스 밸리를 거칠 가능성이 높다.

> 주관 기업, 정부기관, 대행사는 이 과정에서 생존에 위협이 될 지점은 어디에도 없다. 리스크는 오로지 스타트업만이 떠안는 구조이다.

이렇기 때문에 오픈 이노베이션은 단순한 딜 소싱이 아니다. 전략적으로 함께 리스크를 떠안는 운명 공동체가 되는 과정이기 때문에 근래 자주 보이는 형태의 공모전은 제대로 된 오픈 이노베이션이라고 볼 수 없는 것이다.

최근에는 정부 지원금을 투자금의 형태로 제공하는 정부 주도의 보육기관들도 있다. 하지만 여기에도 맹점이 있다. 정부기관의 투자 심사역은 본인의 캐리 Carry: 투자 성공에 대한 보수를 가져가지 않는다. 담당 투자심사역의 재무적 성과와는 무관한 투자가 이뤄지게 될 수밖에 없다. 이런 경우 투자의 기준이 정말 이 스타트업이 성공할 것 같아서 투자하기보다는 투자 실적 할당량을 맞추기 위한 보여 주기식 투자로 끝날 수 있다.

오히려 현재 중소벤처기업부 산하의 창업진흥원이 진행하는 예비 창업 패키지, 초기 창업 패키지, 창업 도약 패키지 등의 Grant 형태의 지원금은 차라리 효과적이라고 생각한다. 다만 이에 있어서는 변별력의 강화가 필요하다고는 생각이 든다. 현재 많은 절차의 간소화를 통해 창업을 하고 싶은 사람들이 쉽게 지원할 수 있게 프로세스를 개선하였는데, 이로 인한 폐해는 '진짜 스타트업'이 아닌 개인의 자영업을 위해 지원한 창업자들이 대거 선발되기도 한다. 이는 수많은 지원서 중에 알짜배기를 가려내기 위한 프로세스의 부재와 실제 사업 경험이 없는 심사위원 기용 등 여러 가지 요인이 있다. 프로그램의 취지는 너무나도 좋기에 창업진흥원에는 2024년 프로세스를 개선하는 숙제가 남아 있다.

추가적으로 우리나라의 벤처 투자는 금융 산업의 형태를 띠고 있다. 이게 어떤 뜻이냐면, 스타트업 생태계의 근원인 실리콘밸리의 경우 투자 받을 스타트업의 산업에서 산전수전을 다 겪은 전문가들이 투자를 진행한다. 반면에 국내 벤처 투자는 산업 전문가나 창업가 출신이 아닌 금융권 출신 또는 이공계 박사학위 취득 후 실무 경험이 없는 심사역들이 굉장히 많다. 실리콘밸리 스타트업들이 유명 벤처캐피탈 하우스를 찾아가는 이유는 단지 돈 때문이 아니다. 그들이 보유한 노하우와 네트워크, 인프라를 활용하기 위해 유명 투자자에게 투자를 받는다. 심지어 벤처캐피털 하우스 중에도 이런 인프라를 제공하지 못하는 곳들이 많은 상황에 정부기관이 투자를 한다고 했을 때 스타트업에게 이런 부수적인 리소스를 제공할 수 있을까?

2-9. 오픈 이노베이션이 실패하는 이유

"큰 책임에는 큰 힘이 필요하다."

필자는 "큰 힘에는 큰 책임이 따른다."라는 마블 시리즈 스파이더맨의 대사를 아주 좋아한다. 스파이더맨은 우연히 방사능에 노출된 거미에 물려 힘을 가지게 되었고 처음에는 그 힘을 남을 위해 활용할 생각을 못 했고, 본인이 놓친 강도에게 큰아버지가 살해당하게 되며 본인의 힘에는 큰 책임이 따른다는 것을 깨닫게 된다. 하지만 눈치챘을지 모르겠지만 필자는 정반대로 썼다. 왜냐하면 영웅은 힘이 있어서 책임을 질 선택권이 있지만, 회사원들은 힘이 없지만 책임감이 강요되기 때문이다.

"닭이 먼저냐, 달걀이 먼저냐?"라는 질문에는 필자는 무조건 "닭이 먼저다"라고 대답한다. 이유는 간단하다. 닭은 후세를 남길 순 없어도 스스로 살아갈 수 있고, 달걀은 보육 없이는 세상의 빛을 받아보지도 못할 확률이 더 높다. 닭이 있어야 달걀이 무사히 부화하고 다음 세대를 기약할 수 있다. 스타트업 생태계 역시도 이와 비슷한 것 같다. 달걀과도 같은 스타트업들은 운 좋게 따뜻한 환경에 노출되어 스스로 깨어날 수도 있지만 그 가능성은 희박하며, 자본이 있는 투자자나 기업 파트너, 액셀러레이터 등의 도움을 통해 보육을 받고 성장할 확률이 더욱 높다.

많은 회사가 정체된 성장 곡선을 다시 끌어 올리기 위해 신사업을 기획하고 추진한다. 이를 위해 젊고 유능한 인재들을 영입하거나 내부에서 선발하여 일시적인 TF_{Task Force: 특정 임무 수행을 위한 임시 조직} 팀을 조직하기도 한다. 때로는 신사업기획팀이라는 이름으로 인사 이동을 하기도 하고, 내부 지원을 위한 공모전도 한다. 하지만 이런 노력들이 성공하려면 아래의 문제들을 극복해야 가능하지 않을까 싶다.

i. 기존 업무에서 자유롭지 못함.	조직을 분리해 놔도 기존 업무를 시키고, 일만 두 배로 늘어남.
ii. 문제를 보는 관점에 변화가 없음.	똑같은 사람들을 명함만 바꿔 봤자 변하지 않음.
iii. 기업 문화가 그대로임.	결재 라인이 변경되었을 뿐, 최종 결정권자는 같은 사람임.
iv. 파격적인 보상이 없음.	보너스를 조금 더 받을 생각이면 그냥 현재 업무를 더 열심히 함.
v. 오너십을 가지는 사람이 없음.	파격적인 보상이 없으니 아무도 올인해서 하드캐리 할 생각이 없음.

　큰 책임을 맡기려면 새로운 관점을 가질 수 있도록 조직 외부 환경과의 교류를 늘리고, 무엇보다 중요한 건 자율적인 결정권, 예산 집행권, 그리고 이런 리스크를 가지고 최선을 다했을 때 얻을 수 있는 파격적인 보상이 제시되어야 한다. 아무리 조직의 장을 맡기고, 업무를 부여해도 실질적으로 추진력이 없으면 신사업은 성공 가능성이 높지 않다고 본다.

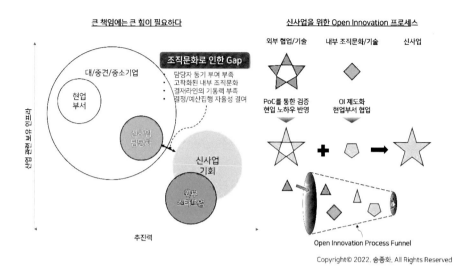

[큰 책임에는 큰 힘이 필요하다. 출처: 2022년 리멤버 인사이트, 송종화]

2-10. 기업들의 신사업 추진 현황

기업들이 신사업 또는 혁신을 위해 외부 리소스를 활용하는 방법
은 흔히 다음과 같은 순서이다.

파트너십: 유망한 업체의 기술을 라이선싱 하거나 사업 제휴

M&A: 유망한 업체를 인수

투자: 유망한 스타트업에 지분 투자

반대로 내부 리소스를 활용하는 방법은 다음과 같은 순서로 진행
된다.

조직 개편: 기존 조직에 외부 핵심 인재를 영입해 신사업 추진	

조직 개편: 기존 조직에 외부 핵심 인재를 영입해 신사업 추진

신사업 TF 구성: 대표 또는 전략, 마케팅 관련 부서 산하 TF팀 구성

아이디어 공모전, 사내 벤처 추진: 아이디어 제안 행사로 입상 시 포상

위 방법들의 가장 큰 문제점은 외부/내부 리소스를 활용하는 데 있어서 서로 간의 연결점이 없다는 부분이다. 각 항목들의 문제점을 들어 보겠다.

파트너십	빠르게 신기술 적용이 가능하나 내재화되지 않아 사업의 지속성이 없음.
M&A	가장 성공적일 수도 있지만 제대로 된 Post-Merger Integration PMI: 인수 후 통합 전략이 수립되지 않으면 합병 후 핵심 인재들이 이탈하거나 조직 문화 충돌을 일으킬 수 있음.
투자	전략적인 '관계만' 수립 후 협업으로 발전하지 않을 가능성 있으며, 협업 강제를 위해 대주주로 참여해 경영권 간섭 시 분쟁 소지가 있음.
조직 개편	조직 개편을 해도 대부분 리더만 교체되고 같은 사람들이 역할만 바뀌어 기존에 하던 일만 함.
신사업 TF 구성	현업과 병행하는 경우 많으며 결정, 결재권이 없어 주변 부서의 간섭이 많음.
아이디어 공모전, 사내 벤처 추진	마지못해 아이디어를 내는 경우가 많으며 '재주는 곰이 넘고 돈은 왕서방이 받는다'고 전략팀, 기획팀에서 아이디어를 가져가 성과를 내고 회사는 돈 벌고 추진 부서만 고과를 챙기는 구조임.

이러한 문제를 해결하기 위해 많은 기업이 불완전한 오픈 이노베이션 조직을 구성하게 된다. 대부분이 외부 투자와 인수 합병만을 위한 조직을 구성 후 내부적으로는 무늬만 사내 벤처인 아이디어 공모

전 프로그램을 진행한다. 이런 구조로는 외부 스타트업을 투자하여 성공적으로 합병하는 PMI 전략까지는 성공적으로 수행할 수 있겠지만, 현업 부서의 직원들에게는 전혀 상관없는 남의 일이 된다. 오히려 외부 업체를 인수 시 기존 스타트업 인원들은 지분을 처분하며 수억~수십억 원의 개인적인 엑시트를 경험하게 되고, 회사에 남아 있어야 할 이유가 없어 금방 퇴사하는 경우가 빈번하다. 이를 옆에서 지켜보는 기존 직원들은 상대적 박탈감으로 "아, 차라리 외부에서 창업하는 게 낫겠구나, 아니면 초기 스타트업에서 주식을 받고 대기업에 인수가 되어야겠다"라는 생각으로 조직을 떠나게 된다.

따라서 필자는 기업이 신사업을 제대로 추진하려면 Jay.R.Galbraith의 스타 모델을 내부적으로 적용하도록 연구하는 것을 추천하고 싶다. Jay.R.Galbraith는 조직 분야에 정통한 세계적인 석학으로 글로벌 기업들이 새롭게 변화하는 경영 환경에 대한 대응 능력을 가질 수 있도록 연구했으며, 특히 경영 전략과 조직을 Alignment_{정렬} 시켜 글로벌 기업으로 성장하기 위해 어떻게 해야 하는가를 연구한 대표적인 학자이기도 하다. 그가 주장한 스타 모델은 전략, 구조, 프로세스, 보상, 인력 관점에서 신사업의 방향을 고민하고 설계해야 한다는 것을 이야기하고 있다.

따라서 기업은 전략, 구조, 프로세스, 인력, 보상의 5가지의 요인을 놓고 면밀하게 분석하고 신사업의 추진 방향을 고민해야 한다. 기업의 신사업 담당 임원과 실무자는 5가지가 유기적으로 돌아갈 수 있도록 기본적인 체계를 갖추고 결국에는 시스템으로 내재화되도록 노력해야 할 것이다.

[기업의 신사업 추진을 위한 스타 모델]

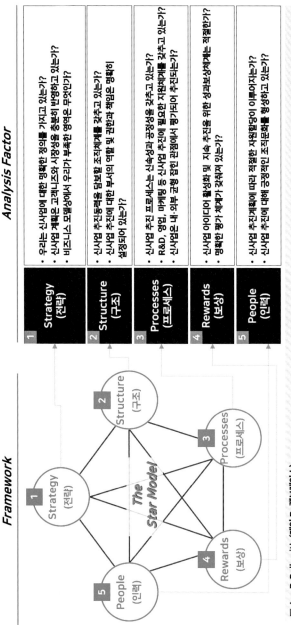

Framework

The Star Model

1 Strategy (전략)
2 Structure (구조)
3 Processes (프로세스)
4 Rewards (보상)
5 People (인력)

Analysis Factor

1 **Strategy (전략)**
- 우리는 신사업에 대한 명확한 정의를 가지고 있는가?
- 신사업 계획은 고객니즈와 시장성을 충분히 반영하고 있는가?
- 비즈니스 모델상에서 우리가 부족한 영역은 무엇인가?

2 **Structure (구조)**
- 신사업 추진동력을 담보할 조직체계를 갖추고 있는가?
- 신사업 추진에 대한 부서의 역할 및 권한과 책임은 명확히 설정되어 있는가?

3 **Processes (프로세스)**
- 신사업 추진 프로세스는 신속성과 공정성을 갖추고 있는가?
- R&D, 영업, 마케팅 등 신사업 추진에 필요한 지원체계를 갖추고 있는가?
- 신사업은 내·외부 균형 잡힌 관점에서 평가되어 추진되는가?

4 **Rewards (보상)**
- 신사업 아이디어 활성화 및 지속 추진을 위한 성과보상체계는 적절한가?
- 명확한 평가 체계가 맞춰져 있는가?

5 **People (인력)**
- 신사업 추진계획에 따라 적절한 자원할당이 이루어지는가?
- 신사업 추진에 대해 긍정적인 조직문화를 형성하고 있는가?

■ Jay.R.Galbraith (제이 R. 갤브레이스)
조직분야에 정통한 세계적인 석학으로 글로벌 기업들이 새롭게 변화하는 경영환경에 대한 대응능력을 기를 수 있는데 주력하였으며, 특히 경영전략과 조직을 전사적/사업부/국제적 수준의 역량에 집중함
※ *Source: Jay R. Galbraith, Designing Organizations*

[@Copyright Alright Reserved by 이주열 교수 "5 Star Model에 기반한 기업의 신사업 개발 전략" 강의 PPT]

3

비즈니스 성장
매트릭스 관점에서 바라본
기업의 신사업과
오픈 이노베이션

3.

비즈니스 성장 매트릭스Business Growth Matrix 관점에서 바라본 기업의 신사업과 오픈 이노베이션

3-1. 잘나가던 기업이 지속 성장을 못 하는 이유

기업의 CEO들을 만나보면 지금 상황이 가장 큰 위기라는 말씀을 많이 한다. 올해도 걱정이지만 내년은 더 걱정이라는 말도 자주 한다. 도요타의 경우도 제일 성과가 좋고 세계 최고의 경쟁력을 갖추고 No.1을 달성했을 때 가장 큰 위기라며 임직원들의 위기의식을 고취시켰던 것으로 유명하다. 꾸준히 성장하고 있음에도 CEO들은 왜 위기라는 말을 자주 할까?

그 이유는 기업의 속성상 지속 성장의 딜레마를 안고 경영해야 하기 때문이 아닐까 싶다. 해마다 경영 기획을 수립할 때 내년의 매출 목표를 낮게 설정하는 기업은 거의 없다. 즉 마이너스 성장을 목표로 경영하는 CEO는 없다는 것이다. 지난 23년 넘게 경영 컨설팅과 기업 자문을 하면서 올해 매출 목표보다 내년의 매출 목표를 더 낮게 잡은 기업은 거의 본 적이 없다. 그러기에 기업의 CEO가 마주해야 할 숙명은 끊임없는 성장의 엔진을 갖추고 목표를 달성해 내야 하는 부담이 가장 크지 않을까 싶다.

실제로 잘나가던 기업이 지속 성장의 문턱에서 미끄러지고 생각하지 못한 낭떠러지로 추락하는 경우가 종종 발생한다. 그 원인들을 살펴보면 필자는 다음과 같다고 생각한다.

첫째, 리딩 기업의 포지션에 함몰되어 착각 속에서 허우적거리기 때문이다.

시장에서 최상위 계층의 위치를 차지하는 브랜드나 제품이, 높은 가격에도 불구하고 고객들이 경쟁 상품보다 자사의 제품을 계속 선택하는 상황은 리딩 기업이 누리는 포지션이다. 종종 명품, 독점성 또는 우수한 품질과 연관되며, 고객들이 특정 제품이나 서비스에 대한 충성도가 높아 다른 대안이 있거나 가격이 더 높더라도 계속 구매하여 사용하는 상황을 의미한다. 이런 리딩 기업의 포지션으로 인해 언제부터인가 매출과 수익이 정체되는 시그널을 인지하지 못하거나 새롭게 등장한 경쟁자에 적절하게 대처하지 못하거나, 제품의 특색에 대한 고객들의 가치 평가가 심각하게 변화하는 상황에 제대로 대응하지 못하여 추락하게 되는 경우가 있다.

블록버스터는 비디오 대여 분야에서의 거인이었지만, 디지털 스트리밍 시대에 적응하고 혁신하지 못하여 넷플릭스와 같은 경쟁 서비스 앞에서 몰락했다고 본다. 만약 아래의 7가지 항목에 대해 꾸준하게 살펴보고 기업의 방향성을 조정해 갔다면 리딩 기업의 포지션에 함몰되지는 않았을 것이다. 여러분의 회사가 각 산업의 리딩 기업이라면 다음 7가지에 대해 깊이 들여다보고 내부 진단을 꼭 해 보기를 바란다.

[리딩 기업의 포지션에 함몰되지 않기 위한 Check List]

체크 리스트	그렇다	아니다
제품에 대한 프리미엄 포지션을 구축한 것이 정말 탄탄한가? 경쟁자에게 시장 점유율을 조금씩 뺏어오고 있는가?		
상품의 프리미엄 가격을 인정하지 않는 까다로운 고객집단이 늘어나고 있지는 않은가?		
높은 성과를 내는 상품과 서비스의 Product Life Cycle이 오래도록 지속 가능한 수준인가?		
높은 가격 정책을 유지하는 것에 고객들의 반응은 충분히 긍정적인가?		
상품 개발을 가능하게 하는 조직적 역량이 경쟁사에 비해 여전히 압도적인가?		
제품의 브랜드 관리 능력은 업계 최고라고 자부할 수 있는가?		
우리의 임원들은 이 모든 것을 이끌어 갈 만큼 탁월한 경쟁력이 있는가?		

둘째, 혁신의 피로도에 따른 혁신 경영의 실패에 기인한다.

국내 기업들은 혁신에 대한 피로도가 상당하다고 본다. 직원들에게 혁신에 대한 생각을 물어보면 대부분 '힘든 것, 귀찮게 하는 것, 쥐어짜서 피를 말리게 하는 것' 등의 이야기가 많이 나온다. 왜 혁신에 대한 이미지가 부정적인 방향으로 굳어진 것일까?

예전 나의 직장 선배들도 혁신이라고 하면 한자가 주는 어감을 그대로 이야기했었다. 혁신이라는 한자가 '가죽 피'의 혁革 자에 '새로울' 신新을 쓰기에 가죽 껍데기가 벗겨지는 듯한 고통이 따르는 것이 혁신이라고 늘 말씀하셨던 것이 기억난다. 이런 고정관념이 오래도록 깊게 뇌리에 새겨 있기에 국내 기업들의 임직원들에게 혁신은 고통스러운 것이라는 생각들이 있는 것 같다.

대한민국의 혁신을 주도하고 뜨겁게 부르짖던 시기가 조금은 지나면서 기업의 혁신 담당 부서는 기업 활동의 핵심과 중심에 선 업무가 아니라 중요하지만 급하지 않다는 인식이 많아지면서 약간 뒤로 처져 있는 듯한 느낌이 든다. 그러나 눈에 보이지 않지만 기업의 미래를 기획하고 성장의 동력들을 발굴하고 키워내며, 임직원들의 생산성을 높이기 위해 꾸준히 혁신 활동을 독려하는 것은 여러분이 생각하는 것 이상으로 기업 경영에서 매우 중요하다고 생각한다.

혁신이란 시장이 원하는 이전에 없던 제품, 서비스, 방법론을 제시하는 활동이기에 꾸준히 트렌드를 파악해야 하고 고객의 소리에 귀를 기울여야 하며 경쟁사의 동향까지도 면밀하게 알고 있어야 한다.

기존 상품과 서비스를 개선하고 새로운 상품과 서비스를 만들 때, 점진적으로 발전된 순차적 제품 혁신 모델을 갖추고 있으나 이런 비즈니스 프로세스에 문제가 발생할 경우 단기간에 회복하기 어렵기에 혁신 활동은 꾸준히 모니터링하고 전사 차원에서 힘을 실어 추진함이 매우 중요하다.

혁신적인 상품으로 프리미엄 포지션을 차지한 3M은 수십 년간 급성장 이후 성장이 정체되자 세분화된 틈새시장 공략을 위해 전사 R&D 비용을 42개 개별 사업 부서에 할당한 적이 있다.

R&D 예산이 제품 중심의 사업부에 의해 통제되면서 주요 신상품 개발 활동은 사실상 사소한 제품 개선 활동으로 대체되었으며, 결과적으로 CAGR 연평균 성장률과 수익률이 현격하게 줄어들어 혁신 경영에 실패하게 된다.

여러분이 잘 아는 코닥은 필름 산업에서 지배적이었지만, 디지털카메라의 부상과 성장을 과소평가하여 시장 점유율을 크게 잃고 역사 속에서 사라지게 된다. 1970~80년대만 해도 코닥이 이런 상황에 놓일 것이라곤 아무도 생각하지 못했다. 1960~70년대의 코닥은 현재의 '애플'이나 '구글' 같은 회사였다. 사내 대학엔 젊은 인재가 넘쳐났고, 점심시간엔 강당에 모여 영화를 보거나 농구를 즐기곤 했다. 미국에선 오랫동안 '기록하고 싶은 순간'을 '코닥의 순간Kodak moment'이라고 부르기도 했다. 코닥이 곧 카메라 필름이라는 등식이 성립했다는 얘기다. 1976년 이 회사의 미국 필름 시장 점유율은 90%에 달했다.

신기술 개발이 늦었던 것도 아니다. 코닥의 몰락을 가져온 디지털 카메라를 처음 개발한 회사는 역설적이게도 코닥 자신이다. 그러나 이 회사는 1975년 디지털카메라를 개발해 놓고도 이 기술로 돈을 벌지 못했다. 변화를 제대로 읽고 이에 적응하려는 노력을 게을리했다는 뜻이다. 선택과 집중에도 실패했다. 80~90년대 코닥은 화학·의료용품을 비롯해 욕실 세정제까지 여러 사업을 기웃거렸다. 이후 프린터 사업을 벌였지만 결과는 역시 신통치 않았다.

이런 사례를 통해 우리가 살펴봐야 할 것들은 다음과 같다.

01. 우리는 개선을 통해 성장하고 있는가? 혁신을 통해 성장을 갈망하는가? 꾸준한 개선을 통해 해야 할 일과 혁신적인 생각과 아이디어로 모든 것을 뒤집을 수 있는 일을 구분 지어 놓고 추진하고 있는가?

02. 우리는 충분히 트렌드를 탐색하고 있으며, 미래의 트렌드까지 통찰하고 있는가? 다가올 미래에 대해서 어떻게 대응해야 할 것인지 깊이 있게 바라보고 의사 결정할 수 있는 역량이 임원들과 직원들에게 충분히 있는가?

03. 경영진이 소신껏 새로운 혁신 사업을 만들어 보고 도전해 보도록 인력과 재정을 충분히 지원하고 있는가? 사업 본부장이 1년에 벌어들이는 매출이 500억 원이라면 최소 3%~5%라도 미래를 위해 투자하도록 재량권을 주고 있으며 실행을 독려하고 있는가?

혁신 활동은 하루아침에 이루어지지 않는다. 꾸준함과 과감한 결단이 지속될 때 혁신 활동은 빛을 발하게 된다. 또한, 인사와 재무에 대한 권한이 없다면 혁신 활동이 지속되고 열매를 거두기에는 한계가 있다. 최고의 인재를 배치하고 재정의 권한과 책임을 질 수 있는 구조를 만들어야 혁신 활동의 장래는 밝을 것이다.

셋째, 더 좋아 보이는 것에 눈독 들이다가 핵심 사업을 망친다.

역사에서 사라진 기업들을 살펴보면, 현재의 핵심 사업에서 성장 기회를 충분히 활용하지 못하고 조기에 핵심 사업을 포기하거나 핵심 역량이 없는 사업에 투자하고 인수 합병하면서 확장 정책을 잘못 펼쳐갈 때 기업은 성장의 정체와 함께 몰락의 조짐이 온다.

미국의 리테일 산업의 공룡이었던 K-Mart는 전국에 271개 지점이 생기자 성장의 정점과 한계라고 판단하여, 주력 핵심 사업보다 사업의 다각화를 통해 매출의 25%는 새로운 분야에서 창출해야 한다는 목표를 정했었다. 반면 월마트는 핵심 사업의 성장을 위해 자동 재구매 시스템 구축 등 유통과 재고 관리 시스템을 제대로 점검하고 대처 방향을 마련함으로써 주력 사업에 더 집중하게 된다. 그 결과 월마트와 타깃과 같은 소매점들이 더 낮은 가격과 더 나은 매장 경험을 제공했고, 운영에서 더 효율적이어서 경쟁력 있는 제품과 서비스를 제공할 수 있었다. 수년 동안 K-Mart는 명확한 시장 틈새에 집중하지 못하는 등 여러 전략적 실수를 반복했고, 경쟁자들이 새로운 매장 디자인, 기술, 공급 체인 관리에 투자하고 있을 때, K-Mart는 핵심 사업에 집중하여 성장시키지 못한 채 뒤처지게 된다. 결국 K-mart는 2002년에 파산 신청을 했고, 2005년에 미국의 다국적 유통업체인 시어스와 합병했지만 K-mart라는 브랜드를 부활시키지 못하게 된다.

흔히 블루오션이라고 생각하는 분야는 주력 사업 분야가 아닌 우리에게 핵심 역량이 없는 Beyond 분야의 사업들이다. 성장하는 산업과 미래 신사업 아이템을 놓치고 싶지 않은 마음에 과감하게 투자를 하더라도 기존 핵심 비즈니스는 확고한 수익 목표와 시장 및 고객 확보 목표를 살펴보면서 철저하게 관리해야 한다.

특히 주력 사업 시장이 포화 상태라고 믿거나, 핵심 비즈니스 운영에 장애가 나타났을 때, 경쟁하기 쉬운 분야로 사업 중심을 옮기라는 신호로 받아들이는 것은 매우 위험할 수 있다. 위 2가지 시그널이 왔을 때는 조금 더 신중하고 디테일하게 내부와 외부 환경의 기회와 위협, 강점과 약점 요인을 분석하고 파악하면서 의사 결정을 해야 한다.

3-2. 신규 사업 기획자가 갖춰야 할 3가지 마음가짐 그리고 경계해야 할 한 가지

만약 당신이 기업에서 신규 사업을 기획하고 새로운 비즈니스를 창출하는 일을 맡게 되었다면, 꼭 3가지 마음가짐을 갖추기를 당부하고 싶다.

첫째, Follow your Curiosity를 말하고 싶다. 호기심이 충만해야 한다. 세상이 어떻게 돌아가고 회사가 어떻게 변화해야 할 것인가에 대한 무한한 궁금증과 설렘으로 가득해야 한다. 부모들이 예림당에서 출판한 Why 시리즈 책을 사 주었다면 그 이유는 딱 하나다. 세상에 수많은 일과 물건 등에 호기심을 갖고 질문을 하라는 것이다.

둘째, Make a lot of Mistakes를 각오해야 한다. 새로운 사업을 만들려고 한다면 다양한 시도를 끊임없이 해야 할 것이다. 한 번 두 번 실패했다고 그만둘 거라면 시도조차 하지 않는 것이 낫다. 호기심이 가득한 아이들은 수없이 많은 실수와 실패를 통해 배우고 성장한다. 마찬가지로 성장 가능성이 높은 미래의 사업을 키워내려면 여러 번의 실패를 두려워해서는 안 된다. 아마존의 제프 베조스는 "세상에서 가장 실패하기 쉬운 기업은 아마존이 되어야 한다."라며 직원들에게 늘 말했다고 한다. 뭐라도 도전하면 얻는 것이 있지만 시도조차 하지 않는다면 얻을 것은 Zero, 즉 아무것도 얻을 것이 없고 아무 일도 일어나지 않는다.

셋째, Knowledge Comes From Various Experiences. 다양한 경험을 통해 살아 있는 지식을 배우고 익히기를 당부하고 싶다. 틀에 갇혀 있는 사고방식과 이론은 새로운 혁신을 창조하기 어렵다. 매일 똑같은 사람을 만나고 똑같은 곳에 가서 일을 하고, 똑같은 곳에서 밥 먹고 퇴근한다는 것은 새로울 것이 하나도 없는 다람쥐와 같은 루틴일 수 있다. 가끔 새로운 곳에 가보고, 새로운 사람을 만나고, 새로운 것을 배우고 경험하는 것이 새로운 미래를 만드는 것에 이바지할 거라고 확신한다. 그래서 일주일에 한번은 일탈을 해 보라고 권하고 싶다. 새로운 사람과 기술과 이야기가 풍부한 곳에 몸을 맡겨 보기 바란다.

마지막으로 조심하고 또 경계해야 할 것 딱 1가지만 이야기하려고 한다. 대기업의 신규 사업 기획 담당자를 만나보면 실패를 학습한 사람들이 꽤 많다. 무슨 말이냐 하면 '예전에 이런 비슷한 것을 추진해서 실패한 적이 있었다. 그래서 C 레벨들이 안 된다고 할 것이다.'라며 사전에 No를 입에 달고 다니는 분들이 종종 있다. 이전에 추진하던 환경과 사람과 시대가 바뀌었어도 한 번 아닌 것은 절대 바뀌지 않는 학습된 실패는 신규 사업을 만드는 것에 큰 적이 된다. 시도조차 하지 않았으면서 이미 머릿속에 안 된다고 생각하는 이러한 학습된 실패, 이를 경계하고 또 경계하고 신사업 추진을 당부한다.

3-3. New Business는 인간의 욕망과 기술의 교차점에서 '펑' 하고 터진다.

경영에서의 전략은 변하는 것과 변하지 않는 것을 구분하는 것부터 해야 한다. 정치, 경제, 사회, 문화, 기술 등은 시간이 지나면서 빠르게 변화하고 바뀔 것이다. 그래서 시장의 상황을 꾸준히 Trend Watching 트렌드 관찰 하는 것은 매우 중요하다. 반면에 시장의 변화와 함께 변하지 않는 인간의 욕망을 예의 주시해야 한다. 인간의 욕망은 세대와 세대를 거쳐 수많은 비즈니스를 탄생시켰고, 인간의 욕망을 충족시키는 기술만이 사람들에게 사용되고 인정받고 사랑받았다는 것을 기억해야 한다. 왜냐하면 인간은 욕망덩어리이며, 그 욕망이 세상을 변화시켰고, 기술의 발전을 촉진했기 때문이다.

며칠 전 울산으로 출장을 간 적이 있다. 울산에서의 강연 일정을 마치고 울진까지 가야 하는데 버스도, 기차도 마땅하지 않아 차량을 렌트 해야만 했다. 근데 차량을 렌트 하려면 호텔에서 직접 렌터카 회사까지 가야만 했다. 차량을 렌트하러 직접 가는 것이 너무 귀찮고 불편했다. 그리고 차를 렌트한 곳이 아닌 다른 곳에 반납해야 하기에 어떻게 해야 하나 고민이 많았다. 렌터카를 빌리고 반납하러 회사에 왔다 갔다 하는 시간도 아까워서 누군가 차를 내가 있는 곳으로 갖다주면 정말 좋겠다고 생각했다. 혹시나 해서 쏘카와 카카오T를 찾아보니 역시나 내가 생각한 차량 배달 서비스가 있었다. Wow, 얼마나 편하고 쉽든지 나 같이 귀차니즘이 발동한 사람과 시간을 절약하고 싶은 사람들의 욕망을 잘 읽고 만들어 낸 서비스였다. 또한, 스마트키, 위치 추적, 운행 기록 등을 클라우드에 저장하고 공유하는 다양한 기술과 융합하여 멋진 서비스를 만들어 낸 것이 신기했다. 직접 사용해 보니 나와 같은 욕구가 있는 사람들의 욕망을 다양한 기술과 접목하여 새로운 수요를 창출한 것을 확인할 수 있었다. 물론 렌터카보다 조금 비싼 비용을 지급하기는 했지만 내 욕구를 충족시켜 주기에는 부족함이 없었다.

3-4. 인간의 욕망은 늘 새로운 수요를 창출해 왔다.

이렇듯 인간의 욕망은 늘 새로운 수요를 창출하고 기술의 발전을 촉진시켰다고 생각한다. 인간의 욕망과 그것을 충족시키는 비즈니스를 살펴보면 다음과 같다.

• **아름다워지고 싶은 욕망**

인간의 욕망 중 아름다워지고 싶은 욕망은 누구에게나 있다. 상대에게 예뻐 보이고 싶고, 멋지게 보이고 싶은 욕망을 말한다. 외모 지상주의라고 이야기하는 것도 예쁘고 아름답고 싶은 우리들의 욕망에 기인한 것이다. 남자들이 두피에 문신을 하고, 눈썹 문신을 하고, 다이어트와 운동을 하는 이유도 자신을 가꾸고 아름답게 만들고 싶은 욕망이 행동으로 나타난 결과가 아닐까 싶다. 이러한 욕망을 충족시키는 비즈니스가 뷰티, 패션, 피트니스 등의 비즈니스이다.

• **건강하게 오래도록 살고 싶은 욕망**

인간은 아프지 않고 오래도록 건강하고 살고 싶은 욕망을 갖고 있다. 나이가 들면서 바람이 있다면 건강하게 오래도록 일상을 누리면 살고 싶다는 간절함이 있다. 어르신들에게는 998834라는 말이 암호처럼 알려져 있다. 99세까지 88하게 살다가 3일만 앓아 눕다가 4일째 죽는 것을 뜻한다고 한다. 오래도록 병원에서 고통받고 싶지 않다는 바람과 욕망들이 기술의 발전을 촉진했고, 엄청난 진보를 보이기도 했다. 이러한 인간의 욕망을 충족시키는 비즈니스는 바이오, 디지털 헬스케어 등의 비즈니스이다.

- **즐겁고 행복하게 살고 싶은 욕망**

  모든 사람은 칭찬받고, 사랑받고, 인정받으며 즐겁고 행복하게 살고 싶은 욕망이 있다. 인간은 사랑받을 때 살아 있다는 존재감을 느끼며, 인정받을 때 삶의 의미를 느낀다고 한다. 사람들을 웃게 하고 즐겁고 행복하게 하는 비즈니스는 엔터테인먼트 비즈니스이며, 음악, 영화, 웹툰, 미디어, 콘텐츠 등의 산업이 이에 해당한다고 볼 수 있다.

- **돈을 많이 벌고 싶은 욕망**

  인간의 돈에 대한 욕망은 그 어떤 욕망보다도 더 강한 것 같다. 더 많이 벌고 싶고, 다른 사람보다 더 큰 부자가 되고 싶고, 투자한 것이 5배, 10배 수익으로 돌아오기를 바라는 것이 대부분 사람의 마음이다. 이를 충족시키는 비즈니스는 파이낸스, 핀테크, 부동산 등의 비즈니스이다.

- 먹고 싶은 욕구를 충족시키는 푸드 테크, 갖고 싶은 욕구를 충족시키는 럭셔리 비즈니스, 배우고 성장하고 싶은 욕망을 충족시키는 비즈니스는 에듀 테크이다. 이러한 다양한 인간의 욕망과 욕구를 제대로 파악하고 연구해야 향후 비즈니스의 방향을 가늠할 수 있다는 것이다.

뷰티/패션 비즈니스	아름다워지고 싶은 욕망
바이오, 디지털, 헬스케어	건강하게 오래 살고 싶은 욕망
엔터테인먼트 비즈니스	즐겁고, 재미있고, 행복한 삶의 욕망
핀테크, 파이낸스 비즈니스	돈을 많이 벌고 싶은 욕망
라이프 스타일 비즈니스	취향에 맞게 살고 싶은 욕망
푸드테크	맛난 것을 먹고 싶은 욕망
럭셔리 비즈니스	소유하고 갖고 싶은 욕망
교육 비즈니스	배우고 성장하고 싶은 욕망

[인간의 욕망과 그를 충족시키는 비즈니스]

스티브 잡스는 "우리가 창의적인 제품을 만들 수 있었던 비결은 항상 인간의 욕망과 기술의 접합점에 있었기 때문이다."라고 이야기 했다. 즉 인간의 다양한 욕망이 그것을 충족시킬 수 있는 기술과 만났을 때 새로운 수요와 시장을 창출할 수 있다는 말로 해석할 수 있

[인간의 욕망과 기술이 만났을 때의 새로운 수요 교집합]

을 것이다. 그래서 기업은 인문학, 즉 사람이라는 고객에 관한 연구를 게을리하지 말아야 하며, 그 욕망과 욕구를 충족시킬 수 있는 기술의 진화와 진보도 꾸준히 개발하면서 이 2가지를 접목하고 융합하고 연결해 보는 상상력을 발휘해야 할 것이다.

3-5. 성장성과 수익성 관점으로 바라본 기업의 4가지 방향

이제부터 기업의 지속 성장을 위한 오픈 이노베이션 전략의 활용 방안을 다양한 사례와 함께 소개해 보겠다. 일반적으로 기업은 성장성과 수익성 2가지 관점에서 기업의 방향성을 파악한다.

성장성과 수익성 관점의 기업 방향

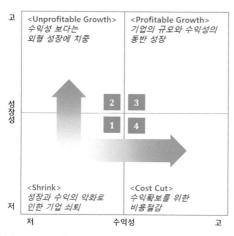

①번의 경우, 사업의 성장세가 꺾이고 수익의 악화로 인해 기업이 쇠퇴하거나 몰락의 조짐을 보이는 상황에 있다. 이 기업은 뼈를 깎는 고통과 노력이 수반되어야 할 것이며, 죽느냐 사느냐의 갈림길에 서 있기에 배수의 진을 치고 돌파구를 찾아야 하는 시기이다. 끝까지 함께 사업을 이끌어 갈 핵심 인력을 토대로 사업을 재정비하고 매출을 증가시킬 수 있는 기존의 아이템을 다시 살펴보거나, 수익성을 높일 방안을 찾아야 한다. 또한, 당장 버틸 수 있는 자금 확보를 위해 매각해야 하는 사업들을 정리하고 우선순위를 정해 추진해야 한다.

②번의 경우, 수익성보다는 외형 성장을 선택한 기업의 모습을 말하고 있다. 매출 증가에 우선순위를 두고 몸집을 키운 기업의 모습이며, 앞으로는 건강한 수익성을 확보하기 위한 노력이 필요하다. 따라서 제품별, 채널별 매출과 수익성을 분석하고, 마케팅 ROI 투자 수익률를 점검해야 한다. 아울러 원가 절감을 위한 노력도 수반되어야 할 것이다. 무엇보다 매출의 증가세가 꺾이면 1번으로 갈 가능성이 높기에 매출 증가를 견인하는 히트 상품과 고객 관리에 집중해야 한다.

③번의 경우, 기업들이 바라는 가장 이상적인 모습의 형태이다. 외형적으로도 매출의 성장성도 높고, 내적으로는 수익성도 높아서 행복한 시기라고 볼 수 있다. 글로벌 기업의 경우 이럴 때를 가장 큰 위기라고 인식하며 혁신의 고삐를 더 바짝 조인다. 왜냐하면 매출의 성장성이 둔화되거나 수익성이 악화되면 2번이나 4번으로 갈 수 있기 때문이다. 우리 기업이 현재 3번에 위치해 있다면, 혁신을 통한 수성과 혁신

을 통한 새로운 성장 동력 발굴을 꾸준히 해야 할 시점에 있다고 해석해야 한다. 자부심을 갖고 자존심을 높이되, 자만하지 말고 시장에서 경쟁자들의 움직임과 잠재적인 혁신 그룹들을 예의 주시해야 한다.

④번의 경우 성장성은 둔화되었지만 비용 절감을 통해 수익성을 확보한 기업의 모습을 보여 주고 있다. 제품의 라이프 사이클을 보면 3번에서 4번으로 이동했을 가능성이 높다. 또는 기업이 속해 있는 산업의 성장세가 서서히 정체되고 둔화되면서 매출은 줄어들었지만 수익성을 확보한 상태의 모습일 수도 있다. ④번의 기업들은 원가 경쟁력을 갖추고 고정비 절감을 통해 수익성 확보에 총력을 기울여 ①번으로 이동하지 않도록 해야 하며, 지속적인 매출 성장을 견인할 수 있는 새로운 제품과 서비스, 솔루션을 확보하도록 신사업에 우선순위를 두고 경영해야 할 것이다.

위 매트릭스에서 현재 우리 회사는 어느 사분면에 자리 잡고 있는지 한번 위치를 점검해 보라. 어느 사분면에 자리 잡고 있는지 정확히 파악하고 핵심을 그 중심에 두고 신사업을 기획해야 한다.

3-6. 성장성과 지속성 관점에서의 기업 성장 잠재력 진단

이제부터 본격적으로 기업의 성장성과 지속성 관점에서 성장 잠재력을 어떻게 판단하고 디자인하는지 알아보고자 한다. 아래의 표는 기업의 성장성과 지속성 관점에서 성장의 잠재력을 진단하는 질문들로 구성되어 있다.

첫째, 성장성 관점에서 파악해야 할 질문
- 우리 기업의 성장 경로와 매출 추이가 과연 비전 달성을 가능하게 하고 있는가?
- 사업의 포트폴리오는 안정성과 성장성의 균형을 이루고 있는가?
- 핵심 고객을 대상으로 한 사업의 성과는 충분한가?

위 3가지 측면에서 성장 잠재력을 파악해 보면 기존 사업의 Maximum Potential 최대 잠재력을 예측할 수 있다. 그리고 그 Maximum Potential 최대 잠재력이 실현 가능한가를 파악해 보고 어떻게 실현 가능하도록 만들 것인가의 전략들을 탐색해 봐야 한다.

둘째, 지속성 관점에서 파악해야 할 것들
- 현재 사업은 신성장 동력 창출을 위한 재정적 여력이 있는가?
- 지속 성장을 위한 투자 여력이 우리에게는 충분한가?
- 기업 가치를 높이는 핵심 Driver는 무엇인가?

기업의 지속 성장을 만들어 가려면 위의 이러한 물음에 답을 할 수 있어야 한다. 미래의 지속 가능성을 만들어 내기 위해 현재의 현금 흐름, 영업 활동, 수익성, 성장성, 안정성, 활동성 등을 분석하고 평가해야 하며, 기업 가치를 높이기 위해 어떤 사업을 선택하고 집중해야 하는가를 전략적으로 고민하고 방법들을 디자인해야 한다. 그래서 "우리 기업의 성장 Potential은 기업의 비전과 Sustainable Growth지속 가능한 성장를 충족할 수 있는가?"의 질문에 정확하게 답할 수 있어야 한다.

[Growth and Sustainability Perspective Review]

Growth Perspective	Sustainability Perspective
우리기업의 성장경로와 추세는 기업의 비전을 달성할 수 있는가?	**현재 사업은 신성장 동력 창출을 위한 여력이 우리에게 있는가?**
• 비전 달성을 위한 요구 성장률은 어떻게 되는가? • 현재 우리의 기업의 성장추세는 요구 성장률을 Cover 할 수 있는가? • 경쟁사 대비 우리의 성장률은 상대를 압도할 만큼 충분한가?	• 현재 사업은 Sustainable Growth를 할 수 있는 경쟁력을 갖추고 있는가? • 수익성, 성장성, 안정성, 활동성에 대한 분석을 했을 때 새로운 성장 동력 창출을 위한 투자여력이 우리에게는 충분한가? • 현재 사업은 새로운 성장동력 창출을 위한 안정적인 기반을 구축하고 있는가?
사업의 포트폴리오는 안정성과 성장성 관점에서 균형이 잡혀 있는가?	**Sustainability Growth를 위한 투자 여력은 충분한가?**
• 포트폴리오에서 핵심 사업군으로 선정해야 할 부분은 어떠한 사업들인가? • 성장성 측면에서 핵심 사업의 추이는 지속적 경쟁력에 대한 Sign을 주고 있는가? • 비전 목표를 달성하는데 있어서 핵심 사업이 담당해야 할 Portion은 어느 정도이고 달성 가능성은 충분한가?	• 새로운 성장동력을 창출하기 위한 현금을 충분히 확보하고 있는가? • 영업, 투자, 재무활동의 현금흐름이 균형을 이루고 있는가? • 현재 현금흐름을 방해하고 있는 요인은 무엇인가?
핵심고객을 대상으로 한 사업의 성과는 어떠한가?	**기업 가치를 높이는 핵심 Driver는 무엇인가?**
• 주요 사업에 있어서의 핵심고객은 당사에 대한 Loyalty가 지속될 것인가? • 핵심고객으로부터의 수익성은 어떠하며 이들을 계속 유지하기 위한 경쟁은 어떤 식으로 전개될 것인가? • 핵심고객으로부터 고객을 확장하거나 이들의 Wallet Share를 높일 수 있을 것인가?	• 현재 기업의 가치를 창출하는 Driver는 무엇인가? • 수익성이 낮은 사업과 높은 사업은 어디인가? • 기업의 가치를 창출할 수 있는 사업은 무엇인가?
Key Issue Finding	**Key Issue Finding**
• 기존사업의 Maximum Potential을 예측해야 한다. • 예측된 Maximum Potential을 실현가능 측면에서 건강한가 파악하고 새로운 성장 동력을 어디서 찾을 것인가에 대해 고민해야 한다.	• Sustainable Growth를 위한 투자여력 점검 • 기업가치 창출을 위한 선택과 집중 전략 도출 • Sustainable Growth를 위한 Driver 도출

3-7. 3가지 관점에서 바라본 New Growth Model

 기업의 성장 모델을 설계할 때는 3가지 관점에서 우리 회사를 객관화시키고 냉정하게 바라보도록 해야 한다.

 첫째, Where is the Opportunity Area or Industry? 성장하고 있는 산업은 어디이며, 그곳에서 우리는 비즈니스를 어떻게 창조할 것인가? 즉 Pick the right industry를 하는 것이 먼저란 이야기다. 그 이후 수익 관점의 밸류 체인을 어떻게 만들어 낼 것이며, 고객들의 결핍과 욕구 관점에서 시장을 어떻게 해석하고 접근할 것인지 깊게 들여다보고 전략을 구상하라는 것이다.

 둘째, What is the Change Driver? 시장에 큰 영향을 줄 수 있는 변화의 동력은 무엇이 될 Business Item은 무엇인가를 찾아야 한다. 시장의 판도를 바꿀 수 있으며 빠르고 크게 성장할 수 있는 Change Driver는 무엇이 될 것인지 관찰하고 정리해 보면서 분석해야 한다.

 셋째, How can we make a difference? 어떻게 그 시장에서 차별화를 만들어 낼 수 있을 것인가? 우리가 갖고 있는 축적된 지식, 핵심 역량과 자산, 그리고 혁신적인 프로세스 등을 살펴보고 진입하려는 시장에서 명확한 차별화 방안을 마련해야 한다. 그래야 지속 가능한 성장을 담보할 수 있는 Profit Driver를 확보할 수 있다는 뜻이다.

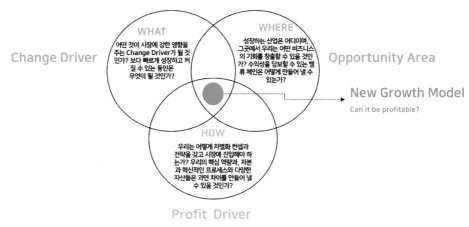

요약해 보면, 어느 산업이 성장하고 있는지 Opportunity Area를 발견하고 시장의 판도를 바꿀 수 있는 Change Driver를 찾아내어, 그 영역에서 Profit Driver를 어떻게 만들어 낼 것인가를 고민하라는 뜻이다. 이에 대한 보다 깊은 이야기는 Business Growth Matrix와 Open Innovation Strategy를 통해 살펴보도록 하겠다.

3-8. Business Growth Matrix로 살펴본 Open Innovation 전략

최근 기업의 성장 방향성을 살펴보면 Focus와 Beyond 2가지 키워드로 압축해서 이야기할 수 있을 것 같다. Focus란 기업이 주력 사업에 집중하고 강화하는 것을 의미하며, Beyond란 핵심 사업 이외에 성장 산업, 성장 아이템을 찾아 연결하고 융합하는 것을 의미한다. 예를 들면 우리 회사의 주력 사업이 Education Business, 즉 교육 사업이라면 주력 사업을 강화하고 본질에 집중하면서 새로운 성장 동력을 만들 때는 Beyond Education 콘셉트를 가지고 성장 동력을 찾아야 한다는 것이다. 교육이라는 산업에 국한해서 성장 동력을 찾다 보면 늘 추구하고 실행하던 방식을 답습하기에 혁신적이고 파괴적인 그 무엇인가를 찾기 어렵다는 것이다. 기존 산업의 프레임에 갇히지 말고 고정관념을 뛰어넘는 해석과 관점에서 새로운 사업 아이템을 찾아 접목해 보고 적용해 보는 과감한 시도가 필요하다는 것이다.

그런 관점에서 Business Growth Matrix를 바라보면 조금 더 쉽게 이해가 될 것이다. 기업의 성장 경로 매트릭스라고 불리는 BGM_{Business Growth Matrix}은 Ansoff라는 학자가 만든 Ansoff Matrix의 2×2 매트릭스를 조금 변형시켜 3X3 매트릭스로 만든 것이다. BGM은 경영 컨설팅 회사에서 주로 사용하는 방법론이며, 필자도 KMAC_{한국능률협회컨설팅}에 다닐 때 대기업들의 미래 성장 전략을 디자인하는 워크숍에서 자주 사용하던 Tool이기에 매우 익숙하다. 그러나 작성하기에는 매우 까다롭고 어려우며, 긴 시간의 자료 조사를 통한 실제적인 전략들을 만들어 가야 하기에 전문가의 도움을 받아서 디자인하는 경우가 많다.

[Business Growth Matrix 관점에서 바라본 기업의 4가지 성장 경로]

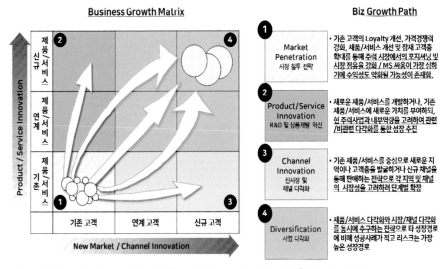

BGM Business Growth Matrix를 줄여서 BGM이라고 함.은 새로운 시장과 채널의 혁신을 추구하는 하나의 축과 새로운 제품과 서비스 창조를 위한 R&D 혁신이라는 2가지 축으로 구성되어 있다. 이에 대해 자세히 살펴보면 다음과 같다.

1) Market Penetration, 즉 시장 침투 전략이 필요한 영역

기존 고객들에게 기존 제품과 서비스로 승부하는 시장이기에 치열한 경쟁이 진행되는 전쟁터이며, 마켓 셰어 싸움에서 승리해야 하기에 가격 경쟁이 매우 심한 곳이다. 다시 말하면 수익성이 악화 될 가능성이 높은 시장이라는 것이다. 여기서 승리하려면 기존 고객들을 대상으로 꾸준한 제품/서비스를 개선해야 하며, 잠재 고객층 확대를 통해 주력 시장에서의 확고한 시장 점유를 확보해야 한다. 끊임없는 가격 경쟁력 강화와 기존 고객의 Loyalty 개선이 이뤄져야 생존할 수 있는 시장이기에 총성 없는 전쟁터라고 불리는 곳이다. 1번 영역에서 수익성을 담보하고 성장성을 유지하지 못한다면 기업의 성장과 생존은 장담할 수 없다고 본다.

2) Product/Service Innovation, 상품과 서비스, 연구 개발의 혁신이 필요한 영역

기존 고객들에게 기존 제품보다는 조금 더 새롭고 고객이 요구하는 가치를 담아낸 상품, 서비스를 제공하는 영역을 의미한다. 따라서 완전히 새로운 제품/서비스를 개발하거나, 기존 제품/서비스에 새로운 가치를 부여하되, 현 주력 사업과 내부 역량을 고려하여 관련 또는 비관련 다각화를 통한 성장을 추진하는 것을 의미한다. 2번 영역은 R&D Innovation을 기반으로 한 상품과 서비스의 혁신을 추구해야 하기에 오랜 시간과 투자와 노력이 필요한 영역이라고 볼 수 있다. 그러나 미래 성장을 위해 반드시 투자해야 할 영역이라서 어떻게 획기적으로 변화시키고 생산성을 높여갈 것인가를 고민해야 한다.

3) New Market/Channel Innovation, 새로운 시장과 채널 혁신이 필요한 영역

기존 제품/서비스를 중심으로 새로운 지역이나 고객층을 발굴하거나 신규 채널을 통해 판매하는 전략으로 각 지역 및 채널의 시장성을 고려하여 단계별 확장을 해야 하는 영역을 말한다. 기존 제품과 서비스를 아직 접하지 못한 국내외 고객들을 대상으로 마켓을 확대하여 접근하는 방법과 새로운 Segment와 Niche Market을 진입하기 위한 전략 도출이 필요하다는 의미이다. 또한, 기존 채널이 아닌 새로운 채널을 만들거나 제휴를 통해 신규 시장에 진출하려는 혁신적인 아이디어와 접근 방법이 요구되는 것이 3번의 영역이다.

4) Diversification, 사업 다각화 영역

제품과 서비스의 다각화뿐만 아니라 시장과 채널의 다각화를 동시에 추구하는 전략으로 다른 3가지 성장 경로에 비해 성공 사례가 적고 리스크는 가장 큰 영역이다. 특히 한 번도 가보지 않은 길이고 기업 내부에 핵심 역량이 없는 비관련 사업 다각화 영역이라 매우 신중하며 점검할 것이 많다. 기업이 새로운 산업에서 운영하는 데 필요한 인재와 전문성을 갖추고 있는지 확인해야 하며, 새로운 직원을 고용하거나 업계 전문가와 상담하는 것이 반드시 수반되어야 한다. 또한, 사업에 뛰어들기 전에 자사의 강점과 역량을 면밀히 평가해야 하며, 경쟁 분석, 소비자 행동, 진입 장벽, 규제와 환경 등에 대한 시장 조사를 철저히 해야 한다. 잠재적인 투자 수익 및 회수 기간을 계산하여 투자에 필요한 자본이 있는지 확인하고 잠재적인 이익과 위험을 감수할 가치가 있는지 고려해야 한다. 비관련 다각화하는 것은 본질적으로 위험하기에 위험 관리 프레임워크를 설정하고 최악의 시나리오를 고려하며 비상 계획을 수립해 둬야 한다. 성장 가능성이 높은 산업에서 유기적으로 성장하는 것이 더 나은지 또는 기존 플레이어를 인수하는 것이 더 나은지도 결정해야 할 포인트다. 인수 합병은

즉각적인 시장 점유율을 제공할 수 있지만, 통합에 따른 다양한 문제가 따른다는 것도 고려해야 할 것이다.

3-9. 카카오톡이 카카오 뱅크까지 확대 성장할 것을 누가 알았을까?

카카오톡이 처음 대중에게 선보이고 난 후 카카오가 뱅크 및 증권, 페이까지 확장할 것을 예견하고 예상했던 사람은 도대체 얼마나 될까? 김범수 의장은 처음부터 이런 모습을 기대하고 카카오톡 서비스를 시작했을까? 모바일 플랫폼 기업의 확장 가능성이 얼마나 파괴적이고 혁신적인지 카카오톡을 보면 참 놀랍다는 생각을 하게 된다. 단순 문자 서비스를 대체하는 것에서 시작해 플랫폼에 고객들이 모이자, 고객이 좋아하는 게임 애니팡 등을 출시하여 성공했고, 그 이후 카카오 선물하기, 카카오 웹툰, 카카오 택시 등으로 새로운 경험과 가치를 제공하는 서비스를 제시하여 확장에 박차를 가한 것이다. 그리고 비금융이 금융으로 넘어가면서 은행권에 엄청난 타격을 준 카카오 뱅크와 카카오 페이 그리고 카카오 증권까지 파죽지세로 타 산업이라고 생각되는 영역을 자연스럽게 넘어왔다. 어느 누구도 생각하지 못한 방향으로 전개하여 미래를 만들고 지속 성장의 축을 만든 것이 무척이나 흥미롭다. 특히 카카오 뱅크와 증권, 페이를 만들 때 M&A 영역이라고 일컫는 비관련 사업 다각화 부문에서 핵심 역량이 없음에도 불구하고 인수 합병으로 성장하지 않고 오로지 플랫폼을 기반으로 하여 기술과 시장 기반의 확장을 성공적으로 추진했다는 것이 참으로 놀랍다. 언론에도 공개되기는 했지만, 가키오 뱅크를 만들 때의 전략은 "Mobile First" 딱 한 단어였다. 즉 Mobile로 시작한 카카오톡이 Mobile 생태계 구축을 염두에 두고 확장을 했다는 것이 합리적인 추론이지 않을까 싶다. 이것은 구글이 웹에서 앱으로, 즉 Mobile로 광고 사업이 확대될 것을 생각하고 유튜브와 안드로이드 OS를 인수한 것과 유사하다고 생각한다. 다시 말하면 계산된 모험이 있었다고 말하고 싶다. 신규 사업을 통해 미래 성장 동력을 기획할 사람들은 기업의 미래를 창조할 Ecosystem 구축을 염두에 두고 계산된 모험을 기반으로 한 그림을 그려야 할 것이다.

[Business Growth Matrix로 살펴본 카카오톡의 확장 사례]

	기존 고객/채널	연계 고객/채널	신규 고객/채널
제품/서비스 신규	카카오 선물함	카카오 택시	카카오 뱅크/페이/증권
제품/서비스 연계	카카오 게임 / 카카오 웹툰	해외 유학생/송금	
제품/서비스 기존	카카오톡		

3-10. Business Growth Matrix를 그릴 때에는 때론 상상력이 필요하다.

　필자가 어느 A 회사의 임원들을 대상으로 5년전에 특강을 한 적이 있다. 그 회사의 당시 상황은 이랬다. 인쇄용지 매출은 점점 떨어지고 있었고, 영수증에 쓰이는 감열지는 전체 매출의 35%가 넘는데 향후 모바일 결제가 활성화되거나 키오스크가 확대된다고 하면 매출은 정체되거나 하락할 것이 불을 보듯 뻔하게 예견되어 있었다. 그럼에도 불구하고 A 회사의 임원들은 공장 가동이 중요하다는 이유로 새로운 것을 받아들이거나 만들려는 생각이 거의 없었다. Business Growth Matrix를 중심으로 강연하면서 A 회사의 미래는 어떤 모습일까에 대해 상상력을 발휘해 다음과 같이 이야기한 적이 있다.

　"귀사의 미래는 빅데이터를 기반으로 한 라이프 스타일을 디자인하는 핀테크 기업이 되어야 할 수도 있다."라고 말이다. A 회사의 임원들은 잘못 들었다고 생각한 건지 귀를 의심했고 웅성웅성 대기 시작했다. 필자가 A 회사의 미래를 왜 빅데이터에 기반한 라이프 스타일을 디자인하는 핀테크 기업이라고 이야기했는지 잠시 설명해 보려고 한다.

　2018년 당시 미국에서는 물건을 사고 받은 영수증을 스마트폰 카메라로 찍어서 앱에 올리는 사람들에게 우리나라 돈으로 50원, 100원을 캐시백해 주는 IBOTTA라는 스타트업이 있었다. 필지가 볼 때

이 기업의 핵심은 누가 뭐래도 찍힌 데이터였다. 카드 회사의 데이터는 그 회사 카드를 고객이 사용했을 때만 알 수 있으며, 전체 사용 금액은 알 수 있지만 무엇을 먹었는지에 대한 항목은 누락이 되어 보여준다. 그러나 영수증에 찍힌 데이터는 그렇지 않다. 누가, 언제, 어디서, 무엇을, 얼마의 가격을 주고 먹었는지 샀는지 등에 대한 정보가 모든 영수증에는 적혀 있다. 즉 세상 어디에도 없는 귀한 데이터가 영수증에 존재한다는 것이다. 이러한 빅데이터의 중요성을 인식한 IBOTTA는 2023년 11월 현재 IPO를 앞두고 있으며, 기업 가치는 20억 달러까지 성장했다고 한다. 그리고 이 데이터를 기반으로 고객들의 라이프 스타일을 파악할 수 있고, 소비 패턴에 대한 분석을 통해 지역 밀착형 솔루션을 제시할 수도 있다고 한다. 이러한 데이터가 필요한 기업들은 너무도 많기에 새로운 비즈니스를 기획하는 데에 Data Driven Marketing Strategy를 펼칠 수 있을 것이다.

A 회사 임원들에게 이러한 내용을 소개했고, 앞으로는 키오스크와 테이블에서 직접 QR코드로 주문하고 결제하는 시대가 도래하기에 오프라인의 영수증 데이터와 온라인의 소비 데이터를 확보하여 고객의 라이프 스타일을 디자인하는 핀테크 기업으로 성장할 것을 검토해 보라고 이야기했다. 당연히 필자의 이러한 제언은 받아들여지기 힘든 먼 나라의 이야기로 들렸을 것이다. 그로부터 2년이란 시간이 흘렀고 국내에서는 네이버가 필자의 예견대로 영수증을 찍으면 돈을 주기 시작했고, 필자의 제자들은 교수님의 영수증을 가져다가 사진을 찍고 네이버에 올리는 활동을 꾸준히 해왔다. 그 후 네이버에

서는 핫플레이스라는 것이 검색되기 시작했고, 맛집에 가고자 하는 사람들에게 예약 서비스까지 제공함으로써 데이터를 기반으로 비즈니스를 만들어 가는 모습을 현실에서 직접 보게 된 것이다.

손정의 회장은 "데이터를 차지하는 자가 미래의 세상을 지배할 것이다. 그 데이터는 AI에 접목되어 세상을 놀라게 할 엄청난 일들을 만들어 갈 것이다."라고 이야기했었다. 만약 5년 전에 A 회사가 빅데이터와 AI의 접목을 기대하면서 Business Growth Matrix를 진지하게 그려 보고 미래를 디자인했다면 어땠을까? A 사는 여전히 미래 성장 가치가 없다는 것이 주가에 반영되어 매출보다 훨씬 적은 3,000억 이하의 시가 총액에 머무르고 있다. 기존의 틀에 갇혀 생각하고 일상을 살아가다 보면 호기심과 상상력이 현저히 떨어질 가능성이 매우 높다. 신규 사업을 기획하는 사람들에게는 C-level이 요구하는 수준에 맞춰서 일을 수동적으로 하기보다는 본인의 상상력과 호기심을 충분히 발휘할 수 있을 정도의 주도적 실행력이 반드시 뒷받침되어야 한다. 기업에서도 신사업 기획자들이 맘껏 상상하고 생각한 것을 실행할 수 있도록 열린 사고와 따뜻한 마음으로 문화를 만들어 가야 할 것이다. 기업의 문화는 상상하고 생각하고 말하는 것을 실행할 수 있을 때, 즉 개념적이고 추상적인 언어가 행동의 언어로 내재화될 때 형성이 된다.

[BGM에 제지 회사의 미래 성장 방향을 그려 보다]

3-11. 기술 기반의 확장 vs 고객 기반의 인접 사업 진출

    기업의 성장 모델은 기업이 현재 보유하고 있는 역량을 기반으로 성장할 것이냐, 혹은 지금 당장은 핵심 역량이 없더라도 미래를 바라보고 그 역량을 갖추어서 성장의 발판을 마련할 것이냐의 싸움으로 나눌 수 있다. 즉 현재 우리가 보유하고 있지 못한 영역으로 진출할 때는 기술을 확보하고 인재를 영입하는 것이 필수적인 요소가 될 것이다. 반면 우리가 갖고 있는 역량을 토대로 성장 전략을 만들어 간다면 고객과 시장 기반의 진출 전략을 생각해 봐야 할 것이다. 즉 기업의 성장 모델은 주력 사업을 강화하면서 기술 기반의 확장을 하거나 고객 기반의 인접 사업에 진출하거나 기술과 고객 둘 다 확장 영역에 진출하는 4가지 방향으로 요약할 수 있다.

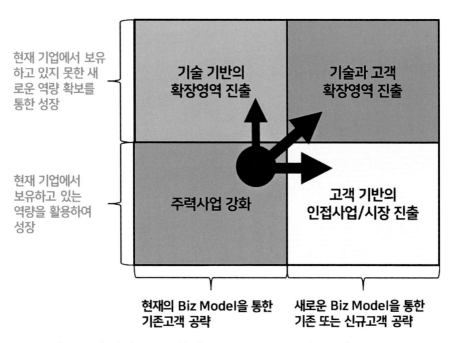

현재 기업에서 보유하고 있지 못한 새로운 역량 확보를 통한 성장

기술 기반의 확장영역 진출

기술과 고객 확장영역 진출

현재 기업에서 보유하고 있는 역량을 활용하여 성장

주력사업 강화

고객 기반의 인접사업/시장 진출

현재의 Biz Model을 통한 기존고객 공략

새로운 Biz Model을 통한 기존 또는 신규고객 공략

첫째, 주력 사업을 강화한다는 것은 현재 기업이 보유하고 있는 핵심 역량을 기반으로 하여 기존의 비즈니스 모델을 통해 기존 시장과 고객을 공략하여 사업을 탄탄하게 만드는 전략을 말한다.

둘째, 인접 사업에 진출한다는 것은 현재 갖고 있는 역량과 새로운 비즈니스 모델을 레버리지 함으로써 관련 사업으로의 확장을 도모하는 전략이라고 말할 수 있다.

셋째, 기술 기반의 확장 영역에 진출한다는 것은 연구 개발을 통해 새로운 제품과 서비스, 솔루션으로 승부하는 것을 의미한다. 기존의 고객들에게 이전과는 완전히 다른 새로운 제품, 획기적인 상품/서비스를 제공하는 전략이다.

넷째, 확장 영역에 진출한다는 것은 현재의 주력 사업과 직접적 연관성이 떨어지는 영역으로서 새로운 역량 확보를 통해 새로운 Biz Model 창출이 가능한 비관련 다각화 사업 전략을 말한다. 흔히 우리에게 없는 역량, 진입해 보지 않은 영역이라서 M&A를 통해 진출하는 경우가 많다.

위 4가지 전략을 기업들이 구사할 때 스타트업들과 어떻게 협업하고 오픈 이노베이션을 추진하는가에 대해 사례를 통해 조금 더 자세하게 살펴보기로 하겠다.

1) 주력 사업 강화 전략에 대하여

주력 사업을 강화하는 목적은 '시장 지배력 및 영향력 강화를 통한 현 주력 사업의 지속적 가치 창출'을 위해서다. 현재 기업의 매출과 수익을 성장시키기 위해 제품/서비스, 고객, 특허 브랜드, 네트워크, 유통망 등의 역량을 총집결하여 추진하고 있는 핵심 사업을 강화하는 전략이다. 주력 사업을 강화하는 방법은 크게 4가지가 있다. 스타트업과 오픈 이노베이션을 통해 주력 사업을 어떻게 강화하고 새로운 가치를 창출하는가에 대해 살펴보도록 하겠다.

(1) 고객 로열티 강화

- 지속적인 비즈니스 성공을 위해서는 고객 충성도를 강화하는 것이 중요하다. 충성도가 높은 고객은 반복 구매를 할 뿐만 아니라 입소문 추천을 통해 새로운 고객을 유치하는 브랜드 대사 역할을 한다. 이를 위해 제품 또는 서비스가 일관된 품질 수준을 유지하도록 해야 한다.
- 고객이 반복 구매에 대해 포인트, 할인 또는 사은품을 받는 로열티 또는 보상 프로그램을 구현하는 것도 방법이다. 고객이 자신의 경험을 공유하고 질문하거나 피드백을 제공할 수 있는 온라인 커뮤니티 또는 포럼을 만드는 것도 소속감을 높이는 방법이다. 이런 방법은 특히 브랜드와의 연결을 심화시키는 수단이 된다.
- 주요 고객의 Unmet 충족되지 않은 니즈 발굴을 위한 정보력 강화 및 기존 고객 이외에 새로운 고객층 확보를 위한 Biz Model 혁신을 추진하는 것도 고객 충성도를 높이는 방법이다.

① Unilever Foundry: Innovation Through Collaboration

Unilever에는 400개 이상의 브랜드와 혁신적인 다양한 스타트업과 파트너십을 지원하는 협업 플랫폼인 Unilever Foundry가 있다.

Unilever Foundry는 새로운 스타트업 대표들과 대화하면서 그들이 사업을 하는 원래 방식을 탐구하고 그들의 제품, 기술 또는 비즈니스 모델을 Unilever에 가져올 수 있는 것과 그것이 유니레버 고객과 직원에게 어떻게 도움이 될 수 있는지를 연구하고 실행하고 있다. 스타트업의 잠재력을 발견할 수 있는 능력은 Unilever Foundry의 필수적인 역량이며, 팀의 대부분 사람은 스타트업 또는 그러한 기업 환경에서 일했다고 한다. 그들은 이 분야에서 성공하는 데 필요한 다양한 작업 방식과 기업가 정신을 이해하고 있으며, Unilever Foundry를 성공으로 이끌기 위한 실험적이고 협력적인 사고방식을 갖고 활용하는 능력을 키우고 있다고 한다.

[Unilever Foundry의 Innovation Through Collaboration]

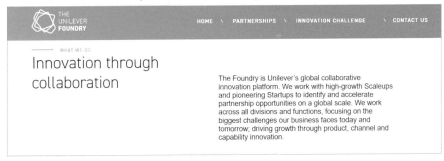

[사진 참조: https://www.theunileverfoundry.com/]

Unilever Foundry 홈페이지에 가보면 협업을 통한 혁신을 추구한다고 쓰여 있다. 즉 유니레버는 다양한 스타트업과 Open Innovation을 통해 주력 사업을 강화하고 미래 성장 동력을 찾겠다는 의지가 표명되어 있음을 알 수 있다.

스타트업과 협력의 방법은 커머셜 파트너십, 마케팅 파트너십, 브랜드 라이센싱, 신상품 공동 개발 그리고 Joint Venture 합작 법인 설립 등이 있다고 한다. 지금까지 400개 넘는 파일럿 프로젝트를 진행했으며, 5천만 달러 이상을 투자했고, 4만여 개 이상의 스타트업들을 조사하고 만나고 교류하여 유니레버만의 Database를 구축하고 있다.

[사진 참조: https://www.theunileverfoundry.com/]

2021년 9월 The Unilever Foundry는 Positive Beauty Growth Platform을 통해 Dove, AX, Love Beauty & Planet 등 글로벌 브랜드의 본거지인 Unilever의 뷰티 & 퍼스널 케어 부문과 협력적 혁신 네트워크를 론칭했다. The Unilever Foundry는 AI 기반 스킨케어 엔진인 HelloAva 및 청소 서비스 마켓플레이스인 Helpling과의 협력을 포함하여 현재까지 400개 이상의 스타트업 프로젝트를 시험해 왔다. Positive Beauty Growth Platform은 전 세계 최고의 스타트업을 초대하여 뷰티 산업의 혁신과 기술을 선도하는 프로젝트에 협력하도록 지원하고 있다. 특히 빠르게 성장하고 진화하는 소셜 커머스 세계에서 혁신적인 기술과 생각과 아이디어 및 실행력을 갖고 있는 최고의 스타트업들과 오픈 이노베이션을 제대로 추진해 보고 싶다는 취지를 밝혔다. 전 세계 소셜커머스 시장은 2028년까지 거의 3조 3,700억 달러에 이를 것으로 예상되며, 뷰티 및 개인 관리 부문은 2021년부터 2028년까지 연평균 복합 성장률CAGR이 30% 이상 성장할 것으로 예상된다는 사실에 Unilever는 주목한 것이다. 이러한 성장 기회를 잘 살리기 위해 Positive Beauty Growth Platform은 특히 라이브 스트림 상거래, 쇼핑 가능한 미디어, 그룹 구매 및 게임 상거래 분야에서 Seed 단계의 스타트업부터 Series B 이상 단계 규모의 스타트업에 이르기까지 실제적이고 성과 중심적인 파트너십에 관심과 노력을 증폭시키고 있다. 성공적인 팀에게는 세계 최고의 뷰티 브랜드와 협력하여 자신의 아이디어를 시험해 볼 수 있는 기회가 주어지며, Unilever Corporate Ventures의 투자도 병행되고 있다.

[사진 참조: https://www.unilever.com/news/press-and-media/press-releases/2021/
unilever-invites-startups-to-partner-through-positive-beauty-growth-platform/]

뷰티 & 퍼스널 케어 사장 Sunny Jain은 "미래 메가 트렌드에서의 오픈 이노베이션은 Unilever의 전략적 필수 요소입니다. 글로벌 스타트업 커뮤니티와 활발한 양방향 관계를 구축하면 혁신적인 실험을 강화하고 비즈니스 솔루션을 제공하며 성장을 촉진하는 데 도움이 됩니다. Positive Beauty Growth 플랫폼은 바로 이를 위해 설계되었습니다. 스타트업의 파괴적인 접근 방식을 활용함으로써 우리는 뷰티 산업을 형성하는 새로운 공간을 개척함으로써 브랜드의 미래를 보장하는 데 도움을 줄 것입니다."라고 인터뷰에서 밝혔다.

Unilever Foundry는 유니레버의 오픈 이노베이션을 이끌고 있는 핵심 주체이며, 다양한 프로젝트를 통해 유니레버 브랜드를 빠르게 성장시키고 있다. 유니레버는 아이스크림 브랜드 매그넘의 팝업 Magnum Pleasure Store를 활성화하기 위해 더 매력적인 콘텐츠를 만들고자 했다. 수천 명의 소비자가 자신만의 매그넘 작품을 만들기 위해 이 매장을 방문하기에 새롭고 멋진 경험을 고객들에게 선물하고 싶었던 것이다. 그래서 Unilever Foundry는 매장에서 찍은 소비자의 매그넘 사진으로 구성된 사용자 생성 콘텐츠를 최대한 활용할 수 있도록 도와주는 시각적 상거래 및 마케팅 플랫폼 Olapic과 협업을 하게 된다. 사용자 생성 콘텐츠 전문 스타트업인 Olapic과 실제 소비자 사진과 비디오를 마케팅 활동에 통합하는 프로젝트를 진행한 것이다. 그 결과 고객의 커뮤니티 참여가 강화되었고 소비자와의 보다 확실한 연결 고리를 제공하여 실제 고객들의 충성도가 높아졌다는 평가를 받고 있다.

The Unilever Foundry: Magnum & Olapic Case Study

[사진 참조: https://www.youtube.com/watch?v=S7cDl95fdVo]

이렇듯 유니레버는 오픈 이노베이션을 통해 고객 로열티를 제고하고 새로운 브랜딩 경험을 스타트업과 협업함으로써 주력 사업을 강화하는 전략을 꾸준히 추진하고 있다.

② Starbucks: 디지털에서의 새로운 고객 경험으로 시장을 선도하다.

2019년 스타벅스는 다양한 플랫폼에서 스타벅스의 디지털 고객 경험을 통합할 소프트웨어를 개발하기 위해 기술 스타트업인 Brightloom 구 eatsa과 제휴했으며, 투자도 했다고 언론에 공개했다. 스타벅스가 고객의 편의성을 높이기 위해 회사의 전 세계 매장에 모바일 주문과 결제 옵션을 신속하게 제공해 주는 디지털 기술 회사의 지분을 취득한 것은 이때가 처음이었으며 미래를 내다본 판단이었다고 본다. 모바일 주문과 결제가 늘어날 것을 예상하여 보다 원활한 고객 경험을 통해 모든 디지털 접점에서 일관된 브랜드 참여를 고객들에게 제공하려는 선구안이 시장을 선도해 왔다는 평가를 받고 있다. 눈여겨볼 것은 브라이트룸의 최고경영자CEO가 전 스타벅스 글로벌 리테일 및 디지털 책임자 애덤 브로트먼이라는 것이다. 그는 "새 디지털 전략이 새로운 고객을 창출하기 위한 새 출발점이 될 것"이라며 디지털 세계에서의 경험을 강조하고 이에 대한 전략을 제시한 것으로 유명하다. 결국 스타벅스는 내부에서 모든 것을 다 개발하고 추진하지 않고 오픈 이노베이션을 통해 새로운 기술과 아이디어를 채택하여 성장의 속도를 더 빨리 냈던 것이다.

[사진 참조: https://www.econovill.com/news/articleView.html?idxno=368141]

스타벅스는 고객이 구매할 때마다 별을 적립하여 무료 음료나 음식으로 교환할 수 있는 스타벅스 리워드 프로그램을 또한 도입했다. 모바일 앱을 사용하면 간편하게 결제하고, 미리 주문하고, 회원 전용 이벤트 또는 제안에 액세스할 수 있도록 오래전부터 준비했던 것이 조금씩 빛을 발하기 시작한 것이다. 그 결과 리워드 프로그램을 통해 재방문이 많이 증가했다. 고객은 포인트를 적립하고 보상을 받기 위해 모바일 앱을 사용하기 시작했고, 계층형 보상 시스템과 결합된 이 앱의 편리함은 많은 회원에게 스타벅스를 매일의 의식으로 루틴을 만들어 가고 있다.

③ 세포라 - Perkbox: 고객 충성도를 높이기 위한 오픈 이노베이션
  글로벌 화장품 소매업체인 Sephora는 로열티 프로그램을 강화할 새로운 방법을 모색했다. 그들은 직원 혜택과 보상을 위한 플랫폼을 제공하는 스타트업인 Perkbox와 협력했다. Perkbox의 주요 초점은 직원 보상에 있지만, 협업은 Sephora의 고객 기반에 스타트업의 보상 메커니즘을 적용하는 데 중점을 두었다. 그 결과 Sephora의 충성도가 높은 고객을 위한 향상된 보상 제공으로 참여도와 유지율이 모두 증가했다고 한다.

[직원 혜택과 보상 플랫폼을 제공하는 Perkbox]

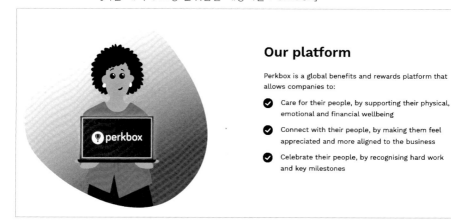

[사진 참조: https://www.perkbox.com/our-story]

(2) 유통망 강화

유통망 강화는 기업이 적시 제품 배송을 보장하고 비용을 절감하며 고객 만족도를 높이는 데 매우 중요하다. 효과적인 유통망은 기업에 차별화된 경쟁력을 제공할 수 있다.

- 비용, 배송 시간 및 화물 유형에 따라 다양한 운송 방법도로, 철도, 항공 및 해상 등을 사용하여 시기적절하고 비용 효율적인 배송을 채택하도록 한다. 또한, 온라인 및 오프라인 유통 채널을 모두 활용함으로써 기업은 보다 광범위한 고객 선호도를 충족시킬 수 있도록 해야 한다.
- 인공지능AI, 기계학습, 사물인터넷IoT과 같은 고급 기술을 채택하면 더 나은 의사 결정을 위한 통찰력을 얻을 수 있다. 이러한 도구는 실시간으로 수요를 예측하고 경로를 최적화하며 배송을 추적할 수 있게 된다. 데이터 분석 도구를 활용하면 고객 선호도, 피크 수요 기간 및 유통망 내 비효율 영역에 대한 귀중한 통찰력을 얻을 수 있다. 내부적으로 이 모든 것을 진행하기 어려울 경우에는 이러한 기술과 역량을 가진 스타트업과 협업할 수 있도록 오픈 이노베이션 전략을 채택하는 것이 바람직하다.
- 기업은 공급업체 기반을 다양화하고 파업, 자연재해 또는 지정학적 문제와 같은 중단을 처리하기 위한 비상 계획을 수립하는 것도 필요하다. 아울러 지배적 유통망을 가지고 있는 사업자들과 제휴하거나 유통 네트워크상에서의 영향력을 강화하는 전략이 필요하다.
- 앞으로 기업은 친환경 운송 방법을 찾고, 연료 소비를 줄이기 위한 경로를 최적화하고, 지속 가능한 포장을 사용하면서 환경을

더욱 의식하고 경영해야 한다. 이런 친환경 물류 및 배송 시스템 구축도 매우 중요하게 다뤄져야 할 것이다.

결론적으로 글로벌 비즈니스 환경이 더욱 경쟁적이고 고객의 기대치가 높아짐에 따라 기업은 유통망을 지속적으로 개선하고 강화해야 한다. 전략적 파트너십을 통한 가장 최적화되고 유망한 기술들을 적용하여 소비자 중심의 강력하고 효율적인 유통 시스템을 만들어 간다면 꾸준한 성장의 가능성을 높일 수 있을 것이다.

■ 스타트업처럼 생각하고 시도하여 디지털 전환을 이룬 기술 기업

① 도미노피자

도미노피자는 지난 20여 년간 주문과 배송 위 2가지에 대해 고객들에게 최고의 경험을 선물하기 위해 모든 노력을 집중한 기업이라고 말할 수 있다. 배송 로봇 기술을 가진 혁신적인 스타트업과 꾸준히 오픈 이노베이션을 통해 고객 경험 혁신을 시도해 왔으며, 고객을 위한 진정한 가치가 어디에 있는지 깊이 있게 살펴보고 고객들이 편리하기 때문에 그들을 좋아한다는 것을 알고 개선과 혁신을 병행해 왔다. 그리고 최근 몇 년 동안 그들은 브랜드의 핵심을 정의하는 편의성과 신뢰성을 두 배로 높이기 위해 스타트업들의 혁신적인 생각과 기술을 사용해 왔다. 중요한 점은 그들이 스타트업처럼 생각하고 시도하여 성공했다는 것이다.

도미노 피자는 첫째, 초기에 회사와 브랜드를 성장시켰으며 빠르고 저렴하며 편리한 피자 배달로 명성을 확고히 했다. 둘째, 도미노는 맛이 형편없다는 비판에 대응하여 고객 피드백을 듣고 이에 따라 피자 레시피를 완전히 새롭게 바꾸고 고객 요구 사항을 반영하여 재현했다. 셋째, 도미노피자는 계속해서 피자 주문 방법을 재구상했으며 주문 및 배송의 편의성을 두 배로 높이기 위해 가능한 모든 기술을 사용하고 혁신했다. 이러한 자기 인식과 이에 따라 행동하려는 용기는 커다란 성과를 거두었다. 아래 주가 그래프를 보면 알 수 있듯이. 2008년 11월21일 3.03달러였던 것이 지금 2024년 1월 12일 현재는 411.30달러로 137배 이상 성장하여 Facebook, Google, Amazon 및 Apple의 성장률과 비슷하거나 압도하는 결과를 도출했다.

[사진 참조: Google 금융 도미노 검색 결과 참조]

도미노 피자는 배달 혁신에 있어서 선구자였으며 고객 경험을 개선하고 피자 배달 업계에서 경쟁 우위를 확보할 수 있는 방법을 끊임없이 모색해 왔다. 이를 연도별로 정리해 보면 아래와 같다.

1980년대:

• 30분 배송 보장: 이것은 아마도 Domino의 가장 초기이자 가장 유명한 약속 중 하나였다. 나이 50대가 넘으신 분들은 어릴 적 이 문구가 아직도 기억에 남을 것이다.

"30분 이내에는 무료입니다."

이 보증은 결국 안전 문제로 인해 미국에서 중단되었지만, 회사의 명성을 구축하는 데 중요한 역할을 했다.

2010년대:

• 2011: Pizza Tracker: Domino's는 고객이 주문 진행 상황을 실시간으로 모니터링할 수 있는 온라인 추적 시스템을 도입했다.

• 2015년: 트위터를 통한 주문: 도미노는 고객이 회사에 피자 이모티콘을 트윗하기만 하면 피자를 주문할 수 있는 최초의 주요 피자 체인이 되었다.

• 2015: DXP_{Domino's Delivery Expert}: 도미노는 피자 배달을 위해 설계된 맞춤형 차량을 선보였으며, 예열 오븐도 갖추고 있었다. 로봇 배달 서비스를 위해 스타십 테크놀로지_{Starship Technologies}와 제휴했었으며, 스타십테크놀로지는 스카이프 공동 설립자인 아티 헤인라_{Ahti Heinla}, 야누스 프리스_{Janus Friis}가 2015년 설립한 스

타트업이다. 그 이후에도 호주 스타트업인 마라톤타깃_{Marathon} Targets과 제휴해 배달 로봇을 개발해 왔다.

- 2017: 제로 클릭 주문: 제로 클릭 앱을 사용하면 사용자가 이전에 즐겨 찾는 주문 및 결제 세부 정보를 설정했다는 가정하에 앱이 열리자마자 피자 주문이 가능했다.
- 2017년: 드론 및 로봇 배송: 도미노는 뉴질랜드에서 드론 배송을, 유럽과 호주에서는 로봇 배송을 테스트하기 시작했다.
- 2018년: 핫스폿: 도미노는 해변이나 공원과 같이 전통적인 주소가 없는 사전 정의된 야외 위치인 '핫스폿'에 배송을 시작했다.

2020년대:

- 2020년대 초반: 인공지능과 자율주행 차량의 사용이 계속 발전함에 따라 도미노는 특정 시장에서 자율 배송 차량에 대한 보다 광범위한 테스트와 조종을 시작했다.
- 2021년 이후: 회사는 드론과 로봇 배송을 개선하고 확장하기 위한 더 많은 방법을 모색했으며 스마트 홈 시스템, 음성 인식 장치 및 기타 신흥 기술 플랫폼과 지속적으로 통합하여 간편한 주문을 촉진했다.

20년 전만 해도 피자 회사가 기술 회사로 전환할 것이라고 예상한 비즈니스 리더는 많지 않았다. 그러나 이러한 움직임은 지난 몇 년간 도미노가 경쟁이 치열한 시장에서 우위를 점할 수 있게 해 준 동력이 되었다. 이는 기술 스타트업과 다른 산업 분야의 기업에도 중요한

[도미노의 Delivery Innovation History]

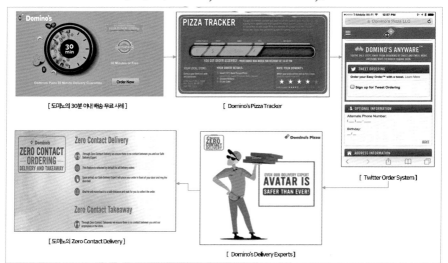

[도미노의 30분 이내 배송 무료 사례] [Domino's Pizza Tracker] [Twitter Order System]

[도미노의 Zero Contact Delivery] [Domino's Delivery Experts]

[사진: 이주열 교수 강의 자료 참조]

교훈을 준다. 오늘날 모든 회사는 기술 회사를 표방한다. 기업이나 소
비자에게 제품을 판매하려면 최적의 기술 수단을 써 고객들의 참여
를 유도하여 새롭고 신선한 경험을 선물해야 한다. 앞서간다는 것은
다른 사람들이 아직 생각하지 못한 기술, 커뮤니케이션 플랫폼, 유통
채널을 활용하는 새로운 방법을 생각한다는 것을 의미한다. 기술만
도입한다고 혁신이 이뤄지지는 않는다는 것이다. 도미노는 끊임없이
구불구불하지만 남과 다른 자신들만의 여정을 걸어왔다. 최근 도미
노피자의 디지털 전환과 파괴적 혁신은 대기업들이 스타트업과 협업
을 통해 어떻게 장애물을 극복하고 미래 지향적인 사고를 핵심 가치
에 적용해야 하는지를 보여 주는 대표적인 사례가 아닐까 싶다. 피자
거인 도미노의 다음 행보가 기대되는 이유가 여기에 있다.

[드론으로 피자를 배송하는 테스트를 하는 도미노 피자]

기사 참조: https://www.pinpointnews.co.kr/news/articleView.html?
idxno=187067

② Walmart – FourKites: 효율적인 공급망 관리 기능 개선을 돕다

Walmart는 공급망 가시성 및 효율성 향상을 목표로 실시간 배송 위치 추적을 전문으로 하는 물류 스타트업 FourKites와 협력했다. FourKites의 플랫폼을 활용하여 Walmart는 배송 도착 시간을 예측하고, 트럭 활용도를 높이고, 하역 자원을 더 효율적으로 계획하여 공급망을 보다 능률적이고 효율적으로 만드는 기능을 개선했다고 한다.

기사 참조: https://supplychaindigital.com/sustainability/walmart-
canada-partners-fourkites-supply-chain-analytics

③ DHL - Parcel Perform: 통합 추적 대시보드를 통한 고객 경험 향상

　DHL은 전자상거래 비즈니스에 종단 간 추적 서비스를 제공하는 스타트업인 Parcel Perform과 파트너십을 맺었다. 이 협업을 통해 DHL은 고객에게 배송 시점부터 최종 배송까지 배송에 대한 향상된 가시성을 제공할 수 있었다. 이 플랫폼은 정기 업데이트, 예상 배송 시간 및 통합 추적 대시보드를 제공하여 DHL의 고객 경험을 향상시켰다는 평가를 받고 있다.

기사 참조: https://www.parcelperform.com/insights/carriers-shipping-us

④ FedEx - Optoro: 역물류로 회수된 제품 관리 체계 구축하여 폐기물을 줄이다!

　FedEx는 반품을 위한 기술 플랫폼을 제공하는 스타트업인 Optoro이하 오프토로와 파트너십을 맺고 고객들에게 새로운 유통 서비스를 제공하고 있다. 반품은 물류 및 비용 측면에서 전자상거래 공간에서 중요한 과제이다. 오프토로와의 협력을 통해 FedEx는 반품 프로세스를

간소화하고 폐기물을 줄이며 반품된 품목에서 최대 가치를 회수하는 것을 목표로 진행하고 있다. 오프토로의 특허 취득 소프트웨어 프로그램 '옵티턴Optiturn'은 데이터 분석 및 기계학습machine learning 알고리즘을 사용, 역물류로 회수된 제품과 물류 창고에 축적된 과도한 재고를 기업 네트워크 내 최적의 위치로 자동 배치함으로써 기업 손실을 최소화할 수 있다고 한다. 옵티턴은 반품 상태에 따라 적절한 물류 채널재고로 보유, 재활용, 제조업체에 재반품, 중고 시장에서 재판매, 시민단체에 기부, 폐기 처분을 선택하고 처리 비용도 자동 산정할 수 있다. 오프토로는 옵티턴으로 역물류를 관리하는 기업들이 폐기물을 최대 70%, 배출가스 배기량은 51%까지 감축할 수 있었다고 소개한 바 있다. 이제는 물류 배송 부문에서도 환경을 생각하고 사회적 가치 창출을 고민하는 ESG 사례들이 스타트업과 오픈 이노베이션을 통해 많이 도출되고 있어 반가운 마음이 크다.

기사 참조: https://www.optoro.com/returns-news/optoro-unveils-latest-returns-solution-for-retailers-home-pick-ups/

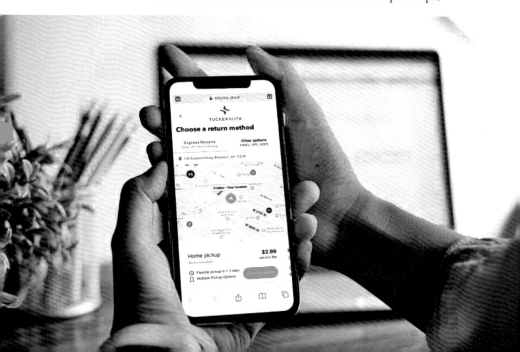

⑤ PepsiCo - Bringg: D2C 공간에서 유통 효율성을 높이다.

PepsiCo는 배달 물류 플랫폼인 Bringg와 협력하여 직접 방문 다중 음료 배달 시스템을 최적화했다. Bringg의 플랫폼은 고급 파견, 실시간 운전자 추적 및 자동화된 고객 경험 도구를 제공한다. 이 파트너십을 통해 PepsiCo는 고객에게 더 빠르고 효율적인 배송을 제공하고 D2C Direct-to-Consumer 공간에서 유통 효율성을 높이는 것을 목표로 삼았다.

현대백화점 - 아마존 웹서비스: 미래 유통 매장 공동 연구 및 최적 기술 공동 개발

지배적 유통망을 갖고 있거나 기술력을 보유한 기업과 업무 협약을 맺어 유통 네트워크 내에서 영향력을 행사하는 것은 기업에게 중요하고 의미 있는 일이다. 현대백화점은 미래형 유통 매장 구현을 위해 아마존 웹서비스와 전략적 협약을 체결하여 유통망 강화에 주력했다.

첫째, 미래 유통 매장 공동 연구를 통해 공간과 그에 적합한 기술 그리고 고객들의 반응을 살피는 프로젝트를 진행했었다. 쇼핑 후 매장을 걸어 나오면 자동 결제가 되는 아마존 고를 벤치마킹하거나 드론을 활용한 야외 매장 내 식음료 배달 서비스를 테스트하기도 했었다. 둘째, 그룹 통합 고객 분석 시스템 구축을 통해 구매 패턴과 온/오프라인 활동 정보 분석 및 개인 맞춤형 제품 추천 서비스 제공을 공동으로 연구했다. 셋째, VR 콘텐츠 및 재고 관리 방안 연구를 통해 가상 피팅 서비스 등 VR 콘텐츠 공동 개발과 수요 예측을 통한 재고 관리 기법 등을 연구하여 곧 다가올 미래의 유통 매장을 대비했었다.

(3) 제품/서비스 강화 전략

- 제품/서비스를 강화하려면 저비용 생산 구조를 확립하는 것이 필요하다. 양질의 좋은 제품과 서비스를 고객들에게 낮은 가격에 제공하려면 생산 원가를 낮출 수 있어야 한다. 원자재 대량 구매를 통해 할인받거나, 가능하면 현지에서 자재를 소싱하여 운송비를 줄일 수 있어야 한다. 또는 공급 업체와 계약 및 가격을 정기적으로 협상하고, 생산 과정에서 부가가치가 없는 활동과 낭비를 식별하고 제거할 수 있어야 한다. 노동 집약적인 작업은 인건비가 저렴한 지역으로 아웃소싱하는 것을 고려해 보는 것도 방법이다. 운영, 재고 관리 및 수요 예측을 간소화하는 데 도움이 되는 소프트웨어 솔루션을 구현하거나 자동화 기계 도입도 생각해 볼 수 있는 방법들이다. 전력을 덜 소비하는 기계나 솔루션 도입을 통해 에너지 절감도 필요할 것이다.

- 제품/서비스의 Value Proposition 가치 제안을 명확하게 해야 한다. 그래야 차별화가 이뤄지며 고객들이 기업이 전달하는 제품/서비스의 가치에 반응하게 된다. 제품과 서비스를 통해 어떤 가치를 고객들이 경험하기를 원하는지 명확하게 정의 내리고 고객에 대해 더 깊이 연구하고 조사해야 한다. 제품 및 서비스에 대한 고객의 피드백을 정기적으로 요청하거나 고객 피드백 수집을 촉진하는 도구와 플랫폼을 활용해야 한다. 시장조사, 업계 동향, 경쟁 제품 및 최신 기술을 이해하여 적용의 방안을 끊임없이 고민해야 한다.

- 제품/서비스의 꾸준한 개선이 필요하다. 기능, 내구성, 효율성 또는 디자인 측면에서 제품을 개선할 수 있는 방법을 계속 찾아야 한다. 새로운 제품이나 기능을 출시하기 전에 엄격하게 테스트하고 프로토타입을 사용하여 유용성을 측정하고 보완해야 한다. 고객이 선택할 수 있는 프리미엄 버전 또는 추가 기능을 제공하는 것도 좋은 방법이다. 이러한 전략을 통합함으로써 회사는 제품과 고객 서비스를 크게 향상시켜 고객 만족도, 충성도 및 장기적인 비즈니스 성공 확률을 높여 가야 한다.

- 제품/서비스를 꾸준히 업그레이드하려면 특허 및 브랜드 경쟁력 강화를 위해 제품 또는 솔루션을 공동 개발하여 공동으로 IP 권리를 소유하고 개발 비용은 대기업이 스타트업에게 지급하는 방식을 채택하기도 한다. 스타트업이 갖고 있는 기술을 돈을 지급하고 IP를 사 오는 방식이라고 보면 된다. 또는 스타트업이 개발한 기술에 대해 독점 라이선스 계약도 좋은 전략일 수 있다. 브랜드에 대해서는 스타트업의 브랜드와 스토리를 전략적으로 통합하

여 소비자를 위한 통합되고 매력적인 내러티브를 만들기도 한다. 대기업, 중견 기업은 지속적인 혁신과 IP 개발을 위한 발판으로 스타트업과의 오픈 이노베이션 전략을 잘 활용해야 한다.

기업들은 주력 사업을 강화하기 위해 제품과 고객 서비스를 높이려는 방안으로 모든 것을 자체적으로 연구하고 개발하는 수고와 비용과 시간을 줄일 필요가 있다. 우리보다 더 빠르고 정확하고 멋진 기술과 역량을 가진 혁신가들이 전 세계에 많다는 것을 인정하고, 그들과 어떻게 협업하여 성과를 만들고 함께 윈윈할 것인가를 연구해야 한다는 것이다. 여기서 필요한 것이 오픈 이노베이션 전략이며, 문제 해결의 방식과 기존의 사고 체계를 조금은 변화시켜야 새로운 시도와 성과를 만들 수 있을 것이다.

■ Open Innovation의 첫 시작이 된 기업 P&G

2000년대 초반 P&G는 C&D Connect and Development라는 프로그램을 운영한 적이 있다. 필자도 경영 컨설팅 회사에서 개방형 혁신이라는 콘셉트로 헨리 체스브로의 P&G 사례를 처음 접했던 것이 벌써 20여년 전이다. 순천향대 노태우 교수님의 아티클을 보면 "2000년 당시 CEO였던 래플리 a.G. Lafley는 P&G의 매출이 저조한 상황을 타개하기 위해 외부로부터 50% 이상의 아이디어를 수용하자는 목표를 선언하였고, 이후 내부 R&D 인력 7,500명과 외부 150만 명의 연구

조직으로 하여금 상호 접근이 가능하도록 그 경계를 허물었다고 한
다. 이를 통해 R&D 생산성은 약 60% 증가, 매출 대비 R&D 투자 비
용은 2000년 4.8%에서 2006년 3.4%로 감소, 2007년에는 목표했던
P&G 신제품의 50%가 외부 아이디어로 만들어지게 되었다."라고 기
록되어 있다. 이때부터 신규 비즈니스를 만들고 사업을 기획할 때 내
부의 아이디어만이 아닌 외부의 혁신적이고 파괴적인 기술들에 대해
열린 마음으로 보기 시작했던 것 같다.

P&G 관계자는 "자기가 최고라는 생각으로 외부에서 창조된 것을
수용하지 못하는 성향이 있었다."라면서 "이를 외부인의 아이디어라
하더라도 기업 경쟁력과 수익에 도움이 된다면 기꺼이 수용하는 자
세로 변화시키는 조치였다."라고 설명했다. P&G는 오픈 이노베이션
사례 연구의 고전 '프링글스 프린트'를 탄생시킨 것으로도 유명하다.
굴곡이 심한 감자칩인 프링글스에 이미지를 새기는 작업은 기술 난
제가 많았다. 온도와 습도가 높은 제조 과정 중에 프린트가 이뤄져야
하고 식용 잉크도 필요했다. 내부 R&D에만 의존했다면 제품 개발에
서 출시까지 2년은 걸렸을 테지만, P&G가 운영하고 있던 네트워크
에서 이탈리아 볼로냐에서 빵집을 운영하는 한 대학 교수가 자기가
개발한 식용 잉크 분무 기술을 활용하고 있다는 것을 알고, 그와 제
휴해 신상품 개발을 1년이라는 짧은 시간 안에 해 낼 수 있었다.

P&G의 C&D가 탄생한 배경에는 전동 칫솔도 한몫했다. 콜게이트 팜올리브 Colgate Palmolive, 미국에서 가정용품, 목욕품 제조 및 유통와 오럴케어 Oral care, 구강위생 관리 시장에서 오랫동안 경쟁하고 있던 P&G는 전동 칫솔 분야에 진출하고자 했으나 전자제품 경험이 부족했던 P&G에 있어서는 위험이 큰 투자였다. 주력 사업을 강화한 사례라기보다는 전혀 다른 비관련 다각화 사업을 추진한 사례라고 보인다. 당시 외부 개인 발명가가 스핀 팝 Spin Pop이라는 사탕을 자동으로 빠르게 해 주는 전동 기술을 제공한다는 제안을 해 왔다. 해당 기구에 막대사탕을 꽂고 사용하면 자동으로 사탕이 돌아가 빨리게 되는 기술이었는데, 기술자는 이와 같은 전동 기술을 이용한 전동 칫솔 시제품에 대한 소비자의 긍정적인 반응을 본 뒤 P&G에 연락을 취하게 되었다고 한다. 전혀 다른 방향으로 사업이 전개되고 예상하지 못했던 기술들이 우리의 사업과 연결되고 접목되면서 P&G는 새로운 국면을 맞이하게 되고, 이를 더 조직화하면서 내재화하는 방안을 채택하게 되었다고 본다.

〈그림 1〉 P&G가 오픈이노베이션을 통해 개발한 크레스트 스핀브러시

〈그림 2〉 P&G가 오픈이노베이션을 통해 개발한 프링글스 프린트

[사진 참조: "오픈 이노베이션을 통한 제조업 혁신 방안, 순천향대 노태우 교수 글 인용"]

이러한 P&G의 사례를 보면서 헨리 체스브로 교수는 외부의 혁신적인 아이디어와 사람과 네트워크로부터 새로운 성장 동력의 힌트를 얻고 파괴적이고 혁신적인 기술을 적극적으로 도입할 것을 제시했다고 한다. 이것이 지난 20년 전부터 논의되고 연구되고 실행되었던 오픈 이노베이션의 핵심이 아닐까 싶다.

BMW는 3D 프린팅 기술을 전문으로 하는 스타트업 Carbon3D에 2017년에 투자했다. Carbon3D의 혁신적인 디지털 광합성 기술을 활용함으로써 BMW는 부품을 보다 빠르고 효율적으로 생산할 수 있었고 제조 과정에서 비용과 낭비를 줄일 수 있었다.

Spotify는 라이브 콘서트의 사진과 비디오를 수집하는 스타트업인 CrowdAlbum을 인수했다. 이를 통해 Spotify는 콘서트 참석자들로부터 라이브 음악 경험에 대한 직접적인 피드백을 얻을 수 있었다. 이 피드백은 라이브 이벤트를 통합하고 사용자를 위한 더욱 개인화된 경험을 만드는 Spotify의 접근 방식에 큰 영향을 미쳤다.

거대 CRM 기업인 Salesforce는 고객 설문조사 작성 및 피드백 관리 전문 스타트업인 GetFeedback을 인수했다. GetFeedback을 Salesforce의 도구 모음에 통합함으로써 기업은 판매 또는 서비스 상호작용 후에 직접 고객 피드백을 수집하여 피드백 수집 프로세스를 간소화하고 실행 가능한 통찰력을 제공하여 보다 고객 친화적인 전략을 세울 수 있었다.

[Getfeedback의 real-time customer feedback dashboards]

[사진 참조: https://www.getfeedback.com/resources/salesforce/getting-started-getfeedback-salesforce/]

지식재산권 IP을 공동 소유하거나 구매하는 대기업과 스타트업 간의 협업은 다양한 산업 분야에서 관찰됐다. 이러한 협력을 통해 혁신적인 제품이 탄생하고 양 당사자의 특허 포트폴리오와 브랜드 경쟁력이 강화되는 경우가 많다. IBM도 외부 집단 지성을 활용해 문제를 해결하고 결과물에 대해 공동 특허를 얻는 방식을 선호한다고 짐 허스트 사장이 밝힌 바 있다.

AI 및 딥러닝 역량 향상을 목표로 하는 Intel은 2016년에 Nervana Systems를 인수했다. 이러한 협력을 통해 딥러닝 작업을 위한 전문 하드웨어 개발이 이루어졌으며, Intel의 Nervana 신경망이 탄생했다. 프로세서 Intel은 Nervana의 기술을 활용하여 AI 하드웨어 시장에서의 입지를 강화하고 IP를 공동 소유한 것으로 전해지고 있다.

2017년 Microsoft는 자연어 처리 및 딥러닝을 전문으로 하는 AI 스타트업 Maluuba를 인수했다. Maluuba의 전문 지식은 Microsoft 의 AI 및 연구 그룹에 통합되어 Microsoft의 디지털 비서 Cortana 및 기타 AI 기반 서비스가 개선되었다. Microsoft는 Maluuba의 IP와 기술을 활용하여 대화형 AI의 한계를 뛰어넘었다는 평가를 받고 있다.

2012년 Amazon은 로봇 주문 처리 시스템 기술 전문 스타트업인 Kiva Systems를 인수했다. 이 기술은 Amazon의 자동화된 창고, 운영 간소화 및 비용 절감의 기초가 되었다. Amazon Robotics로 브랜드가 변경된 Kiva의 로봇은 이제 Amazon의 효율적인 주문 처리 센터의 특징이 되었다.

[아마존의 물류를 책임지는 로봇 키바 시스템]

[사진 참조: https://etriz.com/archives/17791]

이러한 각 사례에서 대기업은 스타트업이 뛰어난 기술적 틈새 또는 역량을 식별했으며, 인수 또는 협업을 통해 기술의 직접적인 통합, IP 포트폴리오 강화 또는 제품 향상을 통해 두 기업 모두 동반 성장의 결과를 나타내고 있다.

기본 제품에 프리미엄 버전으로 업그레이드하거나 추가 기능을 추가할 수 있는 옵션을 제공하는 전략이 '프리미엄 Freemium' 모델로 널리 대중화되어 알려져 있다. 많은 스타트업이 이 모델을 활용했으며, 어떤 경우에는 글로벌 기업과의 협력을 통해 사업의 범위가 확대되었다.

무료 버전과 프리미엄 버전 모두에서 팀을 위한 커뮤니케이션 도구로 시작된 Slack은 Salesforce와 협력하여 비즈니스를 위한 더 나은 워크플로 통합을 가능하게 했다. 이 파트너십을 통해 특히 프리미엄 사용자를 위한 Slack의 기능이 확장되어 Salesforce의 CRM 도구를 활용하는 기업을 위한 더욱 강력한 도구가 되었다. Salesforce가 Slack을 인수하면 기존 CRM 사업 등을 확장해 기업용 커뮤니케이션 소프트웨어 시장에도 진출할 수 있는 길이 즉시 열리게 된다. 라울 카스타논 451 리서치 선임 애널리스트는 정보기술IT 전문 매체 컴퓨터월드에 "IT 업체는 그동안 어느 한쪽 시장으로만 쏠리는 경향이 있었지만 사실 고객은 양쪽을 다 이용한다"며 "두 업체의 핵심 역량을 더한다면 포괄적인 접근이 가능해질 수 있다"고 말했다. 결국 Salesforce는 2020년 30조 원가량을 들여 Slack을 인수하게 된다.

글쓰기 지원을 제공하는 스타트업인 Grammarly는 기본적인 수정은 무료이지만 고급 제안은 프리미엄 버전과 함께 제공되는 프리미엄 모델을 가지고 있다. Google과의 협력을 통해 Grammarly는 Chrome 확장 프로그램으로 제공되어 수많은 Chrome 사용자가 액세스할 수 있게 되었다. 이렇게 확장된 도달 범위와 프리미엄 버전의 부가가치가 결합되어 Grammarly의 사용자 기반과 수익이 증가했다. 글로벌 기업은 스타트업이 제공하는 혁신적인 서비스의 혜택을 선택했으며 스타트업은 가시성과 사용자 기반을 향상시켰다. 이러한 협업으로 인해 프리미엄 버전이나 기능의 부가가치가 더욱 두드러졌고, 무료 서비스에서 유료 서비스로의 사용자 전환이 증가했다.

2) 인접 사업 진출 전략에 대하여

인접 사업 영역 진출은 현재의 주력 사업을 토대로 역량, 채널, 제품/서비스, 전/후방 통합, 지역, 고객 등으로 확장하는 전략을 말한다. 즉 현재의 주력 사업과 보유 역량을 레버리지 함으로써 새로운

Biz Model 창출이 가능한 관련 다각화 사업으로 진출을 의미한다. 기업이 인접 사업 영역으로 진출하는 목적 또는 이유는 '인접 사업을 통한 주력 사업의 확장 및 새로운 수익원 확보'라고 볼 수 있다.

[인접 사업 영역 진출의 4가지 방향]

고객층 확장	제품/서비스 Line Up 확대	가치 사슬 통합	Biz Platform
● 현 고객층을 더 세분화 한다. 라이프 스타일이 다 다르기에 시간의 활용 방식, 공간의 이용 방식, 돈의 사용 방식을 다양한 데이터를 통해 분석한다. 즉, Micro Segmentation이 필요하다. ● 미침투 고객층을 대상으로 공략할 제품을 선택하고 연구하거나, 글로벌 고객을 대상으로 시장을 확대하는 것을 고려하는 것을 의미한다.	● 꾸준히 기존 고객을 대상으로 새로운 제품과 서비스를 출시하거나 보완재 및 보완 서비스를 기획하여 제품/서비스를 확대하도록 한다. ● 향후에는 보완재를 넘어 대체재까지 고려하거나 차세대 새로운 제품과 서비스를 출시하도록 상품 라인업을 확대하는 것을 의미한다.	● 전방 통합이란 우리가 제조 회사라면 유통망을 갖고 사업을 하는 회사를 통합하여 우리가 만들고 우리의 채널에서 고객에게 가치를 전달한다는 것을 말한다. 반면 후방 통합이라고 하면 우리에게 원료를 공급하는 회사를 통합하여 제조 단가를 낮추고 구매 혁신과 생산 혁신을 이루는 것을 의미한다.	● 기존의 고객들을 대상으로 새로운 비즈니스 모델을 만들어 갈 때 새로운 채널을 만들거나 그룹 전체의 자산을 활용하여 하나의 플랫폼에 고객의 활동 놀이터를 만들어주는 것을 말한다. 여기 저기 산재된 그룹의 자산들을 모아 하나의 통합 플랫폼에서 고객과 소통하고 비즈니스 하도록 서비스를 제시한다.

(1) 인접 사업 진출 - 고객층 확장 방안 사례

① Spotify – 모두를 위한 음악 스트리밍:

스웨덴에서 시작된 Spotify는 불법 복제에 맞서 모든 사람에게 음악 액세스를 제공하는 것을 목표로 삼았다. 그들은 초기 단계부터 모국 스웨덴을 넘어 글로벌 확장을 모색했었다. Spotify는 2008년 영국으로 확장을 시작하여 2011년 미국으로 확장했으며, 부분 유료화 모델과 방대한 라이브러리로 기존 플레이어와 경쟁한 것으로 유명하다. 그들은 또한 아시아, 아프리카, 중동 지역을 포함한 새로운 시장에 지속적으로 진출했다.

Spotify의 성공 원인은

첫째, 사용자가 좋아하는 음악을 쉽게 찾을 수 있도록 개인화되고 사용하기 쉬운 앱 인터페이스에 있다고 생각한다. 사용자 인터페이스는 각 사용자가 자신만의 경험을 얻는 것처럼 느낄 수 있도록 고도로 개인화되어 있다. 이러한 사용하기 쉬운 접근 방식은 Spotify가 대규모의 충성도 높은 고객 기반을 구축하는 데 도움이 되었다. 사람들이 자신이 좋아하는 음악을 쉽게 찾고 즐길 수 있도록 함으로써 Spotify는 세계에서 가장 인기 있는 스트리밍 서비스 중 하나가 되었다.

둘째, 성공의 또 다른 중요한 이유는 사용자가 광고를 통해 무료로 음악을 듣거나 광고 없는 청취 및 기타 혜택을 위해 유료 프리미엄 구독으로 업그레이드할 수 있는 프리미엄 모델이다. 이 모델은 대규모 사용자 기반을 확보하고 프리미엄 구독으로 수익을 창출하는 데 성공했다.

셋째, Spotify는 최고의 아티스트들과 협력함으로써 아티스트의 기존 팬 기반을 활용하여 제품을 마케팅할 수 있도록 했다. 이는 더 많은 잠재 고객에게 Spotify의 이름을 알릴 뿐만 아니라 플랫폼 주변에 독점성을 조성한 것이다. 더욱이 아티스트의 메시지를 순수하게 유지함으로써 Spotify는 아티스트와 팬 사이에 보다 개인적인 연결을 만들 수 있었다. 이를 통해 팬들은 아티스트와 더 깊은 유대감을 느낄 수 있으며, 이는 다시 Spotify에 대한 충성도를 형성하게 된 것이다.

넷째, 그들의 전략은 현지의 유력자와 파트너십을 맺고 현지화된 콘텐츠를 제공하여 지역 선호도를 이해하는 접근 방식이었다. 그 결과 2021년 9월을 기준으로 Spotify는 전 세계적으로 3억 4,500만 명 이상의 활성 사용자를 보유하고 있으며 음악 스트리밍 분야에서 전 세계적으로 우위를 점하는 데 핵심이 될 수 있었다. 처음부터 스웨덴이 타깃이 아니라 글로벌이 타깃이었으며, 이를 차근차근 준비하여 성공한 사례라고 볼 수 있다.

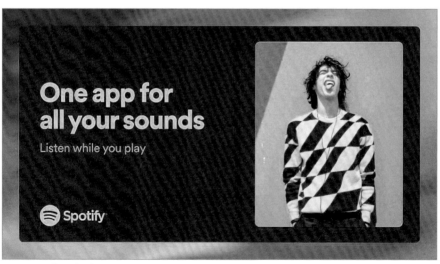

[사진 참조: https://store.epicgames.com/ko/p/spotify]

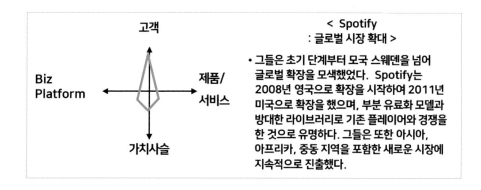

< Spotify
: 글로벌 시장 확대 >

• 그들은 초기 단계부터 모국 스웨덴을 넘어 글로벌 확장을 모색했었다. Spotify는 2008년 영국으로 확장을 시작하여 2011년 미국으로 확장을 했으며, 부분 유료화 모델과 방대한 라이브러리로 기존 플레이어와 경쟁을 한 것으로 유명하다. 그들은 또한 아시아, 아프리카, 중동 지역을 포함한 새로운 시장에 지속적으로 진출했다.

② 현대자동차의 아이오닉 5 – 리막 오토모빌리의 배터리 탑재

현대자동차는 전기차 시장 공략을 위해 수년간 부단한 노력을 기울여 왔다. 2021년 2월 아이오닉 5 출시를 기점으로 전기차 시장에서 두각을 나타냈다고 볼 수 있다. 아이오닉 5는 현대자동차의 전기차 전용 플랫폼인 E-GMP를 기반으로 개발된 첫 번째 모델이다. E-GMP는 기존의 내연기관 자동차 플랫폼보다 공간 활용도가 높고, 충전 속도가 빠른 것이 특징이다.

아이오닉 5의 성공 요인 중 하나는 스타트업의 기술을 접목한 것이다. 현대자동차는 스타트업인 리막 오토모빌리와 협력하여 아이오닉 5에 고성능 리튬이온 배터리를 탑재했다. 리막 오토모빌리는 크로아티아 자그레브 주의 스베타 네델랴Sveta Nedelja에 소재한 전기 슈퍼카 제조 업체로 테슬라와 더불어 세계 전기차 시장에서 가장 핫한 전기차 업체이다. 전 세계 전기차 제조업체 중 단연 뛰어난 품질을 자랑하며, 리막의 브랜드로 완성차만 생산하는 게 아니라 타 완성차 회사에 파워 트레인, 충전 시스템도 납품한다. 대표적으로 코닉세그 레제

라에 들어가는 모터와 배터리를 공급하며, 포르쉐 타이칸에도 파워 트레인을 제공한다. 애스턴 마틴, 재규어 랜드로버에도 제품을 공급하고 있다고 한다.

리막 오토모빌리는 2017년에는 중국 카멜 그룹으로부터 투자를 받았고, 2018년에는 폭스바겐 그룹으로부터, 그리고 2019년 5월, 정의선 수석부회장의 주도로 현대자동차그룹으로부터 8천만 유로 규모의 투자를 받았다. 현대차가 6,400만 유로, 기아차가 1,600만 유로를 각각 분담하며 투자한 것으로 전해진다. 리막 오토모빌의 배터리는 에너지 밀도가 높고, 충전 속도가 빠른 것이 특징이다. 아이오닉 5는 출시 이후 전 세계적으로 큰 인기를 끌고 있으며, 2023년 7월 기준으로 글로벌 누적 판매량은 15만 대를 돌파했다.

[현대자동차 정의선 부회장과 리막 오토모빌리의 마테 리막 대표]

[사진 참조: https://electrek.co/2019/05/14/hyundai-kia-invest-rimac-electric-sportscars/]

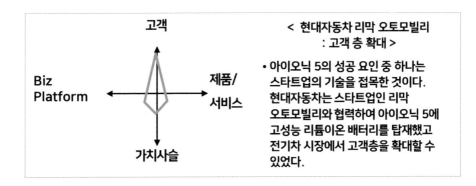

고객

Biz
Platform

제품/
서비스

가치사슬

< 현대자동차 리막 오토모빌리
: 고객 층 확대 >

• 아이오닉 5의 성공 요인 중 하나는
스타트업의 기술을 접목한 것이다.
현대자동차는 스타트업인 리막
오토모빌리와 협력하여 아이오닉 5에
고성능 리튬이온 배터리를 탑재했고
전기차 시장에서 고객층을 확대할 수
있었다.

(2) 인접 사업 진출 – 제품/서비스 라인업 확대 사례

보완재와 대체재에 대해서 간략하게 설명하고 이에 대한 사례를 들어 설명하는 것이 필요할 것 같다. 보완재는 일반적으로 함께 소비되는 제품 또는 서비스를 말한다. 예를 들면 개인용 컴퓨터와 소프트웨어 애플리케이션은 보완 관계에 해당한다. 맥도날드 햄버거와 콜라도 보완 관계이며, 치킨과 맥주, 라면과 달걀 등이 보완 관계라고 볼 수 있다. 보완재를 생산하는 기업은 판매를 최적화하기 위해 가격 책정 및 마케팅 전략을 조정할 수 있어야 한다. 보완재 중 하나가 부족해지거나 가격이 비싸지면 다른 보완재의 판매에 부정적인 영향을 미칠 수 있다.

반면 대체재란 소비 시 서로를 대체할 수 있는 제품 또는 서비스를 말한다. 즉 소비자에게 유사하거나 동일한 목적을 제공한다는 의미이다. 그들은 수요의 직접 가격 탄력성이 양+에 해당한다. 즉 한 대체품의 가격이 상승하면 일반적으로 다른 대체품에 대한 수요가 증가한다는 의미다 반대의 경우도 마찬가지. 예를 들어 펩시와 코카콜라는 대체재의 전형적인 예라고 볼 수 있다. 펩시 가격이 오르면 일부 소비자는 코카콜라를 비슷한 대안으로 보기 때문에 코카콜라로 전환할 수도 있다. 주말 저녁 당신에게 3만 원이 있다고 하자. 맛있는 중국집에 갈 수도 있고, 초밥을 먹을 수도 있으며, 스파게티를 먹을 수도 있다. 이 가게들은 서로 카테고리는 다르지만 대체재 성격을 띠기에 경쟁관계에 있다고 볼 수 있다. 우리 일상에서 접할 수 있는 사례로는 통신회사의 SMS 문자 서비스를 카카오톡이 대체한 것을 생각하면 이해가 빠를 것이다. 기존에 돈을 내고 문자를 보내던 것을 앱을 내려받아 사용하기만 하면 무료로 제공했던 카카오톡은 문자 서비스를 대체하여 통신회사들의 주 수익원을 망가뜨린 장본인이라 할 수 있다. 대체품을 생산하는 기업은 종종 직접 경쟁을 벌이기에 경쟁사의 가격, 마케팅, 제품 개발 전략을 잘 알고 있어야 하며, 날마다 그들의 활동을 예의 주시해야 한다.

보완재를 취급하는 기업은 공동 판촉 또는 번들링을 위해 해당 상품 생산자와 협력할 수 있다. 이와 대조적으로 대체 제품을 보유한 기업은 더 많은 시장 점유율을 확보하기 위해 차별화 전략에 집중하는 경우가 많다.

■ 기존의 블루투스 스피커 시장을 대체하는 인공지능 스피커

아마존 에코

아마존은 2014년 11월 14일, 음성 인식 스피커인 아마존 에코를 출시했다. 아마존 에코는 기존의 스마트 스피커와 달리, 아마존의 음성 인식 AI 서비스인 알렉사를 탑재하여, 음성으로 다양한 기능을 사용할 수 있다는 것이 특징이다. 아마존 에코는 출시 이후 빠르게 성장하여, 2023년 기준으로 글로벌 누적 판매량은 1억 대를 돌파했다고 한다. 아마존 에코의 성장은 기존의 스마트 스피커를 대체하는 제품으로 자리 잡았을 뿐 아니라 AI 스피커 에코를 위한 Ecosystem을 만들었다는 데 있다.

While Amazon is currently the market leader in smart speakers based on the Alexa platform, Google's Home service has shown triple digit growth in the first quarter of 2018. In order to maintain market leadership and increase adoption both by the end consumer and other device manufacturers/content providers, promoting open innovation is the key for Alexa's success.

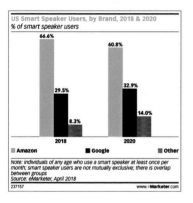

기사 참조 : https://www.strata-gee.com/amazon-echo-market-share-slipping/

2020년 eMarketer의 기사에 의하면, 아마존 에코의 시장 점유율이 60.8% 정도로 나오지만 2023년 1월 시장 점유율은 다시 아마존 에코가 67%의 점유율을 가져간 것으로 집계되었다. 그 원인과 이유가 무엇이냐는 것에 아마존 내부에서는 오픈 이노베이션이 핵심이라고 밝히고 있다. 아마존은 아마존 에코의 성공을 위해 다양한 노력을 기울였다. 그중 하나가 글로벌 엑셀러레이터 테크스타와 생태계를 구축했다는 점이다. 아마존은 2017년, 테크스타와 협력하여 아마존 에코의 생태계를 구축하기 위한 프로젝트를 시작했다. 테크스타는 아마존 에코와 연동되는 다양한 앱과 서비스를 개발하는 스타트업을 발굴하고 투자하고 육성하는 일을 위해 1억 달러 펀드를 조성하기도 했다. 테크스타와의 협업을 통해 아마존 에코는 음악 감상, 날씨 확인, 뉴스 듣기, 알람 설정, 쇼핑, 음식 주문, 집안 조명 제어, 홈 보안 등 다양한 기능을 사용할 수 있게 되었다. 이러한 기능들은 아마존 에코의 편의성과 활용도를 높여, 사용자의 만족도를 높였다. 아마존 에코의 생태계는 현재도 지속해서 확장되고 있다. 아마존은 다양한 스타트업과 협력을 통해, 아마존 에코에 새로운 기능과 서비스를 추가하고 있다. 이러한 노력을 통해, 아마존 에코는 기존의 스마트 스피커를 대체하는 제품으로 자리 잡고, 스마트홈의 필수품으로 자리 잡을 것으로 기대된다.

기사 참조 : https://www.elixirr.com/2017/02/23/beat-intro-alexas-10000th-skill/

[아마존 에코의 생태계 구축을 위해 테크스타와 오픈 이노베이션을 하는 아마존]

이러한 각 사례는 스타트업과의 협력은 대기업에서는 육성하기 어려울 수 있는 신선한 아이디어, 기술 및 민첩성을 위한 통로를 제공하기에 충분하다는 것을 보여 준다. 특히 우리가 모든 것을 다 연구하고 개발하고 진행해야 한다는 생각을 버리면 우수한 스타트업과의 긴밀한 협력과 상생 전략들이 빠르고 충분하게 나올 수 있다고 생각한다.

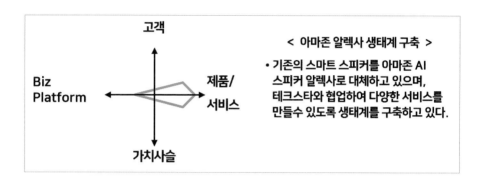

(3) 인접 사업 진출 - Biz Platform으로 확대

CJ ENM의 OTT 서비스 플랫폼 티빙이 KT의 시즌을 2022년 7월에 흡수 합병했다. 티빙은 국내의 온라인 동영상 스트리밍 서비스 기업으로 잘 알려져 있다. CJ ENM 티빙은 KT의 시즌을 인수함으로써, CJ ENM의 콘텐츠 티빙의 플랫폼을 연계하여 경쟁력을 강화할 수 있을 것으로 기대했으나, 계속되는 경기 침체 및 넷플릭스의 독주 체제에서 크게 성장하고 있지는 못하고 있다. 이런 사례들은 대기업이나 중견기업이 스타트업의 기술과 유통망을 통해, 기존 사업의 경쟁력을 강화하거나 새로운 사업을 시작한 사례라고 볼 수 있다.

카카오페이는 카카오톡과 연동되어 있어, 카카오톡에서 간편하게 결제할 수 있다는 것이 특징이다. 또한, 카카오페이는 다양한 오프라인 매장과 온라인 쇼핑몰에서 사용할 수 있어 사용자의 편의성을 높였다. 결국 2014년 출시 이후 빠르게 성장하여, 2023년 기준으로 누적 가입자 수는 4,000만 명을 돌파했으며, 2022년 기준 118조 원의 거래액을 기록했다. 금융 플랫폼으로 카카오페이의 성공은 카카오톡의 사용자 기반과 카카오페이의 편리한 사용성이 시너지를 발휘한 결과로 볼 수 있으며, 플랫폼 비즈니스로 확장한 사례라고 평가할 수 있다. 카카오페이는 일본, 마카오, 싱가포르, 프랑스, 중국 등 글로벌 오프라인 결제처를 확장하고 있으며, 2023년에는 신규 국가 론칭과 국가별 결제처를 확대하는 한편, 해외 결제 사용자들의 편의성 제고를 위한 노력도 기울이고 있다. 카카오페이는 중국에서 사용 가능한 최초의 해외 간편 결제 사업자로, 중국 입출국 규제가 완화되면 카카오페이 사용자들이 중국에서도 더욱 편리하게 간편 결제를 이용할 수 있을 것으로 기대하고 있다.

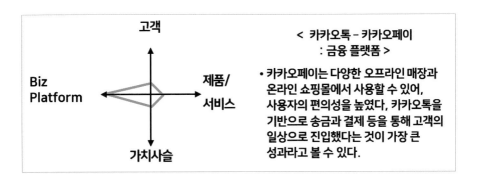

< 카카오톡 - 카카오페이
: 금융 플랫폼 >

- 카카오페이는 다양한 오프라인 매장과 온라인 쇼핑몰에서 사용할 수 있어, 사용자의 편의성을 높였다, 카카오톡을 기반으로 송금과 결제 등을 통해 고객의 일상으로 진입했다는 것이 가장 큰 성과라고 볼 수 있다.

고객

Biz
Platform

제품/
서비스

가치사슬

(4) 인접 사업 진출 - 가치 사슬 통합

가치 사슬 통합에는 보통 전방 통합과 후방 통합 2가지로 나눌 수 있다. 전방 통합과 후방 통합은 기업이 가치 사슬의 다양한 부분에 대한 통제력을 확장하기 위해 사용하는 전략적 접근 방식이다. 둘 다 수직적 통합의 한 형태로, 회사는 최종 소비자에게 더 가깝거나 더 먼 생산 단계로 활동을 확장한다. 전방 통합이라고 하면 제조 회사가 우리 기업의 제품을 판매하는 유통 회사를 인수하는 경우를 이야기한다. 이는 이전에 다른 기업이 처리했던 유통, 마케팅 및 판매 프로세스 측면을 인수하기 위해 가치 사슬의 하위 단계로 이동하는 것을 의미한다.

전방 통합의 목표는 제품 유통에 대한 통제력 향상, 직접적인 고객 관계 강화, 이윤 증대, 중개자 제거 등이 포함되어 있다. 그 사례로는 제3자 소매업체를 거치지 않고 소비자에게 직접 판매되는 디지털 유통 플랫폼을 구축하는 소프트웨어 회사를 인수하는 경우이다.

2018년 세계 최대 화장품 기업 로레알은 동대문 쇼핑몰에서 제품을 떼다 파는 패션몰에서 시작해 부동의 여성 쇼핑몰 1위로 성장한 스타일난다 지분을 100% 인수 합병했다. 스타일난다는 김소희 대표가 2006년 창업했으며, 2009년에는 자체 화장품 브랜드인 3CE를 론칭한 후, 2014년 일본과 중국에서 대히트를 친다. 이를 통해 국내 백화점, 뷰티 프로그램 등 여러 매체에 입점하여 성장에 성장을 거듭한 후 로레알이 약 6,000억 원에 3CE를 인수했다고 한다.

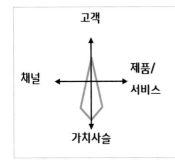

< 로레알 - 스타일난다 : 가치사슬 통합 >

글로벌 화장품 기업 로레알은 동대문 쇼핑몰에서 시작해 여성 패션 쇼핑몰 1위로 성장한 '스타일난다 ' 를 약 6천억원에 인수하면서 디지털에서 유통할 수 있는 또 하나의 플랫폼 구축했다는 평가를 받았음.

후방 통합이라고 하면 제조 회사가 우리 기업에 원자재 또는 부품을 공급하는 기업을 인수 합병하는 것을 말한다. 즉 회사가 이전에 공급 업체로부터 구매한 제품이나 원자재를 생산하기 시작한다는 의미이다. 생산 비용 절감, 필수 원자재의 안정적인 공급 확보, 품질 관리 개선, 때로는 독점 기술이나 프로세스 보호를 위해 후방 통합을 추진한다. 이와 관련된 사례로는 코그넥스가 한국의 수아랩을 인수한 경우를 들 수 있다. 공장 자동화 및 산업용 바코드 판독을 위한 머신 비전 분야의 선두 업체인 Cognex는 해당 분야의 역량을 강화하기 위한 중요한 움직임의 일환으로 한국의 딥러닝 머신 비전 솔루션 개발 업체인 SUALAB을 인수했다. 1억 9,500만 달러약 2300억 원에 달하는 규모로 인수 합병을 했으며, 딥러닝 기반 머신 비전 및 산업 부문의 시각 검사 작업 자동화에 대한 Cognex의 전문성을 전략적으로 확장하는 것이었다. Cognex의 SUALAB 인수는 단순한 재정적 투자가 아니라 딥러닝 기술을 비전 시스템에 통합하려는 전략적 움직임이기도 했다. 수아랩SUALAB은 송기영 대표가 2013년 설립한 제조 및 공장 자동화용 딥러닝 기반 비전 검사 전문 기업이다. 이 분야의 전문 지식은 Cognex의 귀중한 자산으로 간주하였으며, 특히 이전에 육안 검사관에게 의존했던 공장의 까다로운 검사 애플리케이션을 처리하는 데 있어서 더욱 그렇다고 판단된다.

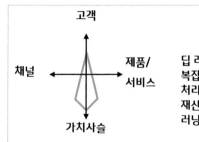

< 코그넥스 - 수아랩 : 가치사슬 통합 >
딥 러닝 기술을 통해 코그넥스가 기존 방법에 비해 공장의 복잡한 검사 작업을 보다 안정적이고 저렴한 비용으로 처리할 수 있도록 수아랩을 인수합병했음. 수아랩의 지적 재산 및 엔지니어링 전문 지식이 추가되면 코그넥스의 딥 러닝 역량이 크게 강화될 것으로 예상함.

3) 기술 기반 X 고객 기반의 확장 영역 진출

기술 기반의 확장 영역으로의 진출은 R&D Innovation이 전제되어야 한다. 기존 고객들을 대상으로 우리 기업이 이전에 없던 우리 영역이 아닌 전혀 새로운 영역의 제품과 서비스를 출시하여 확장하는 것을 의미한다. 여기서 재밌는 것은 연구 개발 부서의 기능이 조금은 확장되고 변화되고 있다는 것이다. 아리엘리 헤츠키 요즈마 캠퍼스 전 총장에 의하면 "본질적인 연구에만 충실하면 되었던 과거에 비해 연구소의 기능적인 부분이 외부의 기술을 적극적으로 받아들여 내재화하는 방향으로 선회하고 있다. 왜냐하면 핵심 기술을 개발하는데 시간도 오래 걸리고 고급 인력도 많이 투입되어야 하며, 만들었다고 다 히트 제품 개발로 이어지는 것이 아니기에 우리보다 더 빠르고 똑똑하며, 혁신적인 기술과 생각을 가진 스타트업 조직과 협력하는 모델을 선택하게 되지 않았나 싶다."라며 연구 센터의 M&A 기능 추가에 대해 자연스러운 현상이라고 말했다. 필자의 개인적인 소견으로는 우리 기업의 기술 개발이 기업의 미래 성장 동력을 만드는 데 100% 이바지한다는 보장도 없고 엔지니어의 사업화에 대한 감각이 떨어지기에 기술 사업화에 대한 고민들이 연구개발 부문의 오픈 이노베이션을 촉진한 것이 아닐까 싶다.

사업 다각화는 기본적으로 기업이 무엇을 가장 잘할 수 있는가를 파악하여 핵심 역량을 바탕으로 연관 산업을 중심으로 진행해야 성공 확률이 높다. 다만 각 산업 간의 경계가 허물어지고 있는 지금의 추세에서는 필요할 경우 기존 사업 분야만 고수하기보다 새로운 사업에 과감히 뛰어들어야 하는 경우도 생겨나고 있다. 이러한 경우 기존 사업에서의 핵심 역량을 신규 사업에 얼마나 성공적으로 이전할 수 있는가가 성공의 열쇠가 될 것이다. 안타까운 소식은 비관련 사업 다각화를 통해 기업이 새로운 성장 도약의 모멘텀을 만들기보다는 실패한 사례가 더 많다는 것이다. 핵심 역량이 없는 비유기적 성장이 기업에 독이 되었다는 말이다. 실패의 확률을 줄이기 위해서는 조금 더 치밀하고 세밀한 준비가 필요하다.

확장 영역에 진출한다는 것은 현재의 주력 사업과 직접적 연관성이 떨어지는 영역으로서 새로운 역량 확보를 통해 새로운 Biz Model 창출이 가능한 비관련 다각화 사업으로 진출을 의미한다. 즉 '기존

사업에 대한 위험 분산 및 지속 성장을 위한 미래의 성장 엔진 확보'
가 주목적이라고 볼 수 있다. 확장 영역에 진출하기 위해서는 다음과
같은 프로세스를 거쳐야 한다.

[기술 및 시장 기반 확장 영역 진출 방안 프로세스]

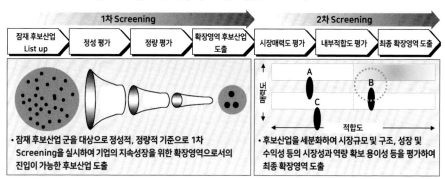

여기서 중요한 것은 잠재 후보 산업을 고를 때 'Pick the right industry'
를 선택해야 한다는 것이다. 미래 성장 가능성이 높거나 현재 성장하
고 있는 산업을 고르는 것이 선행되어야 한다는 것이다. 1차 후보 산
업군을 선택한 이후 정성, 정량 평가를 통해 후보 산업을 좁히고, 2차
스크리닝에서 시장의 매력도와 내부 역량 및 적합도를 살펴봐야 한다.

다음의 표는 Growth Industry Review Table을 보여 주고 있으며,
그에 관한 사례를 함께 제시하고 있다. 테이블의 다양한 산업들을 보
면서 어떤 산업이 성장하고 있으며, 앞으로 3년~7년 이후에 성장할
것 같은 산업이 어디이며, 그 성장의 근거가 되는 이유는 무엇인가에

대해 면밀하게 조사해야 한다. 아울러 위협이 될 만한 요소도 파악하여 다가올 미래에 예상치 못한 Risk가 발생하지 않도록 대비하는 것도 필요하다.

[Growth Industry Review Table]

Pick the Right Industry	성장 가능성	위협이 되는 요소	새로운 비즈니스 기회	협업 가능한 스타트업	협업 주요 내용
교육(온/오프)					
통신 및 통신 장비					
식음료					
Bio/Healthcare/의료					
택배 및 배송, 배달					
소재/화학/반도체					
온라인 게임/미디어/방송/웹툰/OTT					
유통 및 요식업					
실버산업					
호텔/여행/항공/해운					
광고(온/오프)					
자동차/부품					
예술/공연/영화/컨벤션					
전기/전자/에너지					
패션/뷰티					
인테리어/부동산/건설					
은행/보험/증권/카드					
보안/인식					
반려견 / 반려묘					
기타					

[Growth Industry Review Table Case]

산업/아이템	영향정도	위협이 되는 요소	새로운 비즈니스 기회	협업 가능한 스타트업
교육(온/오프)	◐	○ 오프라인 세미나/컨퍼런스 수요 감소 ○ 오프라인 교육에 대한 부담 증가	○ 온라인 강의/원격 실습 등 교육에 대한 수요 증가 ○ Webinar 형태의 세미나/컨퍼런스	
통신 및 통신 장비	◐	○ 휴대용 통신장비에 대한 수요 감소	○ 온라인상 필요한 하드웨어/솔루션 등에 대한 수요 증가 ○ 화상회의 솔루션	
식료료	◐	○ 오프라인 상점에 납품하는 식품 원자재 공급/납품 업체 타격 ○ 대량생산 주문 감소	○ 온라인 식품 주문/택배 서비스 ○ 배달 서비스에 대한 수요 꾸준히 증가할 것 ○ 오프라인 맛집 홍보보다 배달/온라인 식품에 대한 리뷰/홍보가 중요해질 가능성 있음	
Bio/Healthcare/의료	●	○ 오프라인 병원 방문에 대한 부담(감염)	○ 전염병 백신/예방 관련 니즈 증가 ○ 마스크, 위생용품, 면역력 강화제품 등에 대한 수요 증가 ○ 원격의료, 셀프 진단 등 의료산업 범위 확장 가능성 있음	
택배 및 배송, 배달	●	○ 택배 물류회사 감염 사례 증가	○ 생필품, 식료료 등 생활 전반의 물동을 온라인 주문할 것 ○ 차별화된 배송 서비스 중요 ○ 택배 물동에 대한 위생, 살균 니즈 발생	
소재/화학/반도체	○	○ 수출/입 감소로 관련업체 매출 감소	○ 온라인 트래픽증가로 메모리 반도체 수요 증가	
온라인 게임/미디어/방송/웹툰/OTT	●	○ 온라인 서버, 컨텐츠 유지/확장을 위한 트래픽 관리	○ 언택트 시대의 도래로 온라인 컨텐츠 수요 증가 ○ 직접 참여할 수 있는 형태의 능동적인 컨텐츠 필요	
유통 및 요식업	◐	○ 오프라인 유통매장으로의 고객 방문 감소 ○ 오프라인 요식업 상점(프랜차이즈, 소상공인 등) 방문에 대한 부담으로 상점 매출 하락	○ 제품, HMR, 식재료 등 온라인 주문 ○ 프랜차이즈/맛집 메뉴를 집에서 해먹을 수 있는 패키지 형태 판매 기회 ○ 요리 레시피 수요 증가	
실버산업	◐	○ 실버계층을 공략한 클래스 수요 감소	○ 셀프 건강 진단, 실버계층을 위한 홈 IoT 서비스	
호텔/여행/항공/해운	○	○ 관광 관련 모든 업체 타격 - 항공, 면세점, 여행사 등 직접적 피해	○ 자연, 휴양에 대한 니즈 증가 (휴양림, 등산, 캠핑, 근교여행 등)	
광고(온/오프)	○	○ 오프라인 매체 광고 수요 감소	○ 온라인 매체 광고 수요 증가	
자동차/부품	○	○ 자동차 운행 감소로 자동차, 부품 산업 피해		
예술/공연/영화/컨벤션	○	○ 오프라인 공연장, 영화관 등 이용객 감소 ○ 오프라인 컨텐츠 제작사 피해 ○ 온라인으로 수요가 전환되나 티켓 단가 낮을 수 밖에 없는 구조	○ 온라인 공연 컨텐츠 수요 증가(온라인 콘서트 등) ○ 온라인으로 공연/예술 컨텐츠 감상하면서 관람객들끼리의 또는 가수, 작가 등과 소통할 수 있는 형태	
전기/전자/에너지	◐	○ 기업, 공장 등 전기, 에너지 사용량 감소	○ 개인 실내공간, 집에 대한 전기 사용량 증가	
패션/뷰티	○	○ 외출 감소로 패션, 뷰티 제품 수요 감소 ○ 마스크 착용으로 노메이크업/파데프리 메이크업 증가	○ 마스크에 잘 묻지 않는 뷰티제품 ○ 마스크착용으로 피부 진정 수요 증가	
인테리어/부동산/건설	◐	○ 건물 입점업체 폐점 증가	○ 외출감소로 홈 인테리어 수요 증가	
은행/보험/증권/카드	○	○ 은행 지점 방문 감소, 오프라인 보험 상담 감소	○ 웹/모바일로 간편하게 금융 업무 처리 ○ 온라인/원격 금융 상담	
보안/인식	●		○ 불특정인 건물 통제로 보안 중요 ○ 아파트 공동현관 IoT 프리패스 기술 등	
반려견/반려묘	●	○ 애견카페, 호텔, 미용 등 업체 방문 감소	○ 코로나 블루, 외로움으로 인한 반려동물 수요 증가 ○ 반려동물 원격진료, 상담 등	
기타				

　　1차에서 우리 기업이 진입해야 할 성장 가능성이 높은 산업과 비즈니스 아이템에 대한 리뷰를 살펴봤다면 2차에서는 사업에 대한 매력도와 자사의 사업 적합도 2가지 관점에서 평가해 봐야 한다. 이를 평가할 때는 내부의 명확한 기준과 더불어 외부 전문가의 객관적인 시선과 관점이 필요할 것이다. 사업의 매력도 관점에서는 문제의 발굴과 인식이 제대로 정리되어 있는지, 앞으로 시장의 규모가 얼마나 크고 거기에서 우리가 매출을 얼마나 할 수 있다고 판단되는가를 살

펴봐야 한다. 또한, 경쟁 강도와 진입 장벽이 높지는 않은지, 막강한 경쟁사로 인해 진입 자체가 어려운 것은 아닌지, IP 확보를 통해 시장 진입에 대한 가능성을 높일 수 있는지를 검토해야 한다. 비즈니스 모델을 만들 때는 상품과 서비스의 구체성과 실현 가능성 그리고 명확한 차별화 가능성과 Go-to-Market 전략이 수립되어 시장 침투 자체의 어려움은 없는지를 파악해야 한다. 마지막으로는 정치 및 환경적인 리스크 요인은 없는가를 꼼꼼히 따져 보고 사업의 매력도를 평가할 수 있어야 한다. 자사 적합도 관점에서는 투자금이 어느 정도 규모가 적정한가를 따져야 하며, 상품/서비스 기획의 노하우와 개발 역량이 우리에게 있는지 확인해야 한다. 또한, 판매 마케팅 채널을 보유했거나 보유할 수 있다고 생각되는지를 판단해야 한다. 시제품에

[사업 매력도와 자사 적합도 평가 기준 예시]

◎ 사업 매력도 평가 기준(60점)

구분	평가내용	세부평가 항목	배점
1. 문제 발굴 (10점)	문제 발굴 및 고객 가치제안	고객의 구분 및 문제 발굴이 불명확함	1점
		고객가치제안이 불명확하나 상품/서비스 아이디어를 보유	3점
		고객가치제안이 명확하며 상의되고며 고객 문제를 충분히 해결할 수 있음	5점
	타깃고객 선정	타깃 고객 선정되지 않음	1점
		타깃 고객 선정의 근거가 불명확함	3점
		잠재고객 또는 시장의 크기를 고려하여 타깃 고객을 선정하였음	5점
	소계		10점
2. 시장 규모 및 성장 (10점)	① 사업개시 5년 후의 매출 규모	5년 후 매출의 현재대비 1배 미만	3점
		5년 후 매출의 현재대비 1배 이상 3배 미만	7점
		5년 후 매출의 현재대비 3배 이상	10점
	② 5년간 시장 성장률	10% 미만	3점
		10% 이상 ~ 20% 미만	7점
		20% 이상	10점
	소계		10점
3. 경쟁상황 (10점)	경쟁 분석	경쟁기업 5개 이상	1점
		경쟁기업 2개 ~ 5개 미만	3점
		시장선도 기업의 없거나 경쟁기업 2개 미만	5점
	특허 보유 및 확보	특허 미보유	1점
		기존 특허를 침해하지 않거나 특허 등록 가능	3점
		강력한 특허 또는 상표보유	5점
	소계		10점
4. BM개발 (20점)	상품/서비스의 구체성	아이디어 수준이며 구체화되지 못함	3점
		아이디어는 일부 구체화되었으나 일정별의 구체화 보완을 실행 가능	5점
		즉시 제품화 가능함	10점
	상품/서비스의 차별성	기존 상품/서비스 대비 차별성이 없음	1점
		기존 상품/서비스 대비 일부 차별적임	3점
		기존 상품/서비스 대비 차별성이 명확함	5점
	시장진입 전략	시장 진입 전략이 없음	1점
		시장 진입전략은 수립되었으나 실행에 있어 세부사항 수립이 어려워	3점
		시장 진입전략이 수립되어 있으며 실행방안이 구체적임	5점
	소계		20점
5. 특정본적 사업권 (상품10점)	리스크 검토	환경/정치/사회적 위험 있음	3점
		환경/정치/사회적 위해 및 대응사항 없음	7점
		환경/정치/사회적 위해사항 없음	10점
	소계		10점
	합계		60점

◎ 자사적합도 평가 기준(60점)

구분	평가내용	세부평가 항목	배점
1. 자금력 (10점)	투자 운영비용	5억원 이상	3점
		3억 이상 - 5억원 미만	5점
		1억원 이상 - 3억원 미만	7점
		1억원 미만	10점
	소계		10점
2. 서비스 기획 (10점)	상품/서비스 관련 노하우 보유	상품/서비스 관련 노하우 미확보	3점
		상품/서비스 관련 기본부 노하우 활용 가능	7점
		상품/서비스 노하우 완벽하며고 즉시 활용 가능	10점
	소계		10점
3. 마케팅 (10점)	판매 및 마케팅을 위한 채널 보유	사업 추진을 위한 대사채널 확보에어려움	3점
		사업 추진을 위한 유통망 보유 또는 외부 파트너 개발 가능	7점
		사업 추진을 위한 내부 유통망 및 외부 파트너스 보유	10점
	소계		10점
4. 개발역량 (10점)	상품/서비스 개발을 위한 기술력	자체 전문인력 없으며, 외부 소싱 어려움	2점
		자체 전문인력 없으나, 외부 소싱을 통한 전체 상품/서비스 개발 가능	7점
		자체 전문인력 보유상이며, 영부 상품/서비스 개발을 영부 소싱 가능	7점
		자체 전문인력 보유중이며, 상품/서비스 자체 개발 가능	10점
	소계		10점
5. 사업성 검증 (10점)	시제품 개발 또는 경쟁사 분석을 통한 사업성 검증	경쟁사 분석 및 시제품 개발을 통한 사업성 검증 어려움	3점
		경쟁사 분석은 가능하나, 시제품 개발을 통한 시장성 검증 필요	7점
		시제품 개발 없이 경쟁사 분석을 활용하여 사업성 검증 가능	10점
	소계		10점
6. 경영지원 (10점)	사업추진을 위한 내부 지원체계	관련부서(전략, IT, 재무 등)의 지원을 위한 내부 관리체계 영부 대체	3점
		관련부서(전략, IT, 재무 등)의 지원을 위한 내부 관리체계가 구축	5점
	그룹사 활용	그룹 內 유사서비스 존재하거나, 그룹사 활용 사업연계 가능	1점
		그룹 內 유사서비스 존재하며, 서비스 추진 용이	3점
		그룹 內 유사서비스 존재하지 않으며, 그룹사 활용 사업연계 가능	5점
	합계		60점

대한 분석을 통해 경쟁사 대비 차별화 포인트를 만들 수 있는 역량이 있는가를 살펴보고 사업성을 하나하나 검증해 가야 한다. 이런 모든 활동을 제대로 지원할 수 있는 팀과 멤버들이 존재하느냐도 중요하다. 신사업을 기획하는 사람들은 사업의 매력도와 자사 적합도 관점에서 평가할 수 있는 체계를 갖추도록 해야 하며, 각 항목과 배점은 기업의 성향과 방향에 맞게 조절하면 된다.

(1) 안정 지향의 삼성 vs 계산된 모험을 시도한 구글

지금부터는 기술과 고객 기반의 확장 영역에 인수 합병이라는 테마로 기업들이 어떻게 추진하고 성과를 도출했는지 살펴보도록 하겠다.

지난 20여 년 동안 구글이 인수 합병한 기업들을 표로 한 번 정리해 보았다. 이 기업 중에 제대로 인수 합병을 해서 성공한 것은 유튜브와 안드로이드 OS가 아닐까 싶다. 웹 검색 엔진을 기반으로 한 기업에서 미디어 영상 콘텐츠와 스마트폰 OS를 소유함으로써 모바일 시대에 꼭 필요한 영역으로 확장을 제대로 한 것이다. 안드로이드 OS를 구글이 인수한 것에는 다들 잘 알고 있는 삼성과의 이야기가 있다. 2004년 안드로이드 OS의 창업자 앤디 루빈 Andy Rubin 이 삼성을 방문해 안드로이드를 소개하는 발표를 했다고 한다. 그 당시에는 노키아, 에릭슨, 모토로라, 사이언 Psion 이 합작해 만든 심비안 Symbian Ltd. OS가 주로 사용되는 OS였다. 그때 심비안 OS는 주로 Nokia의 스마트폰에 사용되었으며 Android와 iOS가 등장하기 전에는 최고의 모바일 운영 체제였다. 삼성은 당시 심비안 OS에 상당히 투자하고 있었다. 심비안은 당시 모바일 운영 체제 시장의 주류였으며, 삼성은 심비안에 많은 돈과 자원을 투입하고 있었기에 아직 개발 중인 새로운 운영 체제에 대한 위험을 감수할 의사가 없었을 것이다. 안드로이드는 심비안의 심각한 경쟁자로 여겨지지도 않았고, 당시 안드로이드는 8명으로 구성된 스타트업 팀으로 입증되지 않은 제품이었던 것이다. 삼성 임원들은 안드로이드가 심비안을 위협할 잠재력이 있다고 믿지 않았다.

[구글이 지난 20년 동안 인수 합병한 스타트업 정리]

기업명	인수 날짜	인수 금액	핵심 역량	성공/실패 전문가 의견
Motorola Mobility	2011년	$12.5 billion1	모바일 디바이스 제조	★
Nest Labs	2014년	$3.2 billion2	스마트 홈 디바이스 제조	★★★
YouTube	2006년	$1.65 billion3	동영상 공유 및 광고	★★★★★
DoubleClick	2007년	$3.1 billion4	인터넷 광고 서비스 제공	★★★★★
Mandiant	2022년	$5.4 billion5	사이버 보안 서비스 제공	★★★
Looker	2019년	$2.6 billion6	데이터 분석 소프트웨어 개발	★★★
Fitbit	2019년	$2.1 billion7	웨어러블 디바이스 제조 및 헬스케어 서비스 제공	★
Breezometer	2022년	$225 million8	환경 위험 예측 기술 개발	★★★
Waze	2014년	$1.3 billion9	지도 및 내비게이션 앱 개발	★★★★
Android OS	2005년	$50 million10	모바일 운영 체제 개발	★★★★★

또한, 삼성은 오픈 소스 소프트웨어에 크게 관심이 없었던 것 같다. 안드로이드는 오픈 소스 운영 체제이기 때문에 누구나 사용할 수 있고 수정할 수 있었다. 삼성은 소프트웨어의 통제권을 포기하는 데

관심이 없었으며, 오픈 소스 소프트웨어의 보안 위험에 대해 우려했다고 생각한다. 뒤늦게 생각해 보면, 삼성이 안드로이드를 구매하지 않은 결정은 실수였다고 이야기한다. 그러나 개발자 8명이 있는 아주 작은 팀에서 만든 이 OS가 모바일의 미래라고 확신을 갖고 투자하거나 인수할 생각을 가진 사람들이 얼마나 될지 가늠해 보면 당시로서는 최선의 결정이지 않았을까 싶다. 아쉬운 것은 구글은 안드로이드의 미래를 보았다는 것이다. 대체 무엇을 보고 5천만 달러를 주고 인수하는 결정을 한 것일까?

2005년 Google의 Android 인수는 빠르게 발전하는 모바일 시장에서 입지를 확보하기 위한 전략적 움직임이었다. Android는 Google이 인수했을 당시 실제로 작은 스타트업이었지만 운영 체제 뒤에 숨은 비전과 그 잠재력은 Google이 모바일 생태계를 장악하려는 큰 목표와 궤를 같이했다고 생각한다. Google이 Android에 관심을 보인 이유를 나름 정리해 보면 다음과 같다.

첫째, 모바일 시장의 미래에 대한 기대

Google은 컴퓨팅의 미래가 모바일 장치로 옮겨가고 있음을 일찍부터 인식했다. 그들은 사람들이 주로 전화와 기타 휴대용 장치를 통해 정보에 액세스하는 세상을 예상했으며, 이러한 변화의 최전선에 서기를 원했다. 웹에서 앱으로의 이동이 시작될 것이며, 모바일 생태계를 장악하는 것이 중요하다고 판단했다.

둘째, 검색 및 서비스의 확대

Google의 기본 비즈니스 모델은 주로 검색 엔진을 통해 추진되는 광고를 기반으로 한다. 운영 체제를 제어함으로써 Google은 자사 서비스 예: 검색, 지도, Gmail, YouTube 가 이러한 기기에서 최고의 자리를 차지하도록 할 수 있다는 것이다. 이는 Google 서비스에 대한 사용자 참여가 늘어나 광고 수익이 증가한다는 것을 의미한다.

셋째, 오픈 소스 비전

Google은 제조 업체가 다양한 기기에 OS를 적용하고 채택할 수 있는 개방형 생태계를 갖고 싶어 했다. 이는 iOS에 대한 Apple의 폐쇄형 생태계 접근 방식과는 다르게 접근한 것이다. 오픈 소스 접근 방식은 다양한 제조 업체의 신속한 채택을 보장하여 더 넓은 범위로 이어질 것을 예상한 것이다.

넷째, 사용자 경험 제어

Google은 다른 플랫폼에 앱과 서비스를 보유하고 있지만, 운영 체제를 소유하면 서비스와 긴밀하게 통합된 사용자 경험을 만들 수 있다고 생각했다. 고객에게 새로운 경험을 꾸준하게 제공하는 것이 중요하다는 것을 인지했던 것이다.

다섯째, 경쟁에 밀리지 않기 위한 움직임

당시 스마트폰 OS 시장에는 이미 BlackBerry의 OS, Windows Mobile, Symbian과 같은 지배적인 플레이어가 있었다. 구글이 안드로이드를 인수한 것은 급성장하는 모바일 시장에서 밀려나지 않기 위한 움직임이기도 했다.

여섯째, 재능 있는 인재의 영입

Android OS에는 Sidekick과 같은 장치를 통해 모바일 공간에 대한 사전 경험이 있는 Andy Rubin을 포함한 재능 있는 팀원들이 여럿 있었다. 오픈 이노베이션을 통해 인재 확보를 하고 Google이 모바일 공간을 깊이 이해함으로써 이 생태계를 장악하려는 생각이었다.

돌이켜보면 구글이 안드로이드를 인수하기로 한 결정은 예견된 것 같지만 당시에는 계산된 모험이 뒤따랐던 것이다. Android의 오픈 소스 특성과 Google의 지원 덕분에 Android는 널리 채택되었으며, 결국 세계에서 가장 지배적인 모바일 운영 체제가 되었던 것이다. 꾸준한 오픈 이노베이션과 열린 사고를 통해 단순히 하나의 기업을 인수하고 투자한다는 생각이 아니라 생태계 전반을 보고 큰 그림을 그렸다는 것이 삼성과 구글의 차이가 아닐까 싶다.

2023년 5월, 문송천 한국과학기술원KAIST 경영대학원 명예교수의 기사가 중앙일보에 실린 것을 본 적이 있다. 문송천 교수는 7년 전 2016년쯤 삼성의 사장단에 강의가 있어서 갔다고 한다. "안드로이드 인수 기회 또 오면 어떻게 하시겠습니까? 인수하실 건가요?"라고 삼성 사장단에 다시 물어보았다고 한다. 이때도 과감하게 인수하겠다는 답하는 사람이 한 명도 없었다고 한다. 문 교수는 사실 큰 충격을 받았다고 한다. '가능성과 잠재력을 본다는 것'과 '계산된 모험'을 한다는 것이 얼마나 어려운 일인지 생각해 보는 기사였다. 단기간에 이루어지는 일은 없다. 새로운 관점에서 바라보고 새롭게 해석할 수 있고 도전할 수 있는 문화를 만드는 것이 더 필요하지 않을까 싶다.

기사 참조: https://www.joongang.co.kr/article/25160604#home

(2) 시스코: A&D를 활용한 오픈 이노베이션 전략

A&D 전략은 Acquisition and Development의 약자로, 기업이 필요한 기술이나 사업 영역을 기업 내부 R&D를 수행하여 결과를 얻어내는 것이 아니라 기업 인수를 통하여 인수된 기업의 역량을 흡수하는 전략이다. A&D 전략은 기술의 발전 속도가 빠르고, 경쟁이 치열한 IT 산업에서 특히 많이 사용되는 전략이다. 기업은 자체적인 R&D를 통해 새로운 기술을 개발하는 데 많은 시간과 비용이 소요되기 때문에, 외부에서 기술을 확보하는 A&D 전략을 통해 경쟁력을 빠르게 강화할 수 있기에 이러한 전략을 활용하는 것이 유용하다.

A&D 전략의 성공을 위해서는 다음과 같은 요소들을 살펴봐야 한다.

첫째, 적절한 인수 대상 선정: 기업은 인수 대상을 선정할 때, 기업의 비전과 전략에 부합하는지, 경쟁력 있는 기술과 역량을 보유하고 있는지 등을 고려해야 한다.

둘째, 신속한 인수 통합: 인수 후에는 신속하게 통합을 진행하여 인수된 기업의 역량을 빠르게 활용할 수 있도록 해야 한다. 특히 스타트업을 인수하는 경우에는 기업의 문화가 다르기에 독자적인 경영을 인정하도록 하는 것이 나을 수도 있다. 기업 문화가 다름에도 불구하고 억지로 통합하는 것은 인수 후 지속 성장을 방해하는 걸림돌이 될 수도 있다.

셋째, 효과적인 인수 후 개발: 인수된 기업의 기술과 역량을 자사의 기존 제품 및 서비스와 연계하여 시너지를 창출할 수 있도록 해야 한다.

시스코는 네트워킹, 보안, 클라우드, 컨버전스, 엔터프라이즈 애플리케이션 등 다양한 분야에서 기술 리더십을 확보하고 있는 글로벌 기업이다. 시스코는 이러한 기술 리더십을 유지하고 강화하기 위해 지속적인 연구개발R&D 투자와 오픈 이노베이션을 추진해 왔다.

시스코의 A&D 전략은 크게 두 가지로 나눌 수 있다. 첫째, 기존 제품 및 서비스의 지속적인 혁신을 위해 인공지능, 머신러닝, 클라우드 컴퓨팅 등 최신 기술을 적극적으로 확보하는 전략을 적용하고 있다.

[CISCO의 A&D 전략을 통한 IT 네트워크 New Biz 생태계 구성]

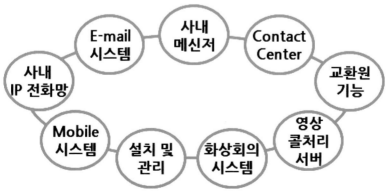

둘째, 새로운 기술과 비즈니스 기회 발굴을 추진하고 있다. 이를 위해 시스코는 스타트업, 연구기관 등 다양한 외부 파트너와 협력하고 있다.

시스코는 A&D 전략을 통해 네트워킹, 보안, 클라우드 등 다양한 분야에서 기술 리더십을 확보하고 있다. 라우터와 네트워킹 장비를 판매하던 시스코는 고객사의 화상 회의 시스템, 이메일 시스템, 영상 콜 처리 서버 및 컨텐 센터와 사내 메신저 등 다양한 요청에 모든 것을 다 시스코 혼자 개발할 수 없기에 스타트업, 중소기업의 솔루션을 적극 도입할 수밖에 없었다고 한다. 처음에는 개발 비용을 투자하고 공동 개발하였고, 공동 특허, 공동 마케팅을 통해 시장의 반응을 살피는 전략을 추구하였다. 그 이후 시장의 확대가 예상되면 적극적으로 해당 솔루션을 갖고 있는 스타트업에 투자하고 인수하는 전략을 택했다. 시스코는 1990년대부터 꾸준히 A&D 전략을 추진해 왔으며, 시스코의 홈페이지를 살펴보면 지금까지 210개 이상의 기업을 인수한 것을 확인할 수 있다.

참조 사이트: https://www.cisco.com/c/en/us/about/corporate-strategy-office/acquisitions/acquisitions-list-names.html

시스코는 2007년 7월 13일, 화상회의 솔루션 기업인 웹엑스를 인수했다. 인수 금액은 30억 달러로, 당시 IT 업계에서 가장 큰 규모의 인수 거래 중 하나였다. 시스코가 웹엑스를 인수한 이유는 다음과 같다.

1. **협업 솔루션 시장 진출**: 시스코는 네트워킹 분야에서 강력한 기술력을 보유하고 있지만, 협업 솔루션 시장에서는 경쟁력이 약

했다. 웹엑스의 인수를 통해 시스코는 협업 솔루션 시장에서 강력한 경쟁력을 확보할 수 있게 되었다.

2. **신규 비즈니스 기회 발굴:** 웹엑스는 화상회의 솔루션 시장에서 선두 기업으로, 성장 잠재력이 매우 높은 기업이었다. 시스코는 웹엑스를 인수하여 새로운 비즈니스 기회를 발굴하고, 미래 성장을 도모하고자 했다.

시스코의 웹엑스 인수는 성공적으로 평가받고 있다. 시스코는 웹엑스를 인수한 후에도 지속해서 투자와 개발을 통해 웹엑스를 발전시켜 왔다. 특히 코로나19로 인해 웹엑스는 큰 성장을 이루게 된다. 그 결과 웹엑스는 전 세계에서 가장 인기 있는 화상회의 솔루션 중 하나로 자리매김했다.

[1990년 이후로 CISCO가 인수한 기업들 목록]

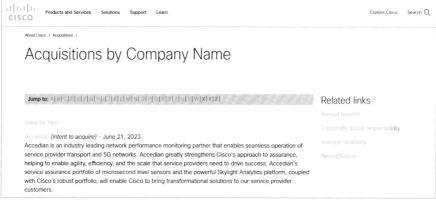

참조 사이트: https://www.cisco.com/c/en/us/about/corporate-strategy-office/acquisitions/acquisitions-list-names.html

시스코는 시스코 인베스트먼트 https://www.ciscoinvestments.com/를 통해 스타트업과 오픈 이노베이션 및 투자를 꾸준히 해 오고 있으며 Global Problem Solver Challenge 프로젝트를 2017년부터 추진하여 우수한 스타트업들을 발굴하여 육성해 오고 있다. 2022년에는 Hybrid Work, Cybersecurity, Sustainability 분야의 스타트업을 발굴하고 육성하여 디지털 트랜스포메이션 전략을 완성해 가고 있다. 이러한 시스코의 A&D 전략은 기업의 기술 혁신과 성장을 위한 효과적인 방법으로 평가받고 있으며, B2B 기업에게는 벤치마킹의 대상이 되고 있다.

[Global Problem Solver Challenge Project by Cisco Canada]

[사진 참조: https://cisco.innovationchallenge.com/]

(3) 오픈 이노베이션을 통한 우리 회사의 성장 혁신 Map을 작성해 보라

급속한 변화와 끊임없는 혁신으로 특징지어지는 지금의 시대에 기업의 성공 능력은 변화에 대한 적응성과 선견지명에 달려 있다. 기업의 책임자인 CEO는 회사를 생존과 더불어 지속 성장을 향해 전략적으로 이끌어야 한다. 오픈 이노베이션을 통한 성장 혁신 맵은 핵심 사업을 강화하고, 인접 사업 진출, 확장 분야 진출이라는 3가지 경로를 제시하고 있다. 이 3가지 요소는 탄력적이고 역동적인 비즈니스 전략의 기반을 형성한다. 따라서 오픈 이노베이션 Map을 살펴보면서 어떤 방향으로 힘을 쏟을 것인지 깊이 고민해 보고 성장 전략을 디자인하기 바란다.

첫째, 주력 사업 강화:

핵심 사업은 기업 성장의 요새이다. 이러한 기반을 강화하여 경쟁 압력과 시장 변동성에 맞서 견고한 상태를 유지하는 것이 중요하다. 제품이나 서비스를 개선하고 운영 효율성을 개선하며 고객 충성도를 높이는 데 투자하기를 주저하지 않길 바란다. 이러한 핵심 사업 강화는 기업의 안정성과 수익성을 위한 발판 역할을 할 뿐만 아니라 새로운 비즈니스를 통해 성장을 가능하게 한다.

둘째, 인접한 비즈니스 진입:

회사의 핵심 역량을 활용하여 기존 사업과 인접한 곳에서 새로운 기회를 포착하여 성장을 위한 발판을 마련하는 전략을 말한다. 앞에서 언급했듯이 기존 제품/서비스를 중심으로 새로운 시장이나 고객층을 발굴하거나 신규 채널을 통해 마케팅 및 판매하는 전략으로 각 지역의 시장성과 채널 등을 고려하여 우선순위를 정해 순차적으로 확장을 해야 한다. 기존 제품과 서비스를 아직 접하지 못한 국내외 고객들을 대상으로 마켓을 확대하여 접근하는 방법이기에 새로운 틈새시장 진입 전략이 필요하다.

셋째, 확장 영역 진입:

친숙한 영역을 뛰어넘는 과감한 모험을 시도하는 확장 영역은 성장의 새로운 개척지를 나타낸다. 다양한 전략적 파트너십을 통해 기업은 새로운 기술과 미래 사업에 대한 통찰을 얻을 수 있다. 그리고 혁신적이고 파괴적인 생각과 상상 속의 아이디어들을 현실화할 방안을 차근차근 준비하게 된다. 그러므로 미래를 대비하는 계산된 모험을 감행할 수 있는 역량을 기르게 된다.

다음의 오픈 이노베이션 성장 혁신 Map을 보고 우리는 어떤 형태로 오픈 이노베이션을 추진할 것인지 체크해 보고 팀원들과 함께 이야기 나눠 보면 좋겠다.

오픈 이노베이션을 통한 기업의 성장 혁신 Map

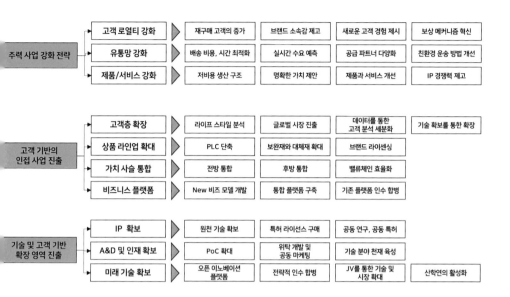

주력 사업 강화 전략	고객 로열티 강화	재구매 고객의 증가	브랜드 소속감 제고	새로운 고객 경험 제시	보상 메커니즘 혁신
	유통망 강화	배송 비용, 시간 최적화	실시간 수요 예측	공급 파트너 다양화	친환경 운송 방법 개선
	제품/서비스 강화	저비용 생산 구조	명확한 가치 제안	제품과 서비스 개선	IP 경쟁력 제고

고객 기반의 인접 사업 진출	고객층 확장	라이프 스타일 분석	글로벌 시장 진출	데이터를 통한 고객 분석 세분화	기술 확보를 통한 확장
	상품 라인업 확대	PLC 단축	보완재와 대체재 확대	브랜드 라이센싱	
	가치 사슬 통합	전방 통합	후방 통합	밸류체인 효율화	
	비즈니스 플랫폼	New 비즈 모델 개발	통합 플랫폼 구축	기존 플랫폼 인수 합병	

기술 및 고객 기반 확장 영역 진출	IP 확보	원천 기술 확보	특허 라이선스 구매	공동 연구, 공동 특허	
	A&D 및 인재 확보	PoC 확대	위탁 개발 및 공동 마케팅	기술 분야 천재 육성	
	미래 기술 확보	오픈 이노베이션 플랫폼	전략적 인수 합병	JV를 통한 기술 및 시장 확대	산학연의 활성화

4

지속 성장을 위한
오픈 이노베이션
추진 프로세스

4.

지속 성장을 위한
오픈 이노베이션
추진 프로세스

지금까지 기업의 성장 동력을 발굴하기 위해 첫 번째 챕터에서는 기업가 정신의 중요성과 개념 그리고 POPs 프레임을 통해 기업을 해석하는 방법을 제시했다. 또한, 2번째 챕터에서는 오픈 이노베이션의 개념과 필요성을, 3번째 챕터에서는 Business Growth Matrix에 대한 개념과 글로벌 기업들이 오픈 이노베이션을 통해 4가지 성장의 방향성에 충실하게 미래 성장 동력을 발굴하고 있음을 사례 중심으로 살펴보았다. 이번 4번째 챕터에서는 기업이 오픈 이노베이션의 모델들의 정리, 오픈 이노베이션을 어떻게 추진해야 하고 무엇을 준비해야 하는가의 방법론을 사례와 더불어 제시하고자 한다.

4-1. 오픈 이노베이션의 단계에 따른 목표 변화

최근 국내에 많은 기업이 오픈 이노베이션에 뛰어들고 있다. 언론에서도 각 기업의 오픈 이노베이션 도입 사례를 자주 다루고 있다. 하지만 많은 곳이 시행착오를 경험할 것은 점쟁이가 아니더라도 예측할 수 있다. 그 이유는 한국의 오픈 이노베이션은 이제 걸음마 단계이기 때문이다.

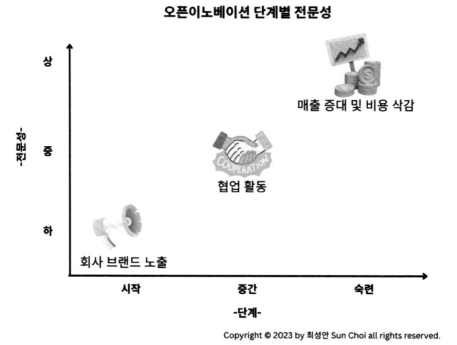

오픈이노베이션 단계별 전문성

오픈 이노베이션의 단계별 전문성은 아래의 3가지로 구분하여 설명할 수 있다.

■ 시작 단계 & 경험도 및 전문성 낮을 때 지표: 회사 브랜드 노출

오픈 이노베이션을 처음 시작하는 기업의 대부분은 행위를 하는 것 자체에 의의를 둔다. 스타트업이나 연구소와 같은 외부와 협업을 한 후, PR을 하거나 이벤트를 한 횟수, MoU 횟수 등이 중요하다. 최고 경영층과 이사회에서는 자사 브랜드 노출과 마케팅 효과를 보는 걸로 만족한다.

■ 중간 단계 & 경험도 및 전문성이 조금 쌓였을 때 지표: 협업 활동

각 기업은 자사의 적합한 오픈 이노베이션 모델을 찾기 위해 기업형 액셀러레이터, 사내 벤처, CVC 등 다양한 오픈 이노베이션 모델을 시도한다. 브랜드의 노출로만은 아무런 결과가 나오지 않기 때문에 이때 내부 조직도 변경하면서 오픈 이노베이션 팀을 두고 활동을 시작하게 되며 인력과 시간, 자금을 투자하면서 스타트업과 협업에 힘쓴다. 특히 PoC개념 증명 진행 횟수, 투자 횟수 등이 결과로 나타난다.

■ 숙련 단계 & 경험도 및 전문성이 많이 쌓였을 때 지표:
  매출 증대 및 비용 삭감

사업에서 제일 중요한 건 결과물이고, 그 결과는 매출을 더 발생시키고, 비용을 절감하는 것이라고 말할 수 있다. PoC나 투자의 횟수라는 활동이 목표가 된다면 실질적인 결과를 보기 어렵다. 결국 기업의 입장에서는 ROI가 중요하며, 그 결과는 새로운 시장의 개척이나 현재 시장 점유율의 확대를 목표로 삼아야 한다. 즉 재무적으로는 매출 증대와 비용 삭감, 투자했던 스타트업의 엑시트를 통한 투자금 회수라고 말할 수 있을 것이다.

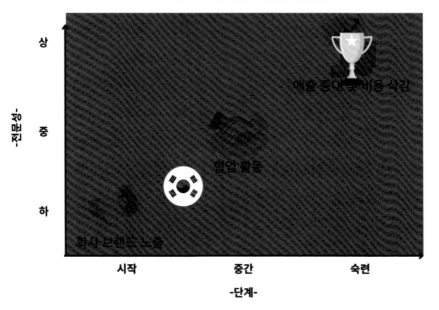

오픈이노베이션 단계별 전문성

-전문성-
상
중
하

회사 브랜드 노출

협업 활동

매출 증대 및 비용 삭감

시작　　　　중간　　　　숙련

-단계-

　　오랜 기간 오픈 이노베이션을 진행하며 전문성을 축적해 온 글로벌 기업과 삼성 같은 대기업들은 과감한 투자를 통해 매출을 높이고 비용을 낮추고 있다. 하지만 이제 막 오픈 이노베이션을 시작한 대부분 한국 기업들은 브랜드 노출과 협업 활동의 사이에 위치해 있다고 본다. 이러한 활동을 일단 시작할 수 있게 동기 부여를 해 주고 독려를 해 주었던 것은 정부의 지원 사업 또는 한국무역협회의 오픈 이노베이션 무상 지원이 있었기 때문이 아닐까 싶다. 사실 기업에서 처음 오픈 이노베이션을 진행하기 위해서는 경영층이나 오너가 먼저 움직이지 않는다면 시작하기가 매우 어렵다. 미래 먹거리를 체계적으로 발굴하려는 노력과 오픈 이노베이션에 대한 이해도가 높지 않은 상황에서 예산 확보가 더더욱 어렵기 때문이다. 이때 정부나 지자체, 공공기관 등에서 예산과 방법론을 지원해 준다면 자동차에 기름을 넣어 주는 역할을 한 것처럼 순조롭게 추진할 수 있는 기반이 될 것이다.

기업이 오픈 이노베이션을 추진할 때, 정부의 지원을 전략적으로 활용하는 것은 필요하다. 하지만, 정부 지원에만 의존하는 것은 위험할 수 있다. 무료 지원에 너무 익숙해져서 실제 혁신보다는 단순히 '오픈 이노베이션을 하고 있다'는 라벨에 의미를 두는 경우가 생길 수 있기 때문이다. 이런 접근은 결국 기업에 실질적인 도움을 주지 못할 수 있다. 따라서 기업은 전략적인 방향 설정을 바탕으로 균형을 잡아야 한다.

그러나 현재까지 오픈 이노베이션을 한다는 국내 대기업들과 많이 이야기를 나눠 봤지만 '오픈 이노베이션 하고 있다'에 의미를 대부분 두고 있어 이제 걸음마 단계라는 생각을 지울 수 없었다. 단순히 '오픈 이노베이션을 실행한다'는 것에 중점을 두기보다는, 실제로 어떤 변화와 결과를 가져오는지에 더 주목해야 한다. 오픈 이노베이션의 진정한 가치는 단순한 참여가 아니라, 지속적이고 실질적인 혁신을 통해 이루어지는 것임을 명심해야 한다.

아기가 발을 떼고 제대로 걸음을 걷기까지 약 3천 번 넘어진다고 한다. 기업도 처음 도입하여 시도한 오픈 이노베이션에 너무 완벽함만을 추구하면 안 된다. 시간을 두고 수정 및 보완하여 완벽할 수 있도록 기다려 주는 것이 필요하다. 반면 실패하더라도 반복된 실수는 지양해야 하며, 리더가 책임을 지더라도 후임 리더 누군가는 꾸준하게 지속해야 한다는 것을 전제로 실행해야 도전과 혁신의 문화가 형성될 것이다. 오픈 이노베이션은 기업 내에 CEO의 결단과 용기 그리고 철학에서 시작된 인식과 기업 문화의 변화가 먼저 필요하다는 것을 인지하고 시작하기를 바란다. 또한, 시작했다면 혁신과 기업가 정신 마인드셋이 조직 내에 침투되어 뿌리 내리도록 지속성을 담보하기를 바란다.

4-2. 오픈 이노베이션 모델 소개

오픈 이노베이션에는 다양한 모델들이 존재하며, 현재 많이들 활용하는 오픈 이노베이션 모델에 대해서 정리하고 설명하고자 한다. 오픈 이노베이션은 한 가지의 모델만으로 원하는 결과를 내기란 쉽지 않다. 그렇기 때문에 다양한 오픈 이노베이션 모델을 활용하여 원하는 결과를 낼 수 있도록 해야 한다. 각 모델은 기업 내부 조직 구성이나 목표에 따라 다르게 작용하므로 각 모델에 대하여 이해하고 필요에 따라 활용하는 게 좋다.

각 모델에 대한 이해는 필수적이다. 먼저 모델은 크게 3가지 단계로 나눌 수 있다.

우리 기업에 맞는 아이디어나 기술을 찾기 위한 '딜 소싱', 찾은 딜을 우리 기업과 정말로 맞는지 실험해 보는 '딜 테스팅', 마지막으로 실험한 결과를 바탕으로 투자를 할지 인수 합병을 할지 조인트벤처 JV를 설립할지를 결정하는 '딜 메이킹'으로 분류할 수 있다.

[오픈 이노베이션의 3가지 단계별 모델]

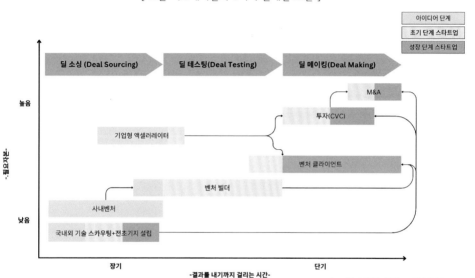

위에 표는 오픈 이노베이션을 효율적이고 효과적으로 진행하기 위해서는 각 모델을 정확하게 이해하는 것이 매우 중요하다.

모델	설명	장점	단점
국내외 기술 스카우팅 + 전초기지 설립	인맥 및 네트워크를 활용하여 원하는 기술을 찾는 방식	다양한 기술 소스에 접근할 수 있으며, 시장 변화에 신속하게 대응 가능. 글로벌 혁신 트렌드를 파악하고 적용할 수 있음	적합한 기술을 찾는 데 시간과 비용이 많이 들 수 있고, 내부 연결 및 통합 과정에서 문제가 발생할 수 있음

사내 벤처	사내로부터 획기적인 아이디어를 발굴해 내는 방식	기업 내부의 창의성과 혁신적 아이디어를 촉진하고, 직원들의 동기 부여에 기여할 수 있음.	사내 정치나 조직 문화로 인한 장애물이 있을 수 있으며, 실패 시 내부 자원의 낭비가 발생할 수 있음.
기업형 액셀러레이터	스타트업을 선별하여 기업의 네트워크 및 전문가를 매칭시켜 성장시키는 방식	프로그램을 통해 함께 협업하거나 투자할 스타트업을 근거리에서 평가할 수 있으며, 시장 동향을 빠르게 파악할 수 있음.	스타트업과의 문화적 차이, 기대치 관리의 어려움, 장기적 성과 측정의 어려움이 있을 수 있음.
벤처 빌더	내외부의 기술을 실직적인 프로젝트화 및 사업화화시키는 방식	여러 스타트업을 동시에 지원하여 다양한 혁신 기회를 확보할 수 있음. 리스크 분산 효과가 있음	높은 자원 투입이 필요하며, 각 스타트업에 대한 충분한 관리와 지원이 필요함
벤처 클라이언트	전략적 제휴, PoC(개념 검증) 등 을 통해 스타트업의 고객이 되는 방식	신규 기술이나 제품을 실제 비즈니스 환경에서 테스트하고, 초기 고객으로서 스타트업에 중요한 피드백을 제공할 수 있음	초기 단계의 제품이나 기술은 불안정할 수 있으며, 기대했던 성과를 얻지 못할 위험이 있음
투자(CVC)	기업에서 직접 혹은 기업형VC를 통해 스타트업에 직접 투자하는 방식	스타트업에 직접 투자하여 재무적, 전략적 이익을 얻을 수 있음. 산업 내 혁신 동향을 이해하고, 신규 비즈니스 기회를 창출할 수 있음	높은 리스크를 감수해야 하며, 투자 결정과 관리에 많은 시간과 자원이 필요함
M&A	스타트업을 인수하는 방식	기업이 빠르게 시장 점유율을 확대하고, 핵심 기술이나 역량을 획득할 수 있음	높은 비용과 통합 과정에서의 복잡성, 조직 문화의 충돌 및 통합 문제가 발생할 수 있음

1) 스타트업 스카우팅 모델 + 전초기지 설립

본 모델은 단어 그대로 스타트업을 물색하고 선발하는 활동을 뜻한다. 한국에서 오픈 이노베이션이라고 하면 대부분 스타트업 스카우팅을 상상하는 사람들이 많다. 그 이유는 정부기관에서 지원하는 오픈 이노베이션의 방식이 대기업 측에서 원하는 과제를 해결해 줄 수 있는 스타트업을 찾아주는 사업들이 많기 때문이다.

국내 기업들은 국내에서는 어느 정도 스카우팅이 가능할 것이다. 하지만 국내의 혁신 기술로는 만족하지 못하는 기업들이 많기 때문에 세계 혁신 기술의 중심인 실리콘밸리와 이스라엘의 텔아비브로 혁신 전초기지를 설립하고 오픈 이노베이션 활동을 하는 곳들도 많다. 해외에 혁신 전초기지를 설립하여 현지에서 트렌드를 익히고, 현지인들과 네트워킹을 하며, 현지 스타트업의 스카우팅을 진행하는 모델도 고려해 볼 만하다.

2) 기업형 액셀러레이터 모델

많은 기업이 본 모델을 택하고 있다. 액셀러레이터로 초기 단계의 스타트업들을 선별하여 네트워크나 멘토링 등을 제공하여 스타트업이 성장할 수 있도록 지원한다. 하지만 초기 스타트업을 지원 대상으로 하기 때문에 단기간에 실질적인 결과를 보기가 쉽지는 않다. 액셀러레이팅 프로그램의 품질을 높이기 위해서는 전문성이 필수이다. 대다수 기업은 액셀러레이팅 및 스타트업 경험이 부족하므로 외부 액셀러레이터에게 프로그램 위탁을 하기도 한다.

'액셀러레이터 출신자를 데리고 와서 내부에서 진행하면 되지 않느냐?'라는 질문도 종종 받는다. 이들을 데려오는 것만으로는 기업 내부의 프로세스가 바뀌지 않는다는 것이 문제다. 자유롭게 외부와 소통하고 발 빠르게 움직여야 하는데, 대부분의 경우 이들도 결국 기업 문화에 흡수되어 큰 영향을 미치지 못하는 경우를 많이 봐왔다.

액셀러레이터 출신을 기업에 채용하게 된다면, 이들이 기업과 액셀러레이터 간의 윤활유 역할을 할 수 있도록 하는 것이 좋다.

AB인베브는 지속 가능한 혁신을 촉진하는 기업형 액셀러레이터인 100+ Accelerator를 운영 중이다. 100+ Accelerator 프로그램은 세계적인 음료 제조 기업인 AB InBev가 지속 가능성을 향상시키고 글로벌 사회적 문제에 대한 솔루션을 찾는데 기여하고자 만들었다. 100+ Accelerator는 스타트업과 협력하여 지속 가능한 제품, 제조 과정, 사회적 영향을 개선하며, 이를 통해 미래를 더욱 밝게 만드는 게 목표이다.

AB InBev는 스타트업과의 협업을 통해 생산 효율성을 향상시키고 에너지 소비를 줄이거나, 농산물 생산 과정을 최적화하고 물 사용량을 줄이거나, 음료 포장재의 지속 가능성을 향상시키는 방안 등을 해결한다.

3) 사내 벤처 Intraprenuership 모델

본 모델은 사내 직원들이 참여하여 창의적인 아이디어를 발굴할 기회를 제공한다. 이를 위해 아이디어 공모전과 해커톤을 진행하며, 직원들이 자기 아이디어를 제안하고 발전시키는 과정에서 창의성과 협업 능력을 향상한다. 이는 기업의 혁신성을 높이는 데에 큰 역할을 한다. 또한, 직원 간의 교류와 협업이 촉진되어 조직 내부의 유대감과 긍정적인 분위기 조성에도 도움을 준다.

아마존 웹서비스AWS는 글로벌 클라우드 컴퓨팅 서비스 제공자이다. AWS는 기존 고객 지원 및 프로젝트 론칭 역량에 대한 불만으로부터 차츰 아이디어가 발전했다. 아마존은 고객으로부터 더 빠른 기술 배포의 지속적인 요구 사항을 해결하려고 노력하면서 AWS의 개념을 우연히 발견했다. 이는 회사가 내부적으로나 협력 파트너들을 위해 더 나은 경험을 제공하는 것에 집중했으며, 내부 인력의 이야기에 귀 기울였기 때문이다.

AWS 팀은 곧 아마존 내에서 사내 벤처로 시작되었다. 시간이 지남에 따라 회사는 장기적으로 이 사업 분야가 어떻게 보일지 심각하게 고려하기 시작했다. 결론적으로는 스타트업화 하기로 결정했다. 결정을 내리는데 주요 질문들은 아래와 같았다.

- 더 나은 솔루션에 대한 시장 수요가 있는가?
- 성공적인 제품을 제공할 능력이 있는가?
- 이 분야는 새로운 사업의 일부가 될 충분한 시장 규모를 갖고 있는가?
- 차별화된 접근 방식과 솔루션이 우리에게 있는가?

4) 벤처 빌더 모델

사내 벤처 모델과도 연결되는 모델이다. 사내 벤처 모델의 목적은 새로운 비즈니스 아이디어 발굴이지만, 더 나아가서 프로젝트팀을 설립하여 신사업으로 성장시키거나, 스핀오프를 시키는 활동이 벤처 빌더 모델이다. 물론 아이디어 발굴부터 시작하는 것이기 때문에 실질적 결과가 나오기까지 시간이 오래 걸린다. 비교적 새로운 모델이기 때문에 아직 많은 기업이 실행하고 있지 않아 정석화된 운영 방식이 존재하지는 않는다. 좋은 결과를 낼 가능성이 높다고 판단이 되기도 하는데, 그 이유는 적은 프로젝트에 선택과 집중을 하여, 인력 및 자금을 투자하기 때문이다.

외부의 초기 스타트업을 대상으로 벤처 빌더를 진행하는 경우도 있다. 스타트업에게 단지 액셀러레이팅 프로그램을 제공하는 것과는 달리, 초기 스타트업을 선발해서 내부의 인력과 함께 스타트업이 성장하고 회사와 협업할 수 있도록 지원하는 방식도 있다.

수동적이고 정적인 기업 문화를 변화시키고 싶어 하는 기업들이 최근에 벤처 빌더 모델을 많이 도입하고 있다. CIC Company in Company 또는 사내 컴퍼니 빌딩 모델이라고도 불린다. 특히 외부 환경의 변화에도 안정적인 매출을 확보하고 있는 기업들이 기존의 틀을 깨고 새롭게 도전적이고 창의적인 기업 문화를 조성하고 싶어 추진하는 경우도 많다. 필자도 I 그룹, H 그룹, L사, P사의 벤처 빌더 모델 자문 교수를 맡아 아이디어 발상부터 사업 기획서 작성, 사업 모델 개발 및 스핀오프 하여 외부 기관으로부터 투자를 받아 성장할 수 있도록 전 과정을 멘토링하고 컨설팅한 적이 있다. 여기서 중요한 것은 직원들의 마인드이다. 안정적으로 월급을 받으면서 진행하기에 갈급함과 간절함에 대한 부분들이 더 강해야 하며, 안 되면 돌아간다는 마인드가 아니라 더 이상 돌아갈 곳이 없다는 생각으로 임해야 한다. 이에 대한 태도와 마음가짐이 없다면 벤처 빌더 모델은 성공을 보장하기 어려울 수 있다.

> 취리히보험그룹은 취리히 이노베이션 챔피언십을 운영하고 있다. 기존의 액셀러레이팅 프로그램 방식과는 달리, 외부 스타트업을 대상으로 벤처 빌더 모델을 채택하고 있다.

이 프로그램은 현재 네 번째 버전으로 진행 중이며, 초기에는 주로 스타트업과 협력을 시작하고 경험을 쌓아가는 단계였다. 그러나 지금은 더 깊이 있는 협력을 통해 비즈니스에 진정한 영향을 주는 결과를 추구하는 단계로 진화했다.

이 프로그램은 스타트업과의 협력뿐만 아니라 기업 내부의 기술 전문가, 리더십팀, 경영진 등 다양한 조직과 함께 작업한다. 또한, 직원을 위한 창업 프로그램을 통해 기업 내부 창업 정신을 육성하며, 스타트업 생태계와의 연결을 도모하고 있다. 국내에서는 KT가 스핀 오프 하여 코스닥 상장까지 성공시킨 벤처 빌더 본보기가 있다. KT 사내 벤처로 시작되어 2012년 국내 최초로 '대용량 유전체 분석 플랫폼 기술'을 개발 및 상용화하였고, 암 등 정밀 진단을 목표로 2015년 10월 엔젠바이오_{대표 최대출}를 설립했다. 엔젠 바이오는 필자가 멘토링을 했던 기업 중의 하나이며, 세라젬과도 오픈 이노베이션을 통해 성장했던 기업이다. 현재는 고령화 시대의 대표 질환인 치매 조기 진단과 암 발병 후 환자 맞춤 치료를 위한 NGS 정밀 진단과 항암제의 치료 효과를 예측하는 동반 진단, 치료제의 효과를 진단할 수 있는 액체 생체검사 기반 예후 진단 등 핵심 기술들을 지속해서 상용화하여 미국 알츠하이머 시장을 공략하고 있다.

■ 사내 벤처 + 벤처 빌더가 실패하는 이유

사내 벤처, 아이디어 공모전이라는 타이틀 아래 거창하게 행사를 진행하지만, 직원들이 창업해서 떠나는 것은 원하지 않기 때문에 좋은 아이디어를 사업계획서까지 만들어 임원들에게 멋들어지게 발표하면, 박수받고 등수를 매겨서 보너스를 받고 끝나는 형태로 진행이 된다. 하지만 전 세계적으로 창업자들이 목숨 걸고 창업한 스타트업이 1만 개면 100개가 투자를 받고, 그중 1개 정도가 모두가 알만한 회사가 될까 말까 한다. 0.01%의 확률로 성공하는 스타트업을 이런 마음가짐으로 창업한다면 성공할 수 있을까? 보여주기식 행사가 되지 않으려면 사내 벤처에 대한 시행 취지를 바르게 잡아야 하고, 이를 통한 기대 효과에 대해 다시 생각해 보아야 한다. 그리고 무엇보다 꾸준히 추진해야 한다. 1~2년 실행하고 그만둘 것이라면 변죽만 울리다 마는 형식이기에 결과를 만들어 낼 때까지 지속한다는 생각으로 추진해야 한다.

기업 내부 리소스를 활용한 신사업을 위해 많은 기업이 택하는 방법은 신사업을 위한 TF를 조직하는 것이 대부분이다. 2~3년 정도 운영해 보고 뚜렷한 결과가 나오지 않아 실망한 후에 택하는 것이 사내

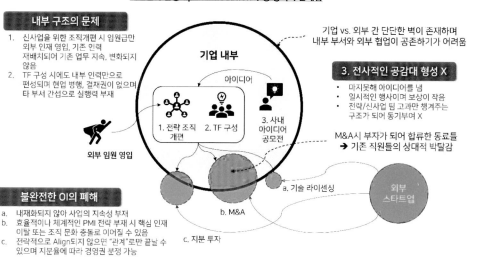

[기업들의 현행 오픈 이노베이션 수행 방식과 문제점 출처: 2022년 리멤버 인사이트, 송종화]

벤처 프로그램이 아닐까 싶다. 다만 대부분 기업이 사내 벤처라는 것을 아이디어 공모전 수준으로 생각하며, Corporate Social Responsibility CSR: 기업의 사회적 책임 차원에서 직원들을 위한 보너스 지급 행사 정도로 여기고 진행하는데 이런 과정을 거치면서 다시 한번 사내 벤처의 효용성에 대한 의문을 가지게 된다. 사내 벤처 프로그램을 적극적으로 진행하는 기업들도 다양한 난관에 부딪히게 되는데 다음과 같은 핵심 원칙을 기반으로 해야 체계를 갖추고 성과를 담보할 수 있을 것이다.

① 사내 벤처 프로그램은 전사 Level에서 추진해야 함

전사 Level에서 추진하지 않게 되면:

현업 부서에서는 일 잘하는 팀원의 지원을 막음

지원 부서들의 협조를 받아내기 어려움

표준화된 제도 수립이 되지 않기 때문

② 목표가 명확하게 신사업 추진이어야 하며 스핀오프 가능성을 열어 놓아야 함

목표를 명확히 신사업 추진으로 설정하지 않으면 전사적으로 추진하는 프로젝트여도 현업 제품/기술 부서 등에서는 협조하지 않을 수 있음

스핀오프의 가능성이 열려 있지 않으면 유능한 직원들이 사내 벤처팀에 지원할 동기 부여가 되지 않는 문제가 발생

③ 전사 전략에 관계없이 사내 벤처팀의 창업 주제는 자유로워야 함

전사 전략에 맞춰 제한하지 않아도 기본적으로 현업을 5~10년 또는 이상 해 온 직원들은 본인의 기존 역량을 기반으로 한 주제를 선정할 확률이 높다. 그런데 여기서 전사 전략에 맞춰 제한을 두면 평소 업무 외적으로 고민해 온 좋은 아이디어들이 묻히게 될 확률이 높다. 그리고 회사의 기존 방향성과 맞는 제안이라면 이미 현업에서 아이디어가 나오고도 남았어야 하지 않을까? 그런 아이디어들이 성공적이지 못했기 때문에 사내 벤처를 추진한 것이 아니었나?

④ 사내 벤처팀은 현업에서 분리되어 창업에 올인해야 함

많은 기업이 사내 벤처를 현업과 병행하여 일과 후에 작업하도록

한다. 그런데 생각해 보자. 전 세계에 스타트업이 1만 개가 창업하면, 100개가 투자를 받고, 그중 1개만이 유니콘이 될까 말까 한다. 이 1만 개의 스타트업은 전부 풀타임으로 본인의 모든 걸 걸고 창업한 사람들인데, 현업을 병행하며 이런 스타트업들과 어깨를 나란히 한다는 것이 과연 가능할까? 몰입하는 사람과 조직에서 더 많은 사업의 아이디어가 나온다는 것은 당연하다고 본다.

⑤ 사내 벤처팀은 물리적으로도 회사와 분리되어 있어야 함

물리적으로 분리되지 않은 사내 벤처팀은 아무리 부서 전배를 하고 올인을 하라고 해도 기존 현업 부서에서는 언제든 필요하면 연락하고, 임원진들은 자꾸만 팀들이 하는 일에 간섭하고 방향성에 영향을 주려고 하면 사업 성장에 집중할 수가 없다. 사무실도 개별 공간으로 분리해야 하며, 기존 인트라넷 시스템에서도 독립되어야 할 필요가 있다.

⑥ 사내 벤처팀은 모기업에서 독립해도 자생할 수 있어야 함

사내 벤처팀은 내부 신사업 TF가 아니다. 스핀오프 후 독립적인 기업으로 성장해야 하는 존재이며, 모기업과의 기술/사업 제휴를 할 수는 있겠지만 더 이상 그 인프라만을 기반으로 사업을 할 수 있는 존재가 아니다. 그렇기 때문에 그 어떤 좋은 아이디어도 자생할 수 있는 비즈니스 모델이 없으면 사내 벤처로서의 존재 의미는 없다.

> ❗ 물론 사내 벤처팀을 통해 성공적인 신사업 TF를 육성하는 방법도 있다. 그 내용에 대해서는 후속 ⑨ 항목의 내용을 참고하기 바란다.

⑦ 사내 벤처 프로그램은 임원들 대상의 보고 행사가 아님

⑥과도 연계되는 내용일 것 같은데, 사내 벤처팀은 구성원 내에서 모든 걸 해결해야 된다. 이가 없으면 잇몸으로 씹어서라도 당면 과제를 소화해 내야 하며, 시장에서 Needs가 있는지 검증도 안 된 솔루션을 외주 개발을 통해 예쁘게 가공한 형태로 임원 보고를 하는 것은 아무 의미가 없다. 린스타트업의 Build-Measure-Learn 개발·측정·학습 과정을 반복적으로 거쳐 검증된 솔루션만을 PoC를 거쳐 Prototyping을 진행할지 말지 결정해야 한다. 임원 보고 시에는 완벽하지 않더라도 Minimum Viable Product MVP: 최소 기능 제품를 보여 주고 가능성을 인정받으면 된다. 다만 시장의 니즈가 반영되지 않은 예쁜 쓰레기를 만드는 것에 한정된 자원을 투입해서는 안 된다.

⑧ 직접적 사업 연관성이 없는 스핀오프도 재무적 성과에 일조 가능하다는 점 인지 필요.

식품회사라고 해서 블록체인을 하면 안 되고, 건설회사라서 세탁 서비스를 하면 안 되는 게 아니다. 당장은 아니더라도 중장기적으로 블록체인 기술을 기반으로 식품 Supply Chain을 투명화하거나, 새로운 아파트에 세탁 서비스를 구독형으로 제공하거나 등 어떤 미래에 사업적 연계가 가능할지 그 당시에는 알 수가 없다. 당장 전략적 시너지는 찾지 못하더라도 스핀오프 후 자생하여 성공할 수 있는 사내 벤처팀이라면 물심양면 지원할 필요가 있다.

⑨ 사내 벤처 프로그램은 우수 인재 채용과 우수 인재 육성에도 일조

기업들이 사내 벤처 프로그램을 꺼리는 이유는 다음 두 가지가 있다.

사내 벤처 성공 시 유능한 인재들의 스핀오프를 통한 이탈

스핀오프에 실패한 사내 벤처팀이 본업 복귀 시 시간 낭비라 생각함

하지만 이를 두려워해서는 안 된다. 왜냐하면:

작금의 시대에 존재하는 모든 기업은 고인 물로는 지속 성장할 수 없기 때문이다. 유능한 인재들이 스핀오프 하면, 성공적인 사내 벤처 프로그램이 대외적으로 홍보되고, 기업의 이런 진취적인 모습을 바탕으로 외부에서 유능한 인재들이 새롭게 영입된다.

현업으로 복귀한 사내 벤처팀은 사실상 신사업의 Zero-to-One 을 본인들 스스로 수행하며 스타트업처럼 일하는 방법을 직접 배운 사람들이고, 기존 포지션에서도 새로운 시각으로 일하게 될 것이고, 전략이나 신사업 분야로 포지션을 변경해 회사의 신성장 동력의 중요한 자원이 될 수도 있다. 특히나 인재 유출의 이유로 스핀오프를 거부당한 케이스라면 이에 상응하는 획기적인 보상을 제시하고, 신사업 TF로 재편성하여 업무를 수행한다면 더욱 긍정적인 효과를 볼 수 있다.

성공적인 사내벤처 운영방법과 사내벤처 프로그램의 전략적 우위성

사내벤처 프로그램의 핵심 원칙	사내벤처 팀은 유리한 입장에서 시작이 가능

사내벤처 프로그램의 핵심 원칙

1. 사내벤처 프로그램은 전사 Level에서 추진
2. 목표는 명확하게 신사업 추진, 스핀오프 가능성 보장 필요
3. 전사 전략에 무관 창업 주제는 자유로워야 함
4. 현업에서 분리되어 창업에 올인해야 함
5. 물리적으로도 회사와 분리되어 있어야 함
6. 모기업에서 독립해도 자생이 가능해야 함
7. 사내벤처 프로그램은 임원들 대상의 보고 행사가 아님
8. 직접적 사업 연관성 없이도 재무적 성과 달성이 가능함
9. 우수 인재 채용과 우수 인재 육성에도 일조함

핵심 원칙을 기반으로 보여주기 위한 행사가 아닌
명확히 신사업을 목표로 프로그램 추진 필요

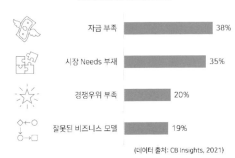

사내벤처 팀은 유리한 입장에서 시작이 가능

스타트업이 망하는 이유

자금 부족	38%
시장 Needs 부재	35%
경쟁우위 부족	20%
잘못된 비즈니스 모델	19%

(데이터 출처: CB Insights, 2021)

외부 스타트업 대비 사내벤처 팀은 모기업의 자금력과
사업적/기술적 인프라로 전략적 우위에 있음

[성공적인 사내 벤처 운영 방법과 사내 벤처 프로그램의 전략적 우위성 출처: 2022년 리멤버 인사이트, 송종화]

5) 벤처 클라이언트 모델

기업형 액셀러레이터, 벤처 빌더, 스타트업 스카우팅과 연결되는 모델이다. 특히 스타트업 스카우팅 모델과 직접적으로 연결된다. 벤처 클라이언트 모델은 스타트업과 PoC Proof-Of-Concept, 개념 증명나 상업적 계약, 전략적 파트너십 등을 체결하여 실질적인 결과를 내는 중요한 모델이다. 이 모델에서 중요한 부분은 바로 좋은 스타트업을 소싱해야 한다는 것이다. 그러기 위해서는 구체적으로 우리 기업에서 원하는 것이 무엇인지 파악하는 것이 필요하다.

LG전자는 LG노바북미 이노베이션 센터를 통해 실리콘밸리에서 투자와 파트너십을 통해 기술 스타트업과 협력하고 이를 바탕으로 LG전자의 신사업을 발굴하는 역할을 맡고 있다.

LG노바는 그랜드 챌린지 프로그램을 통해 미래 성장 분야에서 새로운 비즈니스를 발굴하고 개발하고 있다. 주요 관심 분야는 디지털 헬스케어, 에너지 및 ESG, 미터 분야, 혁신적 기술 분야다. 스타트업은 자신의 협력 아이디어와 비즈니스 계획을 제안하며, LG노바 팀과 함께 협력 계획을 만들어 간다. 협력 방식은 다양하며, 협력 기간은 협력 내용에 따라 조정된다.

■ 벤처 클라이언트 모델에서 협업/PoC가 실패하는 이유

성공적인 사내 벤처 프로그램 운영을 위한 방법처럼 오픈 이노베이션은 기본 원칙이 지켜져야 하며 체계적인 제도화 없이는 하나 마나 한 프로그램이 될 수 있다고 강조했다. 그런 면에서 가장 흔하게 많이 진행하는 오픈 이노베이션 프로그램들을 보면 스타트업과의 협업 또는 Proof-of-ConceptPoC: 어떠한 기술을 실제 환경에 적용하여 검증하는 과정라는 것들이 많이 보인다. 이는 기업이 신사업을 하기 위해서 가장 적은 투자와 노력으로 최대의 효과를 볼 수 있는 방법이기 때문이다.

하지만 대기업과 중견기업이 스타트업과 협업하는 데에는 수많은 난관이 있는데, 이 중에 대표적인 예로는 협업에 대한 눈높이의 간극이다. 왜냐하면 협업을 원하는 대/중견기업이나 스타트업이나 각자의

분야에서는 나름의 전문가일지도 모르지만, 두 가지의 다른 산업 영역의 기술을 융합하는 데에는 전문가가 아니기 때문이다.

가장 쉬운 예를 들자면 각 산업별로 딥러닝이나 머신러닝 기술을 접목하여 불량률을 개선하거나 성능을 향상시키거나 하는 경우를 예로 들겠다.

그중에서도 필자가 익숙한 반도체의 예를 들면, 칩을 설계할 때 특정 기능을 하는 블록이 전류가 흐르는 회로에 가깝거나 하면 노이즈가 타서 데이터값이 틀어질 수가 있다. 그래서 반도체 회사 입장에서는 AI를 적용해서 이 노이즈가 발생할 수 있는 위치를 찾아내고 설계를 최적화하고 싶을 수 있다. 다만 Vision AI 기술을 보유한 스타트업이 산업 노하우 없이는 반도체 내에서 노이즈가 발생하는 원인은 알 수가 없고 또한 학습시킨 DB가 성능이 잘 나와도 '왜' 그런지는 알 수가 없다.

건설사에서 건설 중인 구조물의 구조적 안정성을 분석하는 AI 역시 마찬가지일 것이고, 의료 진단 데이터를 AI 회사에서 해석하는 방법을 알지 못하는 경우도 마찬가지일 것이다.

결국 다른 산업의 두 플레이어가 협업을 위해서는 What & Why에 기반한 R&R 분배가 중요하다. AI 기술을 접목하고 싶은 기업의 현업 전문가는 스타트업의 AI 기술 활용 방법에 대한 기초적인 이해가 필요하고, 스타트업의 AI 전문가는 기업의 기술 전문가가 제시하는 중요 Parameter들이 무엇인지, 그리고 '왜' 해당 Parameter들을 선정했는지를 이해해야 한다. 그러기 위해서는 서로가 이해할 수 있는 언어로 서로의 지식을 교환할 수 있어야 하는 것이 핵심이다.

많은 기업은 스타트업을 외주처로 생각하여 작업 지도서를 작성하여 제공하고, 스타트업은 요구 사양에 맞춰 본인들이 보유한 솔루션을 튜닝하면 된다고 생각한다. 이런 형태의 협업이 성공하는 경우는 동일 업계의 노하우를 기반으로 한 스타트업일 때의 몇 안 되는 케이스라고 봐야 한다.

스타트업 인원들은 린스타트업 방식에 입각하여 솔루션을 구상한다. 이는 Build-Measure-Learn의 3개 단계로, 세운 가설을 테스트해보고 정량적 결과물을 검증하여 수정 포인트를 찾고, 계속해서 반복하며 답을 찾아내는 방법이다. 기업은 스타트업이 일하는 방식을 이해하고 이런 단계적인 검증 과정을 지원하며 피드백을 제공해야 한다. 반대로 스타트업의 경우 산업 전문가의 피드백을 통해 가설의 적절성을 검증받고, 본인들의 기존 가설이 틀렸다면 빠르게 수정해야 한다.

이런 형태의 협업을 위해서는 처음에는 액셀러레이터나 외부 산업 전문가의 도움을 받아 PoC 과정 전반에 대한 Project Management를 맡기고 각자의 R&R을 명확히 정하여 시작할 수 있다. 하지만 담당자의 경험치가 쌓이게 되면 외부의 도움 없이도 자체적으로 스타트업이 일하는 방식을 이해하고 협업이 가능해질 수 있다. 또는 현업 부서의 산업 전문가 중 스타트업 경험이나 오픈 이노베이션 경험이 풍부한 담당자를 배치하여 내부적으로 일하는 방법을 전파하는 것도 방법이다. 하지만 많은 기업이 이런 경험을 보유한 담당자가 부재한 경우가 많으므로 초반에는 외부의 도움을 받는 것을 제안한다.

스타트업과의 성공적인 협업을 위해서는 기업과 스타트업 서로 간의 이해도가 높아져야 함

기업의 기존 제품 설계	기업의 현재 솔루션	AI 스타트업의 분석
설계대로 진행 시 모두 정사각형이어야 함	실제 제품의 일부에 불량이 발생	불량은 검출하나 이유는 모름

기업의 기존 제품 설계 시 고려해야 하는 Parameter들이 무엇인지, "왜" 그런 Parameter를 설정했는지 등
산업의 노하우를 이해하지 못하면 스타트업은 근본적인 원인을 찾아낼 수가 없음

기업은 스타트업의 솔루션이 작동하는 원리를 이해하여 필요한 데이터를 제공해야 할 필요가 있음

서로 간의 노하우를 이해하고 조율할 수 있는 중재자가 필요 (외부 or 내부 전문가)

[스타트업과의 성공적인 협업을 위한 서로 간의 이해도 증진 필요 출처: 2022년 리멤버 인사이트, 송종화]

6) 투자/CVC 모델

본 모델은 기업에서 직접 스타트업에 투자하는 게 아니라, 대기업에서 출자하여 펀드를 만들어서 투자하는 벤처캐피털을 뜻한다. 국내에도 벤처 투자 촉진법의 통과로 인하여 CVC 기업형 벤처캐피털들이 많이 생겨나고 있다. 본 모델로 가기 전에 다른 벤처캐피털의 LP투자자로 참여하여 어느 VC에 대해서 학습을 한 뒤에 자사의 CVC를 만드는 경우도 많다. 실리콘밸리에서 잘나가는 스타트업은 SI전략적 투자를 피하는 곳들도 있다. 대기업과 일을 해도 효과는 적고 리소스만 잡아먹는 경우도 허다하기 때문이다. 글로벌적으로 보면 CVC를 그만두고 다시 다른 VC의 LP로 들어가거나, VC인 척하는 CVC도 생긴다.

전략적 투자가 맞는 거냐, 재무적 투자가 맞는 거냐고 질문을 많이 받는다. 당연히 전략적 투자가 우선시되어야 하지만, 재무적 투자적 관점과도 균형을 맞춰야 한다. CVC가 어려운 이유는 다음과 같다.

- 스타트업 투자는 단기적으로 결과를 내는 것이 어렵기 때문에 CVC의 전략적 가치를 증명하기는 어렵다.
- 스타트업 투자는 금전적인 회수도 시간이 걸린다.
- 투자했던 담당자나 팀이 조직 개편이나 담당자의 인사이동으로 포트폴리오 관리가 어려워진다.

단기 외부 VC에 LP로 참여하지 않고, 우리 회사를 위한 펀드 운용을 위탁하여 전략적, 재무적 투자를 통한 회수를 극대화하는 방법도 존재한다.

7) M&A 모델

본 모델은 스타트업을 인수 합병하는 경우이다. 스타트업 스카우팅에서 바로 M&A로 가기보다는, 스타트업 스카우팅에서 벤처 클라이언트 모델로 이동하여 스타트업의 기술과 우리와의 적합성fit을 테스트한 이후에 인수 합병을 한다면 훨씬 성공률이 높을 것이다.

(1) 오픈 이노베이션 트렌드

오픈 이노베이션을 적극적으로 진행하고 있는 기업들은 한 모델만

채택하는 곳은 없고, 여러 모델을 섞어 진행한다. 그리고 모델들은 계속해서 발전하고 있다. 모델별로 선호하는 트렌드도 있다. 마인드더브릿지에서 포춘500대, 포브스2000대 기업들 중, 오픈 이노베이션을 진행하는 기업들을 대상으로 서베이를 진행했다. 그 결과가 밑에 장표이다.

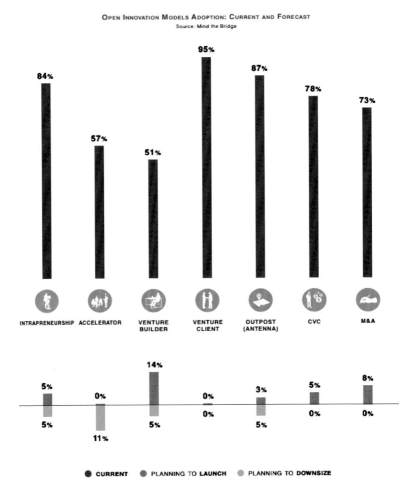

[참조: Mind the Bridge, MTB Open Innovation Outlook 2023]

혁신 전초기지와 CVC의 경우, 활동을 줄이는 계획과 시도하려고 하는 계획은 같은 비율이었다. 벤처 클라이언트와 M&A의 경우에는 실질적인 효과를 내는 모델이기 때문에 활동을 줄일 계획을 세운 곳은 없었다.

최근 사내 벤처 Intraprenuership와 벤처 빌더를 실행하려는 기업들이 늘고 있다는 점이 흥미롭다. 반면 기업형 액셀러레이터의 수는 줄어드는 추세다. 기업형 액셀러레이터 모델은 비용이 많이 들고 실질적인 결과나 성과를 얻기 어렵기 때문이다. 이 때문에 많은 기업이 외부 액셀러레이터와 협력하는 경향을 보인다. 한편, 내부에서 아이디어를 발굴하는 사내 벤처 모델과 스타트업화나 사업화를 진행하는 벤처 빌더 모델은 서로 함께 진행하는 경우도 많아, 이 두 모델은 함께 늘어나는 경향을 보인다. 사내 벤처 + 벤처 빌더 모델은 아이디어를 내부에서 발굴해서 스타트업을 하거나 아이템을 사업화하는 데 집중하며, 내부 인력으로 구성되는 만큼 내부의 구조나 의사 결정 프로세스를 이해하고 있으므로 협력도 진행이 쉬운 편이라 선호되는 것으로 보인다.

혁신 전초기지와 CVC기업형 벤처캐피탈의 경우, 활동을 줄이려는 계획과 시도하려는 계획 비율이 비슷한 것으로 나타났다. 벤처 클라이언트와 인수 합병 M&A의 경우에는 직접적인 사업적 효과가 나타나는 모델이기 때문에 활동을 줄이려는 계획은 거의 없었다.

이러한 동향은 혁신 전략에서 내부 및 외부의 협력 중요성을 강조하며, 다양한 모델을 조합하여 새로운 아이디어를 발굴하고 사업화하는 방향으로 나아가고 있다는 것을 보여 준다.

4-3. 오픈 이노베이션을 효과적으로 수행하기 위해서

1) 어떤 것들이 성공의 요인인가?

2016년 한국과학기술평가원은 몇 가지 해외 사례를 들어 오픈 이노베이션의 성공 요인을 정리하였는데 이는 다음과 같다. 출처: 오픈 이노베이션 사례 분석. 한국과학기술평가원. 2016

5~10년의 중장기 목표에 조직의 방향을 명확히 하여 전략에 대한 전사적 공감대를 형성해야 한다 보고서 작성 당시 제도화 수립은 필요하지만 향후 해결 필요한 과제로 남아 있었다.

오픈 이노베이션만을 위한 전담 조직이 존재해야 하고, 내외부 네트워크를 통해 적재적소에 아이디어나 기술을 연계할 수 있는 인재여야 하며 풍부한 예산과 결재권이 있어야 한다.

최고경영진이 오픈 이노베이션을 이해 및 동의하고, 실무진들이 창업가 정신을 함양할 수 있는 조직 문화를 구축해야 한다.

5~10년의 중장기 목표란 결국 조직의 비전이다. 기업이 향후 5년, 또는 10년 뒤 오픈 이노베이션을 통해 어떤 모습으로 변모해 있을지를 상상할 수 있어야 한다. 현재는 뷰티 산업의 선두 주자에서 10년 뒤에는 뷰티 테크의 선두 주자가 되겠다던지, 현재는 자동차 부품 제조 업체이지만 10년 뒤에는 스마트 모빌리티의 선두 주자가 되겠다는 상상을 할 수 있다. 비전은 모두가 한 방향을 바라볼 수 있게 하는 장치이다.

오픈 이노베이션을 위한 전담 조직을 구성하는 건 쉬운 일이 아니다. 많은 기업이 오픈 이노베이션을 위해 조직을 구축하고 있으나 내부에서 선발된 인원의 경우 투자와 스타트업과의 협업에 어려움을 느끼고 있고, 반대로 외부에서 채용한 투자자나 스타트업 출신 인재들은 기업 내부의 커뮤니케이션에 어려움을 느끼기도 한다. 이러한 전담 조직을 성공적으로 구성하기 위해서는 인적, 행정적, 문화적 요소가 다 같이 따라 줘야 한다.

오픈 이노베이션이란 회사의 비전, 회사의 인사, 회사의 기업 문화까지 다 함께 고려되어야 성공적으로 추진할 수 있으므로 결국 기업의 오너만이 추진할 수 있는 전략이다. 이러한 3가지 요소가 조화를 이루지 못할 경우 담당 실무진이 현업 부서의 협력을 통해 스타트업에 대한 투자를 실질적 가치로 만들어 내기는 어렵다.

2) 비전 수립이 선행되어야 한다

기업에서는 오픈 이노베이션을 통해서 이루고 싶은 미래의 모습을 구체적으로 그려야 한다. 이를 위해서는 이 책의 초반에 다룬 것과 같이 신사업에 대한 전략이 체계적으로 수립되어야 한다. 그러면 실제로 어떤 과정을 통해 비전이 수립될 수 있을까?

(1) 현재 내부 역량에 대한 정확한 메타인지가 필요하다

조직이 가지고 있는 것과 갖고 있지 못한 것을 정확히 파악

앞서 다룬 BCG Matrix상 내부 사업들이 가진 포지션을 파악

기업의 현재 산업이 속한 영역이 어디인지 정확히 정의

(2) 외부 경쟁자의 움직임을 파악하여야 한다

① **경쟁사가 아니다.** 경쟁자다. 현재 기업이 속한 산업에서의 경쟁사가 아닌 다른 산업에서의 플레이어가 언제든 산업을 초월하여 침범할 수 있다.

경쟁사 ≠ 경쟁자

Q. 마사지 의자를 개발하면 경쟁자는 누구일까?

A. 일반적으로는 다른 마사지 의자 개발사들만 생각하지만, 사실 마사지 의자의 경쟁자는 전 세계의 마사지사와 물리치료사, 사우나 등 마사지 의자의 효용을 대신할 수 있는 모든 대체제를 고려해야 한다.

Q. 다이어트 식품의 경쟁자는 누구일까?

A. 같은 논리로 다이어트 식품의 경쟁자는 이 세상의 모든 맛있는 음식이다. 다이어트를 해야 한다는 의지를 꺾는 모든 요소가 경쟁자다.

이 경쟁자의 정의는 물론 스타트업이 아닌 입장에서 보면 '너무 과하지 않나?'라는 생각이 들 수는 있다. 하지만 스타트업에서 사업을 기획할 때는 우리 제품이 팔릴 수밖에 없는 이유를 찾아야 되고, 이러한 요소들을 전부 고려해야 한다. 기업의 신사업 담당자 입장에서도 고려해 보면 좋은 사고방식이라고 생각한다.

---

② 다른 산업에서의 경쟁사만이 아니라 같은 산업의 다른 업종, 즉 내 산업의 Vertical _{수직계열}의 기업들도 모니터링해야 한다. 예를 들면 기업이 건설 회사라면, 프롭테크 스타트업들에 투자하는 VC, 또는 자산운용사들과 같은 플레이어들의 움직임이 산업에 변화를 불러올 수도 있다.

(3) 똑똑한 돈의 흐름을 읽어야 한다.

① 기업이 속한 산업에서 미래를 위한 투자를 잘하는 곳들의 트렌드를 파악해야 한다.

한 예로 국내 스타트업 액셀러레이터인 퓨처플레이에서는 내부적으로 딥테크 투자를 잘하기 위한 자체적인 투자 영역 선정 노하우가 있다.
Future Disruption Index FDI라 하여 지난 5~10년간의 스타트업 투자 데이터를 분석하여 산업별 투자 실적이 좋은 투자사를 찾아내고 그들의 최근 2~3년간의 극초기 투자 건들을 분석하여 향후 대세가 될 해당 산업의 키워드를 찾아낸다.

해외 유명 투자사들의 극초기 투자 동향을 살펴보는 것도 좋은 방법이다. 이를 위해서는 글로벌 투자 데이터를 모아서 보여 주는 DB 사이트를 활용하면 유용하다. 대표적인 곳으로는 다음과 같은 곳들이 있다:
- Crunchbase http://www.crunchbase.com
- CB Insights http://www.cbinsights.com
- Tracxn https://tracxn.com
- Pitchbook https://pitchbook.com

전통적으로 투자를 잘해 온 A16z Andreessen Horowitz, Sequoia Capital, Bessemer Venture Partners, Google Ventures 등 또는 Altos Ventures 와 같이 성공적인 투자 포트폴리오를 갖춰 온 투자사들의 포트폴리오를 분석해 보기를 제안한다. 기업이 속한 산업군의 투자를 많이 해 온 곳을 찾아보고 벤치마킹해 보면, 막상 우리가 지금 들여다보고 있는 스타트업 기술들에 이들은 7~8년 전에 이미 투자했을 수 있다. 이런 곳의 가장 최근 투자 포트폴리오를 살펴보면 우리도 적어도 Fast Follower는 될 수 있다.

그 외에도 너무나도 유명한 컨설팅 회사들의 산업 분석 보고서나 최신 트렌드에 대한 리포트를 참고하는 것도 당연히 도움이 된다. McKinsey, Bain, Boston Consulting Group 등의 리포트를 보되 필자는 반드시 여러 개를 크로스체크하라고 당부하고 싶다. 거시적인 트렌드를 예측하기에 참고하기에는 좋으나 각 하우스의 주관적인 견해가 반영되기 때문에 하우스 별로 차이가 나는 부분이 있는지도 동시에 살펴볼 필요는 있다.

② 결국 세상은 똑똑한 사람들이 과거에 그려 놓은 청사진 위에 미래라는 색을 입힌다.

> 오늘날의 VR, AR 기기나 동작 인식 기술을 보며 많이들 2002년 개봉한 "마이너리티 리포트"라는 영화를 떠올리며, 그 당시 미래를 예측한 점이 대단하다고 한다. 하지만 이는 정확히 반대로 해석해야 되지 않을까 싶다. 그 당시 그런 상상력을 발휘했고, 영화가 흥행했기 때문에 많은 사람이 영감을 받고 영화에서나 보던 기술을 실현하기 위해 노력했기 때문에 지금의 VR, AR 기술들이 개발된 것이라고 생각한다.

> 터미네이터"라는 영화를 본 적이 있는가? 그 당시 상상한 스카이넷이 현재 ChatGPT의 미래가 아닐까 하는 얘기를 하는데, 결국 우리는 영화를 보고 저런 것들을 창조하고 싶은 욕구를 실현하다 보니 여기까지 온 게 아닐까 싶다.

③ 지난 수년간 상상력이 뛰어난 우수한 투자사들의 돈이 흘러간 곳을 보면 그곳에 결국 미래가 있다.

> "미래를 예측하는 가장 좋은 방법은 미래를 창조하는 것이다."
> - 피터 드러커

결국 성공적인 비전 수립을 위해서는 스스로를 이해하고, 경쟁 구도를 이해하고, 똑똑한 사람들은 어떤 움직임을 보이고 있는지 파악해야 한다.

3) 벤처 클라이언트의 PoC 모델을 중심으로 한 오픈 이노베이션 추진 프로세스 이해

앞의 챕터에서 다양한 오픈 이노베이션 모델들을 정리하고 설명했다. 그중 오픈 이노베이션의 중심인 PoC 모델의 추진 프로세스는 총 8

단계로 세분화하여 설명하도록 하겠다. 이 모든 단계에서 해야 할 핵심 행동과 준비해야 할 Checklist는 기업마다 다르기에 여기서는 생략하도록 하겠다. 또한, 규모가 큰 대기업뿐 아니라 공공기관, 중견 및 중소기업도 얼마든지 오픈 이노베이션을 통해 성장할 수 있다는 것을 전제로 두고 추진했던 사례를 중심으로 프로세스를 소개하고자 한다.

[오픈 이노베이션 PoC모델 추진 8단계 프로세스]

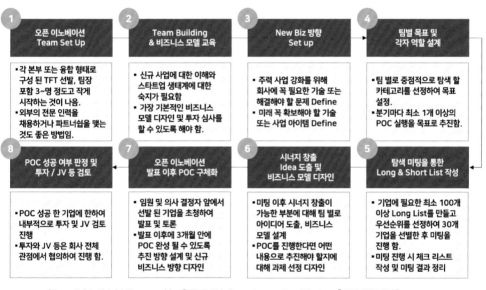

■ 추진 1단계: Team Setup

　무엇보다 기업이 주력 사업을 강화하고 미래의 성장 동력을 발굴하기 위해 오픈 이노베이션을 시작한다면, 제일 먼저 해야 할 것은 Team Setup일 것이다. 신규 사업을 기획할 수 있고 추진할 수 있는 경험이 많고 새로운 도전을 두려워하지 않는 제대로 된 리더부터 선정해야 한다. 그러면 그 리더가 최고의 팀원들을 선발하고 팀을 구성할 것이다. 내부에서 선발해도 좋으나 외부의 인재를 영입하는 것도 방법이니 열린 마음과 생각으로 임하는 것이 좋다. 특히 대기업과 스타트업 또는 엑셀러레이팅과 벤처 투자 심사 등 양쪽의 경험을 다 갖고 있는 사람이 리더가 되면 업무를 조율하고 커뮤니케이션 하는데 조금은 더 수월하지 않을까 싶다. 명확한 보고 라인 설정과 KPI 설정도 필요하다.

■ 추진 2단계: Team Building & 교육

스타트업 생태계를 전혀 모르는 상황에서 대기업, 중견 기업 또는 지자체와 공공 기관의 일방적인 소통 방식은 오픈 이노베이션의 취지에도 맞지 않고 상호 간에 불신의 그림자가 드리워질 수 있기에 무엇이든 정확하게 정의하고 공유하는 것이 기본 방식이어야 한다. 따라서 기업이나 기관의 리더와 담당자는 스타트업에 대한 이해를 높이기 위해 그들의 용어와 사업하는 방식 그리고 최소한의 비즈니스 모델을 설계할 수 있는 정도의 실력은 갖추도록 해야 한다. 이를 위해 Team Building 차원에서 신사업 기획 담당자에 대한 교육은 필수라고 본다. 특히 Business Growth Matrix를 펼쳐 놓고 우리 기업의 성장 방향성을 점검하고 어느 산업의 어느 아이템이 우리의 주력 사업을 강화하고 미래의 성장 동력이 될 것인지 머리를 맞대고 함께 디자인해 봐야 한다. 마지막으로 기업가 정신과 스타트업 대표들을 이해하고 Respect 하는 태도에 대한 교육은 반드시 필요하다. 아무리 작은 기업이라도 해도 대표는 대표이다. 대기업에 다닌다고 해서 작은 기업의 대표를 무시하거나 하대한다면 정말 부끄러워해야 할 것이다. 오픈 이노베이션 담당자는 회사를 대표해서 그 자리에 나온 것이라는 사실을 인지해야 한다. 자신의 모든 것을 던져 세상의 문제를 해결해 보겠다고 멋지게 도전하고 있다는 것 자체만으로도 스타트업 대표는 Respect 할 만하다는 것을 기억하면 좋겠다.

■ 추진 3단계: New Biz 방향 Setup

주력 사업을 강화하는 것을 목표로 할 것인지, 기술 기반과 채널 기반의 확장까지도 염두에 두고 진행할 것인지를 내부적으로 결정해야 한다. 예를 들어 주력 사업을 강화하기 위해 필요한 기술, 필요한 비즈니스 아이템과 사업 모델, 진출해야 할 시장 등을 여러모로 살피면서 우선순위를 정해야 한다. 혹은 Value Chain가치 사슬을 다 펼쳐 놓고 우리 회사가 안고 있는 문제를 하나하나 명확하게 정의하고, 이에 적합한 기술을 가진 스타트업을 찾아야 한다고 합의하는 것도 방법이다. 지자체의 경우에는 우리 지역사회가 안고 있는 문제 중에서 꼭 해결해야 할 필요가 있는 것을 과제로 선정하여 추진하는 것이 바람직하다. 예를 들어 지역의 폐가가 늘어나고 있는데 이런 부분을 해결할 수 있는 솔루션과 경험을 가진 스타트업을 찾도록 한다거나, 노후화된 지역 산단의 문제를 해결할 수 있는 스타트업을 찾을 수도 있을 것이다.

[A 기업 미래 비즈니스 방향 Set Up 예시]

주력 사업 강화	고객 로열티 강화	• 고객들에게 새로운 경험을 제공하고 브랜드 충성도 제고를 위해 우리가 확보해야 할 꼭 필요한 솔루션	생산 및 물류	• 수요 예측을 통해 재고를 최적화 할 수 있는 솔루션을 가진 기업 • 배송의 모든 과정을 기록하고 최적화 하여 물류비를 절감할 수 있는 솔루션을 확보한 기업
	유통망 강화	• Retail 매장에서 고객에게 전달할 수 있는 최고의 경험을 설계할 수 있는 솔루션을 가진 기업 • 매장에 찾아온 고객을 Lock in 할 수 있는 솔루션을 가진 기업	해외 시장 진출	• 글로벌 유통 파트너를 찾아주고 우리의 가치를 전달하여 매출 증대에 도움이 되는 기업
	제품/ 서비스 강화	• 기존의 제품을 새롭게 보이도록 하거나 기존의 제품에 더해져서 고객의 경험을 혁신할 수 있는 기술을 가진 기업	기타	• 주력 사업을 강화하고 브랜드를 확고히 하는데 확실히 도움이 될 거라고 판단되는 기업, 우리 기업과 시너지가 날 것이라고 판단되는 기업
미래 필요한 기술	AI	• 생성형 AI를 기반으로 직원들의 생산성을 높여줄 수 있거나 고객의 경험을 혁신할 수 있는 기술	자율 주행	• 도심에서 스타벅스 커피를 자율 주행으로 배송하고 이동하면서 커피를 팔 수 있는 솔루션을 가진 기업. Floating Economy 기술
	로봇	• 공장의 생산성을 높이기 위해 물류 및 생산 작업에 필요한 로봇 기술	에너지	• 탄소 배출을 저감하기 위해 에너지 절감 솔루션을 가진 기업이거나 신재생, 대체 에너지 솔루션을 가진 기업
	BIO	• 모든 인간에게 필요한 Anti Aging 기술과 Medical Nutrition 기술을 가진 기업	농업	• 미래 식량 먹거리를 확보하는데 최적의 기술을 가진 기업, 예를 들어 농업 생산량을 증대하는 소재를 갖거나 배양 기술을 가진 기업

[Copyright Alright Reserved by "이주열 교수 Open Innovation Strategy" 강의 PPT 참조]

　　2021년 신한금융 희망재단에서는 신한 스퀘어브릿지 ERA 프로젝트를 제주도 지자체와 함께 진행한 적이 있다. 신한금융이 지자체와 함께 ERA 3가지 분야의 문제를 해결할 수 있는 스타트업과 Impact Collective를 추진했던 사례이다. 지역의 사회적/환경적 이슈 해결을 위한 기술과 역량을 보유한, 또는 사회적 가치를 추구하는 스타트업을 대상으로 1~3년간 집중적 사업 추진을 지원한다고 한다. 여기서 신한 금융은 제주도가 안고 있는 문제를 ERA로 정의를 내렸다.

[신한 스퀘어브릿지의 문제 정의 사례]

H.Q. 전략, 투자, 홍보

서울, SEOUL 오픈이노베이션, 딥테크 기업 육성

유스, YOUTH 청년구직자 직무교육, 스타트업과 취업연계지원

인천, INCHEON 딥테크, 바이오, 디지털 헬스, 스마트시티 기업 육성

대전, DAEJEON 기술·인재집약 지역특성 기반 딥테크 기업 육성

대구, DAEGU 친환경, 물산업 및 소셜임팩트 기업 육성

베트남, VIETNAM 고용, 장애인, 교육 격차 해소 등 사회문제 해결

제주, JEJU 환경, 자원, 농업 분야 사회경제적 가치창출

[사진 참조: https://www.shinhanfoundation.or.kr/project/startup/01]

E: Environment 제주가 안고 있는 환경적 문제

R: Resource 제주도가 안고 있는 자원의 한계

A: Agricultural 제주도 농업 분야가 안고 있는 문제

3가지 형태로 문제를 정의하고 이 문제를 해결할 수 있는 스타트업들을 공개 모집하여 선발하고 문제 해결을 지원하는 형태로 오픈 이노베이션을 추진할 것이다. 필자도 여기에 심사위원으로 참석하였고, 수많은 젊은 청년의 도전에 큰 자극이 되었던 적이 있다. 이렇듯 New Biz 방향을 Setup 하는 것은 기업이 안고 있는 과제를 중심으로 다양하게 접근할 수 있다.

이 기업은 8개의 미래 성장 방향을 설정하여 이와 관련된 기술을 보유한 스타트업을 중점적으로 찾고 협업을 추진했다. 특히 주력 사업에 해당하는 Core를 기반으로 7개의 시너지 창출이 가능한 분야를 선정하여 스타트업을 꾸준히 만나고 기술 및 아이디어, 인적 교류와 PoC Proof of Concept, 가설 검증를 진행했다. 중요한 것은 방향을 정하고 1~2년 진행하다 그만두기보다는 꾸준하게 5년~10년을 내다보고 추진해야 한다는 것이다. 대표이사가 바뀌거나 담당자가 바뀌더라도 누군가는 해야 할 일이기에 지속성을 담보로 추진하기를 바란다.

[B 기업의 8가지 미래 방향 사례]

■ 추진 4단계: 팀의 목표 설계 및 역할 분담

팀의 목표를 설계할 때에는 결과 지표를 중심으로 세우기보다는 선행 지표를 중심축으로 두고 활동 목표를 설계하는 것이 바람직하다. 1년에 우리 기업과 시너지가 날 것 같은 스타트업 100개를 List up 하여 30개의 스타트업과 협업이 가능한가 여부를 판단할 수 있는 미팅을 진행하고, 그중에서 10개를 선발하여 경영진 앞에서 발표하고 5개를 선발하여 PoC를 추진하여 결과가 만족스럽다면 투자 또는

JV_{Joint Venture}를 설립한다는 형태의 Funnel이 나름 있어야 할 것이다. 최종 결과 PoC 5개를 추진하려면 몇 개 기업을 조사하고 만나고 제안을 받고 발표를 해야 할지에 대해 각 단계의 행동 목표를 명확히 해야 한다. 이를 도식화하면 아래와 같다.

[선행 관리할 수 있도록 목표 설계한 Funnel 예시]

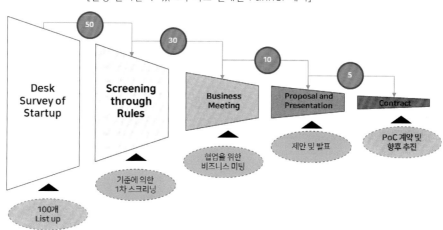

역할 분담에 경우에는 경험이 많고 연배가 있는 팀원이 스타트업 및 외부 미팅을 주로 담당하고 젊고 아이디어가 많은 직원들의 경우에는 Survey를 통해 스타트업을 빠르게 찾고 그들의 핵심 기술과 비즈니스 수익 모델을 정리하는 일을 주로 맡는 것을 볼 수 있다. 이는 기업마다 팀마다 다 처한 상황이 다르기에 팀원의 강점을 기반으로 역할을 배분하는 것이 맞다고 본다.

■ 추진 5단계: 탐색 미팅을 통한 Long & Short List 작성

보통 Long List는 탐색 미팅 전에 기업이 설정한 방향을 토대로 Desk Survey를 통해 가능성이 높은 기업들을 List up 하는 것을 말한다. 앞의 4단계에서 도식화한 것처럼 100개의 Long List를 만들었다면 그중에서 내부에서 정한 기준을 가지고 우선 만나 볼 30개 기업을 선정하는 것을 Short List라고 한다. 사업의 매력도, 자사와의 적합도 등의 기준을 토대로 우선순위를 정하기도 한다. 이렇게 선정한 30여 개 기업을 직접 만나 보고 평가하여 Short List를 작성하도록 한다. 스타트업과의 비즈니스 미팅 시에는 철저한 자료 조사와 상호 간의 오해와 시간 낭비를 없애기 위해 준비를 제대로 하고 만나야 한다. '한 번 만나 보고 어떻게 할지 결정해야지'라는 식의 가벼운 생각과 태도는 스타트업 입장에서도 좋은 만남이 되지 않을 가능성이 높다. 미팅 전에 스타트업 담당자에게 미팅의 목표와 파악하고 싶은 내용들을 정리해서 미리 준비하도록 해야 한다. 그렇게 해야 스타트업 입장에서도 제대로 준비하고 미팅에 임하고 협업의 가능성을 어떻게 하면 높일 수 있을지에 대해서 고민하고 참석하게 된다. 상호 간에 윈윈의 미팅이 되려면 꼭 사전 준비를 철저히 해서 낭비되는 시간과 노력이 없도록 해야 할 것이다. 미팅 이후에는 핵심 내용을 정리하고 우선순위 선정을 위한 테이블을 작성할 수 있어야 한다.

[스타트업 중에서 우선순위 선정 Table 예시]

구분	담당자 1	담당자 2	담당자 3	담당자 4
기술력	4	5	5	3
사업 연계성	4	4	4	2
제품 시장성	3 (B2B시장타겟 시)	3	2	4
기업 안정성	4	1	2	3
의료기기 여부	5	5	4	5
평 점	4	3.5	3.4	3.4

*5점 척도
5점 (매우 우수) / 우수 / 보통 / 미흡 / 1점 (매우 미흡)
*의료기기 (가정용, 병원용 2건 모두 인증 시 5점, 둘중 하나면 4점, 의료기기 아니면 2점 이하)

위 테이블을 살펴보면 비즈니스 미팅 이후에 각 담당자가 스타트업에 대해 우선순위를 평가해 놓은 것을 볼 수 있다. 이 기업은 기술력과 사업 연계성은 괜찮으나 제품에 대한 시장성에 대해서는 높은 점수를 획득하지는 못했다. 이렇듯 스타트업 입장에서는 평가를 받는다는 입장보다는 우리와 협업이 가능한가에 대한 가능성과 우리의 역량이 어느 정도 되느냐를 가늠하는 수준으로 해석하는 것이 바람직하다고 본다.

■ 추진 6단계: 시너지 창출을 위한 비즈니스 모델 디자인

만약 Short List 기업으로 30개를 선정했다고 가정해 보자. 미팅을 추진한 30개 기업 중에서 10개 기업을 선정하여 내부 임직원들을 대상으로 오픈 이노베이션 추진 기업으로 추천할 때 여러 번의 미팅을 통해 시너지 창출 포인트를 정확하게 작성하는 것이 매우 중요하다.

또한, 임원들의 이해를 돕기 위해 한 장으로 오픈 이노베이션 카드를 작성해서 발표하려는 기업에 관하여 간단하게 소개하는 것도 도움이 된다. 앞에서 언급했듯이 주력 사업을 강화하면서 우리의 고객 충성도를 높여 브랜드 위상을 높이거나 제품/서비스, 유통망 강화, 생산 및 물류 원가를 줄여줄 수 있는 등의 솔루션을 가진 기업이라고 판단될 경우 시너지 포인트에 작성할 내용들은 많아질 것이다. 때로는 미래 성장을 위해 반드시 필요하다고 생각되는 기술을 가진 기업일 경우 사업에 대한 성장 가능성을 보고 평가할 수 있도록 외부 전문가와 함께 판단해야 할 수도 있을 것이다.

[오픈 이노베이션 카드 작성 예시]

작성자 : ooo	선택한 기업 : 마이리얼트립(Myrealtrip)		
관련 유망 스타트업 · 중소기업	핵심 기술/역량	Business Opportunity	시장의 경쟁 강도 · 경쟁 기업
마이리얼트립(Myrealtrip) (토탈 여행 서비스 기업)	· 해외투어/액티비티 분야에서 국내 독보적인 1위의 앱 기반 여행사업자. · 기존 투어/액티비티에서 쌓은 확고한 입지(상품, 파트너, 누적 리뷰 등)를 바탕으로 항공, 숙박을 비롯한 여행과 관련된 모든 것을 하나의 앱 안에서 해결하는 One-stop 플랫폼 제공하여 450만 명 이상의 유저를 보유한 국내 최고의 여행 슈퍼앱 · 다양성과 퀄리티 측면에서 차별화된 상품 경쟁력(100개 국가, 647개 도시에 걸친 2만 5천 개) 보유	· 현지 투어, 액티비티, 랜트카, 숙박, 항공 등 여행에 관련된 모든 서비스를 한 곳에서 검색하고 예약할 수 있는 종합 여행 플랫폼으로서 입지가 상당함. · 특히 투어/액티비티 분야에서 경쟁사 대비 4배 이상인 2만 5천 개 이상의 상품을 제공하는 등 타사 대비 독보적인 경쟁력을 갖고 있어, 코로나 종식과 보복 소비로 인한 국내외 여행 급증 및 워라밸 문화 확산 등 기업가치 상승 기대됨. · 자신의 취향에 맞는 현지 경험을 원하는 밀레니얼 여행자의 선호도가 상당함.	· 주요 경쟁사는 자유여행 위주의 온라인 여행사(트리플 등), 패키지 위주의 전통 여행사(하나투어, 모두투어 등), 숙박앱 (야놀자, 여기야때등)을 꼽을 수 있음. · 야놀자 경쟁 회사들 모두 항공권, 숙박 예약 및 패키지 여행을 기본적으로 제공한다는 공통점이 있으나, 각 회사별로 특화된 부분은 상이함.
주요 타겟 고객 및 Pain Points	향후 시장 성장 전망	투자 레코드 및 기업 가치	Synergy Points
· 주요 타겟 고객은 패키지가 아닌 해외 자유여행을 계획하는 모든 여행객이 주요 고객층임. · Pain Points는 최근 MZ세대 및 시니어 여행객 역시 획일화된 패키지 보다는 현지에서 나만의 경험과 활동을 쌓는 것이 여행의 트렌드로, 예약 가능 상품군 확대 및 예약 편의성 개선 시 시장 점유율 상승 전망. [해외렌트카, 레스토랑, 공연, 뮤지컬 등 예약 및 서비스 고도화(한국어 제공)]	· 팬데믹 직전인 2019년 한국의 해외여행 시장 규모는 40조 원 수준으로 세계 5위 권이며, 아시아에서는 중국 다음으로 큰 시장 규모를 형성함. · 내국인 해외여행 객수는 2019년 2,900만 명 수준 이었으나, 2021년 122만 명으로 하락함. 2024년까지 한국 해외여행 시장은 2019년 수준으로 회복, 이후 꾸준히 성장할 것으로 전망됨. · 2024년 해외여행자수는 3,069만 명에 약 37조 원의 시장 규모로 예상됨, 이중 자유여행 비중은 80% 수준이며 증가 예상되고, 이중 액티비티 부문이 5.2조 원 규모의 시장을 형성할 것으로 예상됨.	· 그동안 가파른 성장으로 2019년 2,685억 원을 기록했던 총거래액은 팬데믹 여파로 2020년 급감 하였으나, 국내 여행의 빠른 전환으로 2021년 1,419억 원 수준으로 회복 하였음. · 2013년부터 2020년까지 총 8차례 707억 원을 투자 유치 하였고, 2020년 기준 1,500억 원 규모의 기업가치 추정. · 2024년 영업이익 흑자 전환 예상하고 2025년 이전 IPO를 목표로 하고 있음.	

오픈 이노베이션 카드는 교육 때에도 많이 활용하는 Tool이다. 해당 스타트업에 대한 이해가 부족한 상황에서 오픈 이노베이션 카드를 꾸준히 작성하여 내부의 Database를 구축하는 것도 향후에는 큰 도움이 될 것이다.

■ 추진 7단계: 오픈 이노베이션 제안 및 PoC 구체화

Short List 기업 30개 중에서 시너지 창출이 가능하며 향후 미래 성장 사업으로서의 가능성이 높은 스타트업 10개 내외를 선발했다고 가정해 보자. 이렇게 선발된 스타트업을 내부 오픈 이노베이션 포럼에 초청하여 의사 결정자 앞에서 발표할 수 있도록 제안 내용을 명확하게 해야 한다. 스타트업 대표들은 의미 있는 레퍼런스를 쌓고 투자 유치 및 사업 개발의 기회를 획득하기 위해 기업의 요청 사항들을 다시 한번 되새겨 봐야 한다. PoC란 Proof of Concept의 약자로 기존 시장에 없던 기술과 개념을 검증한다는 의미이다. 즉 스타트업이 갖고 있는 우수한 기술과 아이디어가 시장에서 현실화될 수 있는가를 파악하는 것을 말한다. 또한, 대기업이 안고 있는 문제를 해결할 가능성이 있는가를 살펴보는 것이다. PoC 과제를 선정할 때는 기업이 안고 있는 문제와 솔루션이 Product로 나올 가능성이 있는가를 연결해서 사고해야 한다.

1 POC 과제	• 이번 기회에 반드시 해결해야 할 과제를 작성하도록 한다. • 왜 이 과제를 선정했는가에 대한 명확한 이유와 근거 자료를 제시한다.
2 POC 추진 방법	• 이 과제를 어떻게 해결 할 것인가에 대한 구체적인 방법론을 적는다. 특히, 스타트업이 갖고 있는 기술과 솔루션을 중심으로 작성한다.
3 POC 성공 판정 핵심 지표	• PoC가 성공했다고 판단할 수 있는 핵심 성과 지표를 스타트업과 협의하여 합의 된 내용을 적도록 한다. 구체적이고 현실적인 목표를 설정하도록 한다. 단, 너무 이상적인 목표를 설정하지 않도록 한다.
4 POC 기간 및 추진 비용	• PoC를 진행하는 전체 기간과 소요되는 비용을 적는다. PoC 기간은 3개월을 넘지 않도록 설계한다.

■ 추진 8단계: POC 성공 여부 판단 및 후속 조치

PoC가 마무리되어 성공 여부를 판단할 때는 PoC 과제에 합당한 핵심 성과 지표 선정한 것을 토대로 성공 여부를 판정해야 한다. 기간이 짧고 예산이 많지 않아 충분하게 검증하지 못했다 하더라도 핵심 성과 지표의 개선 또는 개선 가능성이 예상된다면 과감하게 향후 어떤 내용으로 어떻게 협업할 것인가를 구체적으로 논의해야 한다. 만약 충분하게 검증할 수 없었고 결과에 대해서도 핵심 성과 지표가 기대에 미치지 못하는 수준이라면 한 번 더 기회를 주고 검증을 다른 방향으로 할 것인가 또는 아름답고 깔끔한 마무리를 할 것인가를 결정해야 한다. 스타트업 입장에서는 PoC를 통해 공동으로 사업을 개발하거나 대기업으로부터 투자를 받거나 Joint Venture 제안을 받아 사업을 확

장해 가는 것이 가장 바람직할 것이다. 이를 위해서는 법률적인 이슈가 없는가에 대해 꼼꼼히 따져보고 계약서를 검토해야 한다.

[PoC 과제 성공 여부 판정 및 후속 조치 예시]

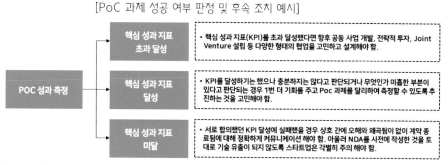

4) 오픈 이노베이션 진행에 있어서 주요 문제점

오픈 이노베이션을 진행함에 있어 다양한 문제점들이 존재한다. 그중의 주요 문제점들을 정리해 보았다.

(1) 오픈 이노베이션 이해 부족

오픈 이노베이션을 올바르게 이해하는 것이 첫걸음이다. 단순히 스타트업의 기술을 활용한다는 생각만으로는 충분하지 않다. 오픈 이노베이션의 진정한 목적을 설정하고, 어떤 분야에서 스타트업과 협업할지를 명확히 해야 한다. 이는 기업의 핵심 사업을 강화하고 미래 성장 동력을 발굴하는 것에서부터, 최신 트렌드와 기술을 이해하고, 외부의 혁신적인 아이디어와 인재를 영입하기 위한 네트워크 확장, 그리고 해결되지 않은 문제들에 대한 해결책을 찾는 것까지 다양한 방향에서 접근할 수 있다. 오픈 이노베이션을 시작하기 전에, 이러한 목적과 목표를 분명히 설정하는 것이 중요하다.

(2) 기업가 정신의 부족

기업과 스타트업 간의 협업에서는 기업가정신의 함양이 필수적이다. 스타트업은 끊임없이 불확실한 상황 속에서 존재하며, 그들의 일상은 매일이 생존을 위한 도전이자 싸움이다. 이러한 스타트업의 환경과 기업의 환경은 근본적으로 다르다는 점을 이해하는 것이 중요하다. 기업 측 담당자들은 스타트업 창업가들의 도전 정신을 존중하고, 그들이 어떤 문제를 해결하고자 하며, 기존의 방식과 다른 창의적인 솔루션을 어떻게 개발해 왔는지 이해해야 한다. 스타트업 CEO들의 사고방식과 접근법을 배우는 것은 기업에도 중요한 기회이며, 이를 통해 기업 내에서도 기업가 정신을 함양하고 혁신을 추진하는데 큰 도움이 될 것이다.

(3) 조직 문화 불일치

기업과 스타트업 사이의 조직 문화 차이는 협업에 있어 중요한 고려 사항이다. 스타트업은 대개 수평적인 조직 문화를 갖고 있어, 자유롭고 개방적인 의사소통과 빠른 의사 결정이 가능하다. 반면 많은 전통적인 기업은 수직적인 조직 구조로 되어 있으며, 이는 계층적인 의사 결정 과정과 엄격한 커뮤니케이션 체계를 의미한다. 이러한 문화적 차이는 협업 과정에서 의사소통을 어렵게 만들고, 서로의 작업 방식을 이해하는 데 장애가 될 수 있다. 따라서 기업과 스타트업 간의 효과적인 협업을 위해서는 서로의 조직 문화를 이해하고 존중하는 것이 필수적이며, 이를 위한 적극적인 조정과 적응이 필요하다.

(4) 상이한 의사 결정 프로세스

스타트업과 대기업 간의 의사 결정 속도 차이는 협업에서 중요한 문제로 작용한다. 스타트업은 인원이 적고 조직 구조가 간단하기 때문에 의사 결정이 신속하게 이루어진다. 이에 반해 대기업은 인원이 많고 여러 부서 간 협의가 필요하며, 계층적인 의사 결정 구조로 인해 결정이 상대적으로 느리게 진행된다. 이로 인해 스타트업은 기업 측의 결정을 기다리는 과정에서 지체를 경험할 수 있다.

이러한 상황을 극복하기 위해서는 양측 간의 명확한 일정 공유와 효과적인 소통이 필수적이다. 대기업은 스타트업의 민첩한 작업 방식을 이해하고, 가능한 한 신속한 의사 결정을 위해 노력해야 한다. 반대로 스타트업도 대기업의 내부 프로세스와 결정 과정의 복잡성을 인지하고 이에 대한 기대치를 조정할 필요가 있다. 양측이 서로의 작업 방식을 이해하고 적절히 조율한다면, 납기를 준수하고 효율적인 협업을 진행할 수 있을 것이다.

(5) 활용 가능한 기술의 검증 단계 부족

오픈 이노베이션에서 기업과 스타트업 간의 협력을 고려할 때, 기업의 필요와 스타트업의 기술 간의 부합성을 확인하는 것이 핵심이다. 기업은 자신의 필요에 맞는 기술을 스타트업이 가지고 있는지, 또 그 기술이 실제로 활용 가능한지를 평가해야 한다. 이를 위해 PoC Proof of Concept, 개념 검증 단계가 중요하다.

PoC는 스타트업의 기술이 기업의 요구 사항과 일치하는지를 검증하는 과정이다. 이 단계에서는 실제 환경에서 기술이 어떻게 작동하는지, 기술이 기업의 특정 문제를 해결할 수 있는지, 그리고 예상치 못한 문제는 없는지를 평가한다. 이 과정을 통해, 기업과 스타트업은 서로의 요구 사항을 명확히 이해하고, 협업의 가능성을 탐색할 수 있다.

PoC를 진행할 때는 기술의 기능성뿐만 아니라 시장 적합성, 비용 효율성, 통합 가능성 등도 고려해야 한다. 이러한 종합적인 평가를 통해, 기업은 스타트업의 기술이 자신의 비즈니스 목표와 전략에 얼마나 잘 부합하는지를 파악할 수 있으며, 스타트업도 자신의 기술이 실제 시장에서 어떻게 활용될 수 있는지를 이해할 수 있다.

(6) 조직 KPI의 불명확성

오픈 이노베이션을 효과적으로 진행하기 위해서는 조직 내 다양한 사업부와의 협력이 필요하다. 하지만 일반적으로 각 사업부는 자체 KPI 핵심 성과 지표에 집중하며, 이들 KPI는 주로 해당 부서의 실적에 초점을 맞춘다. 이러한 상황에서 오픈 이노베이션 프로젝트는 종종 부서의 주요 목표와 직접적으로 연결되지 않기 때문에, 기업 내에서 이에 대한 긍정적인 인식을 형성하기 어려울 수 있다.

이 문제를 해결하기 위해, 오픈 이노베이션을 추진하는 팀과 협력하는 모든 팀의 KPI를 연계하여 설계하는 것이 중요하다. 이를 통해 각 사업부가 오픈 이노베이션 프로젝트에 이바지하는 것이 자신들의 성과와 어떻게 연결되는지 명확히 이해할 수 있게 된다. 또한, 오픈 이노베이션에 대한 기여도를 반영한 성과 보상 체계를 마련하여, 협업에 대한 동기 부여와 참여를 증진시켜야 한다.

KPI를 통합하고 연계하는 과정에서는 각 사업부의 목표와 오픈 이노베이션 프로젝트의 목표가 어떻게 서로를 지원할 수 있는지 명확히 정의하고 공유하는 것이 중요하다. 이렇게 함으로써 전체 조직이 오픈 이노베이션의 가치를 인식하고, 프로젝트의 성공을 위해 협력하는 문화를 구축할 수 있다.

앞서 오픈 이노베이션의 문제점과 애로 사항, 그리고 해결책에 대해서 알아봤다. 그러면 이번에는 오픈 이노베이션을 잘 수행하기 위해 필요한 것들에 대해서 알아보자.

5) 오픈 이노베이션을 잘 수행하기 위해 필요한 것들

(1) 단순한 협업이 아닌 전략적 투자 수반

오픈 이노베이션은 단순한 협업이 아니다. 상호 간에 리스크를 공유하며 빠른 성장을 도모하는 행위이다. 그렇다면 상호 간의 리스크를 공유하려면 어떤 장치를 마련할 수 있을까?

① 대규모 오픈 이노베이션 행사를 진행하고 언론사에 대서특필해 기업이 스타트업과 협업을 진행한다는 사실을 널리 알리면 되지 않을까?

이런 행위가 스타트업에 간접적으로 도움이 되기는 하므로 있으면 플러스가 되나 없어도 그만이다.

스타트업이 망했을 때 기업이 가지는 리스크는 없기 때문이다.

기업과 스타트업이 상호 간에 직접적으로 영향을 받을 수 있는 구조가 아니다.

② 기업에서 PoC를 위한 비용을 스타트업에게 제공해 주면 되지 않을까?

좋다. 하지만 PoC 비용이 터무니없이 부족한 경우가 오히려 많다.

앞서 "오픈 이노베이션에 대한 오해"라는 내용에서 다룬 것처럼 PoC 기간 동안 스타트업의 Runway가 충분할지에 대한 우려 사항이 발생한다.

실제 PoC를 진행하다 보면 기존 계획했던 일정을 초과할 수도 있고, 원하던 결과물이 나오지 않을 수도 있다.

이렇게 PoC 결과물이 나오지 않게 되면 기업 입장에서는 과제 하나가 부러진 셈이지만, 스타트업은 당장 내일을 기약할 수가 없게 된다.

과연 기업은 이 스타트업을 위해 지속적으로 PoC 비용을 부담해 줄 수 있을까?

스타트업에 근본적으로 필요한 건 투자금이다.

전략적이건 재무적이건, 스타트업의 최우선 목표는 생존이기 때문이다. 위에서 언급한 것들은 전부 Good to Have일 뿐이다.

기업의 전략적 투자가 수반되면 스타트업에는 이 판이 달라질 수밖에 없다. 기업의 입장에서는 더 이상 전략적 투자자로서만 해당 스타트업을 바라볼 수 없기 때문이다. 함께 진행하던 PoC가 실패하거나 스타트업의 경영 상태가 힘들어지더라도 재무제표상으로 연결되어 있는 이 스타트업을 쉽게 포기할 수 없기 때문이다. 또한, 해당 스타트업에 투자한 다른 투자사들 역시 어떻게든 이 스타트업을 살려내기 위한 최선을 다할 것이다. 투자자 모두가 스타트업과 공동 운명체가 되는 것이다.

반대로 스타트업이 기업과 진행하던 PoC는 실패해도 피보팅을 통해 더욱 큰 성공을 거두게 된다면 기업의 입장에서는 재무적 수익은 그대로 가져가게 된다. 더 이상 기업이 제공했던 전략적 가치는 무색해졌지만 기업이 제공한 투자금은 그대로 남아 있기 때문에 스타트업의 입장에서는 기업과 더 이상 전략적이진 않아도 우호적인 관계를 유지하게 된다.

이러한 관점에서 기업이 오픈 이노베이션을 성공적으로 진행하기 위해서는 반드시 투자가 수반되어야 하고, 해당 업무를 수행하는 조직은 투자를 조직 내에서 빠른 결재선에서 집행할 수 있도록 자체 예산을 충분히 확보하고 있어야 한다. 그리고 이전 내용에서 다룬 것처럼 조직의 KPI가 이러한 재무적 투자에 대한 성과를 인정받을 수 있는 구조가 되어야 한다.

(2) 전문 인력

필요 분야의 전문 지식과 노하우를 보유하고 있는 인력의 참여가 필요하다. 각 오픈 이노베이션 모델별로 다른 전문성이 필요하다. 린 스타트업 *낭비 없이 빠르고 집중적이게 과학적 접근 방식을 따르는 스타트업 경영 방식을 기반으로 하는 스타트업의 특수한 사업 방식도 일반 기업과 다르다. 스타트업 생태계에 네트워킹도 필수적으로 필요하다.

> 많은 한국 기업을 봐온 결과, 뭐든지 내부 인력으로 진행하려고 한다. 몸이 아프면 의사에게, 법적인 문제는 변호사에게 가는 것처럼 오픈 이노베이션도 전문가가 필요하다. 전문 인력을 고용하든지, 전문 집단에 문의할 필요가 있다.

예를 들어 액셀러레이팅의 경우, 스타트업에 대한 전반적인 지식과 효율적으로 프로그램을 운영하는 것, 그리고 멘토의 네트워크가 필요하다.

CVC의 경우에는 펀드 운영 방법, 스타트업을 소싱 할 수 있는 네트워크, 투자와 포트폴리오 관리 방법과 같은 전문성이 필요하다.

오픈 이노베이션을 성공적으로 수행하기 위해서는 특정 분야의 전문 지식과 노하우를 갖춘 인력의 참여가 필수적이다. 각 오픈 이노베이션 모델에 따라 필요한 전문성이 다르므로 해당 분야의 전문가를 활용하는 것이 중요하다. 린 스타트업 모델을 기반으로 하는 스타트업은 낭비를 줄이면서 빠르고 집중적인 접근 방식을 추구한다. 이러한 스타트업의 특수한 사업 방식을 이해하고 적용할 수 있는 전문가가 필요하다. 스타트업 생태계에서의 네트워킹은 필수적이다. 적절한 파트너를 찾고 협력 관계를 구축하는 데 도움이 되는 네트워크를 보유하고 있고 활용할 수 있는 전문가도 필요하다.

한국의 많은 기업이 내부 인력만으로 모든 것을 해결하려는 경향이 있지만, 오픈 이노베이션은 특정 분야의 외부 전문가의 도움도 필요하다. 전문 인력을 고용하거나 전문 집단에 문의하는 것이 바람직하다. 예를 들어 액셀러레이터 프로그램을 진행하려면 스타트업에 대한 전반적인 지식, 프로그램을 효율적으로 운영하는 능력, 그리고 멘토링을 위한 네트워크가 필요하다. 기업형 벤처캐피털cvc의 경우, 펀드 운영 방법, 스타트업 소싱을 위한 네트워크, 투자 및 포트폴리오 관리 방법과 같은 전문성이 필요하다.

이처럼 오픈 이노베이션을 위해서는 내부 인력의 능력을 넘어서는 다양한 전문 지식과 경험을 갖춘 외부 인력을 활용하는 것이 중요하다.

(3) 실패해도 되는 문화

한국의 기업 문화에서 실패에 대한 부정적인 인식은 창의성과 도전 정신을 억제하는 요소다. 대부분 기업은 안정적인 KPI 달성과 일정 수준의 성과 유지에 집중하며, 이는 꾸준한 월급 지급과 같은 시스템을 통해 유지된다. 이러한 접근 방식은 안정성을 제공할 수는 있지만, 혁신과 창의적인 도전을 통해 새로운 미래를 만들어 나가는 데에는 큰 도움이 되지 않는다. 실패를 경험하고 이로부터 배우는 과정 없이는 진정한 혁신은 어려울 수 있다.

최근 많은 기업이 직원들에게 기업가 정신을 교육하는 다양한 프로그램을 도입하고 있다. 이 중 하나가 사내 벤처 + 벤처 빌더 모델이다. 사내 벤처 모델은 직원들에게 창의적인 아이디어를 제안하고, 이를 실험해 볼 수 있는 기회를 제공한다. 이러한 모델은 직원들이 혁신적인 아이디어를 자유롭게 제시하고, 그 아이디어를 상업화하거나 스타트업으로 발전시킬 수 있도록 지원한다. 이와 같은 벤처 빌더 모델은 기업 내에서 새로운 사업 기회를 발굴하고, 직원들에게 도전할 수 있는 환경을 제공하여 기업 문화의 변화를 촉진할 수 있다.

이러한 변화를 통해 기업은 실패를 하나의 학습 과정으로 받아들이고, 이를 통해 더 큰 성공을 추구할 수 있는 문화를 조성할 수 있다. 이것은 단순히 직원들에게 도전할 기회를 제공하는 것을 넘어, 기업 전체의 혁신적인 사고방식과 문화를 변화시키는 것을 의미한다.

(4) 조직 구조 및 구성, 인재

효율적인 의사 결정과 의사소통을 할 수 있는 적절한 조직 구조가 필요하다. 먼저 오픈 이노베이션팀이 구성되어야 한다. 오픈 이노베이션팀은 각 오픈 이노베이션 모델이 잘 수행될 수 있도록 윤활유 역할을 해야 한다. 오픈 이노베이션팀은 각 사업부, CVC팀, M&A팀 등의 부서와 긴밀하게 커뮤니케이션하면서 기업의 오픈 이노베이션 전략을 수립해야 한다. 먼저 각 팀 및 사업부의 문제를 깊게 히어링 해서 오픈 이노베이션 과제를 도출해 내야 한다. 그 이후에 스타트업을 소싱 하거나 액셀러레이팅 프로그램, 사내 벤처, 밴처 빌더 프로그램을 운영하는 등 모델을 활용하여 결과물을 만들어 내야 한다. 결과물은 오픈 이노베이션팀만으로는 만들어 내기가 어렵다. 그러므로 다른 부서의 협력과 관심이 필요하다.

오픈 이노베이션팀의 보고 라인도 중요하다. 기업마다 보고하는 라인이 다르다. CEO에게 직접하는 경우도 있지만, CIO 최고 혁신책임자, CDO 최고 디지털책임자, 사업개발 책임자도 보고 라인으로 많이 보인다.

기본적으로 오픈 이노베이션을 효과적으로 수행하기 위한 조직에는 기존의 방식으로 일하지 않는 구성원들이 필요하다. 물론 기존 기업의 산업에 대한 이해도가 높으나 새로운 관점에서의 경험을 쌓고 외부의 재무적 투자자들의 관점에서 신사업을 바라보는 시각이 있다면 더욱 좋을 수는 있다. 하지만 현실적으로 이런 다방면의 경험을 보유한 구성원들을 확보하기는 쉽지 않다. 그렇다면 기업의 현실적인 한계 안에서 효과적인 오픈 이노베이션 조직을 구성하려면 어떻게 해야 할까?

기본적으로 오픈 이노베이션이라는 업무는 기업 내부의 사정을 완벽히 이해하고, 외부 생태계와 어떤 식으로 협업할지 구상하는 기획력, 그리고 동시에 외부에서 기회를 포착하고 사업화하기 위해 전략을 실행하는 기업가 정신이 함께 요구되는 일이다. 그 말인즉슨, 회사의 중요한 임원 또는 팀장급 인재이며 성공적인 스타트업 CEO 같은 성향을 지닌 인재가 필요하다는 말이다. 요즘에는 이런 인재를 칭하는 말로 Intrapreneur라는 명칭이 주변에서 심심치 않게 들리는 것 같다. 하지만 조직 전체를 이런 인재들만으로 구성하기에는 기업 내의 인재 풀은 녹록지 않기 때문에 다음과 같은 방법을 택할 수 있겠다.

조직의 리더만큼은 기업에서 보유한 가장 훌륭한 인재를 기용해야 한다. 기업 내부의 전략 및 방향성을 완벽히 숙지하고 있고, 사내 각 현업 부서와의 원만한 관계를 보유하고 있어야 한다. 동시에 여러 분야의 업무를 이해할 수 있는 제너럴리스트여야 한다.

기본적으로는 외부 스타트업 및 투자 생태계를 잘 이해하고 있는 재무적 투자기관의 시니어급 인원과 실무 경험이 풍부한 투자심사역이 하나씩은 있어야 한다. 외부 투자기관들과의 교류 및 투자 행정 업무 등 기존 기업 내의 인원들이 대응하기 어려운 업무를 리드할 인원은 필수이기 때문이다.

> 내부 인원들과의 업무 대응을 위한 기존 조직 내의 다양한 분야의 실무자들이
> 기용되어야 한다.
> 주로 전략기획, 사업개발, 마케팅 등의 전사 여러 부서와 협업 경험이 풍부한 인
> 원이 외부 스타트업과 내부 현업부서 간의 협업을 이끌기 위해서는 효과적이다.
> 하지만 다른 여러 부서에서도 다른 경험치를 가진 인원에게 기본적인 오픈 이노
> 베이션 교육을 제공하면 다양한 시각에서의 아이디어를 끌어낼 수 있다.

하지만 리더나, 외부 업무를 주로 보는 인원이나, 내부 협업을 끌어
내는 인원이나 공통적으로 요구되는 역량은 한 가지가 있다. 그건 바
로 '오지랖이 넓어야 한다'는 것이다.

성공적인 오픈 이노베이션을 위해서는 '외부 및 내부 전문가'들의
참여가 필요하다. 외부 전문가들은 기업 내부의 현업 부서에 있는 기
술 분야별 전문가들과 함께 일하면서 프로젝트를 수행해 나간다. 이
들은 자신이 가진 전문적인 지식과 경험을 바탕으로 프로젝트에 참
여하며, 기업 내부에서는 찾을 수 없는 다양한 아이디어와 시각을 제
공해 준다. 이를 통해 프로젝트의 성공 확률을 높일 수 있다.

오픈 이노베이션 조직에 소속된 인원은 결국 내부로도, 외부로도
다양한 인원과 교류가 필요하며 넓은 시야를 가져야 한다. 내 일이
아닌 남의 일에 관심이 더 많은 '오지랖' 넓은 인재가 오픈 이노베이
션 조직에는 가장 적합한 인재라고 생각한다.

인재 측면에서의 오픈 이노베이션 조직 구성을 한 번 더 정리한다

면, 절대적인 룰은 없고 여러 방법이 있겠지만, 기본적으로는 다양한 관점의 인원들을 한데 모아 이끌 수 있는 리더십이 필요하고 구성원들에게는 다른 사람들의 일에 관심을 가지고 다양한 부서의 인원들과 어울릴 수 있는 인재들이 필요하다.

행정적인 측면에서의 오픈 이노베이션 조직은 전사 내에서 가장 독립성을 가지고 자율적인 집행 권한을 보유하고 있어야 한다.

기업이 생각하는 오픈 이노베이션을 통해 달성하고자 하는 목표에 따라서 해당 조직은 초기 투자를 집행할 수도 있고, 후기 투자 또는 M&A 등의 업무를 수행할 수도 있다. 이에 따라서 적절한 규모의 예산이 조직을 벗어나지 않고 집행할 수 있는 자율적인 결재 체계를 보유하고 있어야 한다. 왜냐하면 기업 내부의 시계와 스타트업 생태계에서의 시계는 시간이 다르기 때문이다. 스타트업 생태계는 만화 "드래곤볼"에서 나오는 '정신과 시간의 방'과도 같다. 이 방에 들어가면 바깥세상보다 시간이 훨씬 느리게 흘러가는데, 반대로 말하면 그 안에서는 엄청나게 많은 시간이 흐른다는 것이다. 대기업이나 중견기업이 프로젝트를 수개월 단위로 진행하는 반면, 스타트업의 경우 2주 단위의 Sprint를 돌리기도 하고, 수개월 뒤면 폐업했을 가능성도 높은 게 현실이다. 그러므로 외부 재무적 투자기관들 역시 빠르게 투자를 검토하고 집행하며, 오픈 이노베이션 조직에서 투자나 협업을 한다면 스피드는 필수이다.

[기업과 스타트업의 시간은 다르게 흐른다. 출처: MS Office 365 스톡 이미지]

마지막으로 조직이 구성되면 조직의 성과를 판단하기 위한 잣대가
필요하다. 하지만 오픈 이노베이션 조직에 기존 기업 내에서의 부서
별 성과 관리와 유사한 KPI는 적용될 수가 없다. 일반적인 KPI는 분
기, 반기, 또는 늦어도 연도별 성과를 평가한다. 하지만 오픈 이노베
이션 조직의 업무는 단순히 투자 건수, 협업 건수 등으로 평가한다면
쉽겠지만 건강하지 못한 문화를 낳을 수 있다. 건수가 절대로 성과와
비례하지는 않기 때문이다.

오픈 이노베이션 조직에서의 성과란 스타트업과의 협업을 통해 실
제 결과물이 나올 경우와 투자를 진행한 스타트업의 재무적 성과 정
도일 것이다. 다만 협업을 통한 결과물이 일반적인 내부 신제품 또는

신규 과제와 같은 수준을 기대할 수는 없기 때문에 2~3년 정도의 기간 안에 세부 마일스톤을 정해 단계적인 성과를 창출해야 한다. 또한, 전략적인 협업이 실패하더라도 스타트업이 재무적으로 급성장하는 사례들은 성과로 반영해야 한다. 왜냐하면 대부분의 스타트업은 리소스가 제한적이기에 기업의 전략 방향에 맞춰서만 성장할 수는 없고, 더욱 좋은 기회가 있다면 어김없이 피보팅을 해야 하는 상황도 발생하기 때문이다.

(5) KPI 설정

오픈 이노베이션은 지금 회사에 없었던 새로운 방식일 것이다. 지금 회사의 시스템상 효율적으로 운영하기 위해 부서를 나누고 자신의 업무와 KPI 달성에만 집중해 왔다. 오픈 이노베이션은 다른 부서의 협력이 필수적이다. 다른 부서를 움직이게 하기 위해서는 각 부서에 오픈 이노베이션과 관련된 KPI가 들어가야 하고, KPI에 맞는 적절한 인센티브 구조가 필요하다. 물론 새로운 예산도 편성이 필요하다면 해 줘야 한다.

사내 벤처를 진행한다고 가정했을 때, 참여하는 직원들에게도 개별 KPI 및 보상도 주어져야 한다. 사내 벤처에 참여한다면 지금의 업무를 보면서 추가적인 시간을 들여 참여해야 한다. 이런 상황 자체가 직원들에게는 부담으로 다가갈 수 있다. 그렇기 때문에 직원들은 현재 업무를 보면서도 오픈 이노베이션에도 시간을 할애할 수 있도록 KPI 설정이 필요하다.

2010년 삼성에서 처음으로 오픈 이노베이션을 경험하고, 이후 계속해서 새로운 곳에서 '오픈 이노베이션'이라는 이름은 없지만 실질적으로 동등한 업무를 13년째 하고 있는데 필자의 경험상 결국 중장기적 성과를 낼지, 단기적 성과를 낼지에 따른 2가지 방법만이 효과적이라고 결론을 내렸다.

중장기적 성과	단기적 성과
극초기 투자에 재무적 투자자로서 5년 정도의 중장기 목표를 두어야 함	후기 투자에 M&A를 전제로 전략적 투자자로서 투자 및 PoC를 진행해야 함

이유는 간단하다.

오픈 이노베이션은 리스크 공유를 통한 상생을 위한 장치인데, 애초에 극초기 스타트업과 협업을 통해 기업이 성과를 내는 것은 '불가능'하다. 또한, 극초기 스타트업이 1차원적인 고객사의 전략적 투자를 받을 경우, 투자 기업이 시장 점유율 1위인 업체가 아닌 한 스타트업의 성장 가도가 막힐 뿐이다. 이러한 모델은 대기업에서만 가능한 모델이다.

극초기 투자의 경우 순수 재무적 투자자로서 스타트업을 새로운 산업 영역의 첨병의 역할을 할 수 있는 파트너로 삼아야 한다. Value Chain 가치 사슬상 가장 먼 영역의 스타트업에 투자하는 것이 미래 산업 트렌드의 변화를 민감하게 감지할 수 있는 방법이라 생각한다. 중소/중견기업의 경우에는 전략적인 가치에 너무 매몰되지 않는 투자를 진행하여야 한다.

후기 투자가 사실상 단기적인 성과를 낼 수 있는 가장 효과적인 방법이다. 하지만 중요한 점은, 항상 M&A를 전제로 전략적인 투자가 집행되어야 한다. 이미 제품이 존재하고 시장에서의 PMF Product Market Fit, 제품 시장 적합성를 증명한 후기 스타트업의 경우 오픈 이노베이션을 한다면 결국 기업 입장에서의 1차 벤더가 되는 경우이다. 한 번 해당 기업의 전략적 투자를 받게 되면 기업이 알파 고객이 되어 줘야 하며, 이 타이밍에 최단 시간 시장을 확대할 수 있도록 인프라를 제공해야 한다. 하지만 우리나라의 많은 기업이 M&A를 전제로 하지 않다 보니, 투자 및 PoC를 진행 후 후속 협업이 흐지부지되는 경우가 부지기수다. 기업이 기술을 베껴 가는 행위도 빈번하게 일어난다.

PMF가 증명된 스타트업을 인수하는 것이 자체적으로 기술을 개발하는 것보다 저렴하다. 어느 정도 검증된 스타트업과 협업하면 성공 확률도 올라가는 만큼 경쟁사들도 관심이 클 것이고, 스타트업의 입장에서도 이미 여러 곳에서 좋은 제안을 받았을 것이다. 이때 성공하는 협업 관계는 결국 가장 많은 리스크를 감내하고 상응하는 대가를 지급한 케이스이지 않을까?

6) 오픈 이노베이션의 결과물

앞서 다양한 오픈 이노베이션의 모델, 문제점, 성공 요인, 예시들을 봐 왔다. 다시 한번 무엇을 위해 오픈 이노베이션을 진행하는지 정리해 보자. 오픈 이노베이션의 궁극적 그리고 핵심적인 경영 지표는 다음 두 가지이다.

- 매출 증대
- 비용 절감

이 경영 지표 달성하기 위해 오픈 이노베이션을 진행해야 하고, 3 가지 기업 목표인 새로운 시장으로 확장, 현 시장 점유율 유지 및 확장, 업무 효율화에 따라 오픈 이노베이션을 활동을 진행해야 한다.

- 새로운 시장으로 확장 : 새로운 시장으로의 진출을 통해 매출을 늘리는 방향으로 전략을 설정할 수 있다. 오픈 이노베이션을 통해 새로운 시장에서의 경쟁력을 확보하고 성장을 도모한다.
- 현 시장 점유율 유지 및 확장 : 현재 시장에서의 경쟁을 유지하면

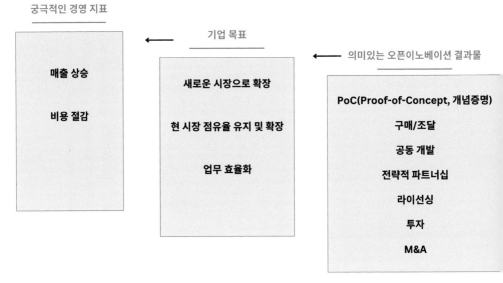

서 점유율을 확대하는 전략이다. 오픈 이노베이션을 통해 기존 고객들에게 더 많은 가치를 제공하여 충성도를 높인다.

• 업무 효율화: 비용 절감을 위해 업무 프로세스를 최적화하고 효율성을 향상시키는 전략을 추구한다. 오픈 이노베이션이라고 신사업뿐만이 아니라는 것을 알 수 있다.

기업의 목표에 따라 기업형 액셀러레이터, 사내 벤처, 벤처 빌더, CVC 등 다양한 오픈 이노베이션 모델들을 진행할 수 있다. 다양한 모델들로 오픈 이노베이션을 진행하면 결과물은 반드시 나와야 한다. 아무런 결과물이 나오지 않거나, 나오는데 너무 많은 시간을 잡아먹는 경우도 많다. 의미 있는 오픈 이노베이션 결과물은 다음과 같다.

(1) PoC Proof-of-Concept, 개념 증명

스타트업이 기존 시장에서 없던 새로운 아이디어를 추구하는 중요한 역할을 한다. 기업은 스타트업이 이러한 새로운 아이디어를 실제로 구현 가능한지, 그리고 우리 기업의 사업과 기술과 조화를 이룰 수 있는지 검증해야 한다. 이런 검증 과정에서 PoC를 활용하는 것이 일반적이다.

PoC는 작은 규모의 프로토타입을 개발하고 운영하여 아이디어가 실제로 동작하는지를 확인하는 것을 의미한다. 이를 통해 스타트업의 기술이 실제로 구동 가능한지를 확인하고, 기업의 현재 사업이나 기술과 조합해도 문제가 없는지를 검증한다. 이후 이러한 PoC 결과를 바탕으로 실제 사업화 가능성을 평가하며, 여기서 얻은 통찰을 바탕으로 더 큰 범위로 사업을 확장하는 경우가 많이 있다.

(2) 구매/조달

오픈 이노베이션을 통해 기업은 새로운 제품, 기술, 서비스 등을 외부에서 구매하거나 조달하기도 한다. 외부 스타트업이나 기술 공급업체와 협력하여 필요한 솔루션을 확보하고, 기업의 제품 라인업을 늘려서 다양화하거나 비즈니스 프로세스를 개선하는데 활용할 수 있다.

(3) 공동 개발

기업과 스타트업 간의 협력을 통해 새로운 제품이나 기술을 공동으로 개발하는 경우이다. 각 회사의 전문성과 자원을 결합하여 혁신적인 솔루션을 공동으로 창출하고, 시너지 효과를 극대화한다.

(4) 전략적 파트너십

기업은 다른 기업이나 스타트업과 전략적 파트너십을 맺음으로써 협력을 강화하고 경쟁 우위를 구축할 수 있다. 지식 공유, 기술 협력, 시장 진입 전략 등을 포함하며, 서로의 강점을 최대한 활용하여 혁신을 추진한다.

최근에는 전략적 파트너십도 많이 늘고 있다. 전략적 파트너십은 같은 혹은 다른 산업의 두 기업이 최종 사용자end user나 고객에게 더욱 높은 가치를 제공하기 위해서 제휴를 맺는 것이다. 예를 들어 제조 업체, 공급 업체, 아웃소싱 서비스 제공 업체 등이 있을 것이다. 이러한 파트너들과 공식적으로 관계를 발전시키는 것이 전략적 파트너십이다.

파트너십 계약을 통해 양사 간의 자원을 공유하거나, 어떠한 전문 분야의 경험이나 전문성을 공유하고, 새로운 기회를 함께 찾을 수 있다. 이익과 리스크를 공유하고, 다양한 분야에서 서로 공헌하여 미래의 기회에 대한 잠재력을 얻을 수 있다.

많은 스타트업이나 벤처기업, 중소기업들이 효율적으로 파트너십을 활용하여 시장에서 점유율을 키우고 큰 기업이 되는 목표까지 이루었다. 전략적 파트너십은 다양한 형태가 존재한다. 일반적으로 OEM 전략적 파트너, 재판매 파트너, 시장의 다이내믹을 크게 변화시키는 것을 목표로 하는 기타 전략적 계약이 있다.

(5) 라이선싱

라이선싱은 기업이 외부의 기술, 지식, 제품 등을 활용하기 위해 소유권 또는 사용권을 얻는 방식이다. 이를 통해 기업은 새로운 기술을 빠르게 도입하거나 제품 라인업을 다양화하는 등의 장점을 얻을 수 있다.

(6) 투자

기업은 스타트업에 재무적 그리고 전략적으로 투자하여 그들의 성장과 발전을 함께 할 수 있도록 협업하며 지원한다. 자체 기술, 지식, 자금 등을 제공함으로써 스타트업의 성공을 돕고, 그와 함께 자사의 혁신 역량을 강화한다. 이는 스타트업이 성장할 수 있는 환경을 조성하며, 기업은 미래의 혁신과 수익성을 확보할 수 있다.

(7) M&A인수 합병

M&A는 기업이 스타트업을 인수하거나 합병함으로써 새로운 기술, 제품, 시장 등을 확보하고 경쟁력을 강화하는 전략이다. 이는 기업이 외부의 혁신을 내부로 흡수하거나, 기존 비즈니스를 확장하고 변화시키는 데 활용된다. M&A는 기업과 스타트업 모두에게 유리한 결과를 가져올 수 있다. 각 결과물은 기업의 목표와 전략에 따라 선택되며, 혁신적인 변화와 경쟁 우위 확보를 위해 다양한 방식으로 활용될 수 있다.

5

글로벌 기업들의
오픈 이노베이션
추진 사례

5.

글로벌 기업들의
오픈 이노베이션
추진 사례

5-1. 삼성을 필두로 한 국내 오픈 이노베이션 유행

   국내에서 제일 먼저 오픈 이노베이션을 시작한 회사는 어디인지 명확하지는 않다. 왜냐하면 1996년 LG에서는 현재 LB인베스트먼트인 LG창업투자를 설립하고, 1999년 삼성에서는 삼성벤처투자를 설립하며 스타트업에 대한 투자를 집행하는 창업투자사들이 설립되었다. 하지만 이때의 투자사들이 현재의 전략적 파트너십 구축을 위한 오픈 이노베이션 조직이라고 보기에는 어렵다. 순수한 재무적 투자자에 가깝기 때문이다.

다양한 대기업들이 해외에 연구소를 설립하고 새로운 기술을 소싱하는 업무를 진행해 왔으나 삼성의 경우 실리콘밸리에 Samsung Information Systems America SISA를 1988년 설립하며 선도적으로 바이오 회사들이 기존에 오픈 이노베이션을 진행하던 것처럼 대학 연구소들과 산학협력 과제를 진행하고, IP 라이센싱 협업을 하고 있었다. 필자가 2010년 SISA에 종합기술원 소속의 애널리스트로 입사하였을 당시 오픈 이노베이션팀이 존재하고 있었고, 상기 언급했던 업무들과 10년 뒤 미래를 내다보는 신기술 센싱 업무를 수행하고 있었다.

2012년경 필자가 다시 SISA에 합류하였을 때에는 기존의 오픈 이노베이션팀이 종합기술원과 DMC 연구소 양측의 과제를 수행하는 구조로 변경되어 있었다. 당시 반도체 쪽의 경우 Samsung Strategic Investment Center SSIC라는 조직이 미국 내 하드웨어 분야의 전략적 투자를 진행하는 기관으로 설립되었고, SISA에서는 소프트웨어 분야 신기술을 보유한 스타트업에 투자하는 역할이 부여되었다.

그 이후 필자를 포함한 DMC 연구소 산하 쪽의 팀은 투자, M&A, 액셀러레이터가 합쳐진 업무를 수행하는 오픈 이노베이션센터 OIC가 설립되며 부서가 이동되었고, 센터장에 이례적으로 부사장급 외부 인사가 영입되어 CEO 조직의 직속 기관으로 운영되며 상당한 자율성과 예산 집행 권한을 부여받았다. OIC는 각 사업부의 오픈 이노베이션 조직과 협업하며 외부의 스타트업과 다양한 방법의 협업을 꾀했고, 이와 동 시기에 국내에서는 C-Lab이 출범하며 조직 내부의 역량을 사내 벤처로 스핀오프 시키려는 노력이 공존하였다. 필자는 당시 그 초기 설립 과정에 함께하며 삼성의 많은 변화를 목격할 수 있었다.

2012년 당시 미국 시장과 연계된 삼성전자 내 오픈 이노베이션 조직 구조를 보면 다음과 같다. 물론 여기에는 국내 케이스는 빠져 있어 구조상 C-Lab은 포함되어 있지 않다.

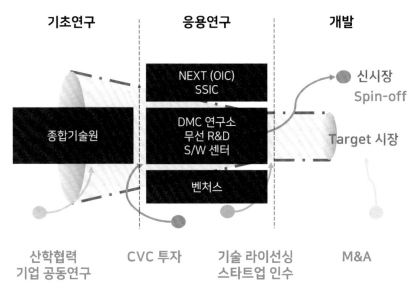

❖ 2012년 Open Innovation Center (OIC) 첫 개소 당시 기준

[2012년 Samsung Open Innovation Center OIC 개소 당시 삼성전자의 오픈 이노베이션 연구조직의 구조. Copyright© 2024. 송종화. All Rights Reserved.]

삼성전자 오픈 이노베이션의 구조는 Time‑to‑Market을 고려하여 단계별로 협업을 위한 오픈 이노베이션 조직이 존재한다. 장기, 중기, 단기에 거친 오픈 이노베이션 협업 깔때기를 구축해 놓은 것이다. 종합기술원은 7~10년 뒤 상용화를 목표로 주로 산학협력을 통한 신기술 발굴해 힘쓴다면, DMC 연구소, 무선 R&D의 S/W 센터와 같은 곳은 5~7년 후 상용화 가능한 기술을 발굴한다. 그리고 좀 더 단기적으로 3~5년 후 시장 진출이 가능할 만한 솔루션을 보유한 스타트업을 찾고 투자하는 OIC나 SSIC와 같은 조직이 존재한다. 후속 단계의 개발 선에서는 각 사업부가 직접적인 투자나 M&A를 진행하는 형태로 보면 될 것이다.

삼성이 이러한 오픈 이노베이션을 추진하게 되고 이를 위한 기관을 실리콘밸리라는 곳에 먼저 설립한 것에는 상징성이 있다. 당시 스타트업이 새로운 기술을 개발하여 선보이면 대기업이 대규모 자본을 투입하여 비슷한 기술을 빠르게 따라서 만들어 내는 사례가 빈번했다. 실리콘밸리는 스타트업이 M&A를 통해서 빠르게 Exit 하는 구조가 마련되어 있었으며, 미국의 대기업들은 스타트업의 아이디어를 본떠 직접 개발하는 것보다 전략적 투자 또는 M&A를 통해 인수해 버리는 것이 훨씬 저렴하다는 것을 인지하고 있었다. 삼성 역시 스타트업들의 입장에서 부정적인 이미지를 탈피하기 위해 미국 현지에 오픈 이노베이션센터를 구축하고 전부 현지 스타트업 생태계 출신의 전문가들로 인력을 구성했다.

근 몇 년간 국내에서도 오픈 이노베이션의 물살이 유입되며 몇몇 소수의 대기업이 직접 CVC를 설립하거나 액셀러레이터를 설립하기도 했지만, 중견기업들 선에서는 전략기획, 상품기획, 또는 마케팅팀의 주도로 사내 공모전을 운영하거나 대학 연구소들과 협업하는 오픈 이노베이션 전략이 추진되고, 전략적으로 스타트업 투자를 하기도 했지만, 실질적인 협업을 이루는 것은 쉽지 않았다.

5-2. 화장품 기업 사례

2016년경 국내 대표 화장품 기업 중 한 곳은 단순 뷰티 산업의 플레이어에서 뷰티 테크를 제공하는 플레이어로 거듭나기 위한 노력을 시도하고 있었다. 이 기업은 처음으로 오픈 이노베이션 조직을 구성하고 외부 액셀러레이터와 협업하며 화장품 산업과 협업이 가능한 딥테크 기술을 보유한 스타트업을 물색하고 투자를 집행하는 프로그램을 진행하였다. 처음 진행하다 보니 애로 사항도 많았고 2년간 진행하며 협업에 성공한 사례도, 큰 성과가 나지 않았던 사례들도 있었다. 너무나도 극초기 스타트업과 현업 부서 간 바로 협업을 도모하려다 보니 스타트업의 기술이나 제품이 아직 PoC를 진행하기에는 시기상조인 경우도 있었다. 당장의 협업이 가능한 곳들은 오히려 마케팅적인 협업을 중심으로 한 경우였다. 전략적인 성과는 가시적이지 않았으나 지금의 해당 스타트업들의 기업 가치를 본다면 재무적 성과는 확실했다고 본다.

첫해의 시행착오를 거치며 2차 연도에는 시장에서의 Needs를 다른 산업의 기술로 명확하게 해결한 사례를 만들었다. 2017년 대한민국의 화장품 시장에서의 골칫거리는 중국에서 만들어진 소위 '짝퉁' 화장품이었다. 엉터리로 된 한국말과 교묘하게 바꾼 이름을 사용하여 버젓이 우리나라의 제품인 것처럼 판매되고 있었다. 이에 국내 화장품 기업은 모방 방지를 위해 디자인을 따라 하기 어렵게 고도화하거나 금속 장식을 추가하는 등 다양한 시도를 해 왔으나 큰 도움이 되지는 못하였다.

아모레퍼시픽의 '설화수'

설화수 위조품 '설안수'

LG생활건강의 '수려한'

수려한 위조품 '수여한'

[국내 화장품과 중국산 짝퉁 화장품 출처: 한국경제신문, 2017년 12월 27일, https://www.hankyung.com/economy/article/2017122993531]

2차 연도에 이 기업은 블록체인 기술을 사용하여 정품 인증이 가능한 기술을 보유한 스타트업을 발굴하게 되었다. 해당 기술은 QR코드를 블록체인으로 연결하여 제품의 생산 전체 공정마다 스캔하도록 하였고, 최종 소비자가 스마트폰으로 QR코드를 인식하면 정품 여부를 판단해 주는 기능으로 활용되었다. 뷰티 산업과는 무관해 보였던 블록체인 기술이 뷰티 산업에서의 골칫거리를 해결해 준 대표적인 성공 사례이다.

물론 모든 포트폴리오가 성공한 것은 아니나 해당 화장품 기업은 2년간 우수한 재무적 성과를 동반한 전략적 성과를 도출해 냈다. 이후 이 기업은 축적된 노하우를 내재화하며 자체적인 오픈 이노베이션 조직과 프로그램을 구성하며 지금도 독자적인 혁신 구조를 만들어 내고 있다.

5-3. 자동차 부품사 사례

국내의 우수 오픈 이노베이션의 또 다른 사례로는 자동차 부품사의 사례가 있다. 2017년경 자동차 업계에는 새로운 바람이 불기 시작했다. 이 해에는 테슬라가 첫 대중화 전기차 모델인 Model 3 차량을 출시하고, GM은 Bolt, BMW는 i3, 닛산에서는 Leaf 등 전기차를 출시하며 해외 업체들이 전기차 대중화의 시동을 걸었다. 자동차의 패러다임이 내연기관 엔진에서 배터리 구동 모터로 변화하는 시점이었다. 1,000여 개의 반도체가 탑재되는 기존 내연기관 자동차와는 달리 전기차는 3,000여 개의 반도체가 사용되며 자동차는 기계공학의 영역이 아닌 전자공학의 영역으로 변모하고 있었다.

해당 자동차 부품사는 모빌리티, 로보틱스 등의 선행 기술을 확보해야겠다는 Needs를 느꼈고, 사내 다양한 분야의 경험을 보유한 인원들을 모아 스타트업 발굴, 육성, 투자를 전담하기 위한 오픈 이노베이션 조직을 설립하였다. 오픈 이노베이션팀은 자동차 기술의 전문가이지만 모빌리티나 소프트웨어 기술에 대한 전문가는 아니었기에 2018년부터 외부의 전문 액셀러레이터와 함께 관련 원천 기술을 보유한 스타트업을 소싱 하기 시작했고 수년간 스타트업을 함께 모집하고 육성하였으며, 선발한 모든 스타트업에 투자를 집행하였다.

해당 기업은 4년간 재무적으로도, 전략적으로도 우수한 오픈 이노베이션 성과를 달성하였고, 현재 전담팀은 지속적인 성과를 통해 공적을 인정받고 하나의 본부 단위 조직으로 성장하였다. 이 기업의 성공 사유는 매우 명확하다.

1. 전사 차원의 전략적인 Needs를 뾰족하게 분석하여 중장기적 기술 소싱 전략을 수립하였다.
2. 극초기 투자의 리스크를 명확히 이해하여 재무적 투자 관점에서도 고려를 한 중장기적인 투자를 이행했다.
3. 스타트업의 선발과 육성의 모든 과정을 액셀러레이터에 위임하지 않고 함께 검토하였다.

4. 제삼자인 액셀러레이터의 Financial Investor로서의 입장과 기업의 Strategic Investor로서의 입장 간 명확한 R&R을 설정하여 스타트업을 선발했다.

5. 최종 선발된 모든 스타트업에 투자를 집행하며 전략적 파트너로서 리스크를 함께 나눴다.

현재는 5년 차 오픈 이노베이션을 새롭게 진행하고 있으며, 4년 동안 투자해 온 스타트업들과의 우수 협업 사례를 통해 유망한 예비 창업자들을 끌어들이며 선순환 구조를 만들고 있다.

5-4. 음료 제조 기업 사례

코카콜라 컴퍼니는 전 세계 20여 개국 이상에 진출해 있는 글로벌 종합 음료 회사로 탄산, 스포츠음료, 생수, 주스, 차, 커피 등 총 200여 개의 브랜드 제품을 보유하고 있다.

코카콜라 컴퍼니는 다양한 오픈 이노베이션 모델을 채택하여 성공적인 사례들을 만들어 내고 있다.

1) 벤처 클라이언트

주요 식품 및 음료 기업에 대한 가장 일반적인 오픈 이노베이션 모델은 자신들의 문제를 해결해 줄 해결책을 가진 스타트업과 함께 사업을 하는 벤처 클라이언트 모델이다. 스타트업은 클라이언트인 대기업의 특정 요구 사항에 대해 개발한 특정 기술 및 노하우를 활용하여 제품 또는 서비스를 제공한다. 액셀러레이터는 초기 아이디어를 상의하고 실행 가능성과 구현 가능성을 평가하는 데 사용하고 있다. 코카콜라는 이 벤처 클라이언트 모델을 적용하여 성공적인 사례들을 만들어 내고 있다. 2021년에는 중국 파트너와 협업하여 100% 식물성 플라스틱병을 출시했고, 덴마크 스타트업인 Paboco와 협력하여 100% 종이병을 출시했다.

2) 기업형 액셀러레이터

코카콜라는 2014년부터 '브리지 Bridge'라는 고유의 기업형 액셀러레이팅 프로그램을 운영하고 있다. 본 프로그램의 목표는 경쟁사보다 빠르게 최신 기술을 도입하는 것이다. 기술 스타트업과 글로벌 시장 사이에서 가교 역할을 목표로 하는 이 프로그램은 상업화 직전에 있고 코카콜라와 전략적 핏이 맞으며 코카콜라의 고객사 및 연계 투자사와도 시너지 효과를 만들어 낼 수 있는 스타트업을 타깃으로 한다. 과거에는 투자 라운드에도 참여를 했으며 그 기업중 한곳은 소셜미디어 기업인 스냅에 매각되기도 했다. 최근 참여한 기업들의 기술을 보면 VR 콘텐츠 관리 시스템, 중소기업을 위한 마케팅 솔루션 등 다양한 스타트업이 도움을 받고있다. 브리지 프로그램을 통해 스타트업은 빠르게 성장하는 기업으로 탈바꿈하는 계기가 되고있다.

코카콜라의 전략에 혁신은 필수적인 부분이며, 소비자들이 더욱 건강한 음료에 대한 니즈가 커지고 있어 투자를 통해 음료 산업에서의 지속적인 성장과 경쟁력 강화를 노리고 있다. 브릿지 프로그램을 통해 개발된 스타트업의 기술을 발굴하고 코카콜라의 프로세스 혁신에도 유용해 보인다면 빠르게 움직여서 도입하는 때도 있다.

코카콜라의 액셀러레이팅 프로그램의 목표 중 하나는 코카콜라의 기술 향상을 위해 협력할 수 있는 회사를 찾는 것이다. 본 프로그램을 통해 빠르게 상용화할 수 있는 성장 단계의 스타트업도 대상이 된다.

3) 벤처 빌더

벤처 빌더는 새로운 사업을 시작하고 성장할 수 있도록 도움을 줄 수 있는 오픈 이노베이션 모델이다. 2013년부터 코카콜라에서는 '코카콜라 파운더스 founders'라는 벤처 빌더 모델도 도입하고 있다. 코카콜라 파운더스는 스타트업 경험을 모든 창업자들과 파트너로 네트워크를 구축하고 있다. 예비 창업자가 참가하게 되면 새로운 창업을 시작하기 전부터 코카콜라의 네트워크 및 자원을 활용할 수 있도록 해준다. 린 스타트업 방식을 활용하여 성장하는 스타트업의 선두 후원자로 코카콜라가 나서는 것이다. 이후 비즈니스 모델이 입증되면 코카콜라에서는 소주주가 되는 방식을 채택하고 있다.

구체적인 방식을 이렇다. 먼저 예비 창업가들은 공동 창업자 네트워크에 참가하게 되며, 팀을 만들어 창업팀이 100% 주주로 새로운 법인을 설립하도록 지원한다. 그 이후 코카콜라의 자산 및 네트워크를 공개하고 코카콜라 내부의 현지 및 고위 관리자가 어드바이저가

되도록 연결한다. 이 구조는 스타트업을 구축하는 데 필요한 유연성과 속도를 유지하면서 코카콜라 내부에도 커넥션을 만들어 낸다. 팀이 비즈니스 모델을 검증하고 사업이 확장할 준비가 되면 코카콜라에서 투자하여 소수 지분으로 전환한다.

기업형 액셀러레이터와 다른 점은 액셀러레이터는 3~6개월 프로그램을 진행하며 금전적 투자 및 멘토링에 중점을 둔다. 본 모델은 창업자가 아이디어나 스타트업을 만들기 전에 창업자에게 투자한다. 창업자가 해결해야 할 문제나 집중해야 하는 산업에 대해 가르치려 들지 않으며, 문제의 정의부터 시작해서 검증하고 최적의 제품-시장-적합성 PMF :Product-Market-Fit과 비즈니스 모델을 찾는 데 필요한 시간과 자원을 창업자에게 제공한다.

4) CVC

코카콜라는 CCEP Coca Cola Europacific Partners라는 CVC도 운영하고 있다. 초기 스타트업에 투자하며 투자하는 영역은 지속 가능성, 고객 경험, 시장으로의 루트, 판매 시각화이다.

- **지속 가능성**: 기후 변화 문제에 도움이 되도록 쓰레기나 폐기물을 늘리지 않고 음료를 제공할 수 있게 하는 기술
- **고객 경험**: 소비자의 행동을 이해하거나 스마트 매출 성장 관리 등을 통해 CCEP의 제품을 소비자에게 더욱 엑세스가 가능하도록 하는 아이디어

- **시장으로의 루트**: 이커머스나 물류 자동화와 같은 더 많은 사람에게 제품을 판매할 수 있는 기회를 제공하는 기술
- **판매 시각화**: 데이터 분석, 스마트 패키징 등 판매에 대한 인사이트를 제공하는 기술

PitchBook[1]에 따르면, 2023년 1월 현재까지 7개의 투자와 1개의 엑시트를 했다.

5) 오픈 이노베이션 조직

코카콜라는 내부적으로 오픈 이노베이션팀을 두고 있다. CIO Chief Innovation Officer를 따로 두고 있으며 CEO에게 직접 보고하는 조직 체계를 가지고 있다. 경영진의 오픈 이노베이션에 대한 관심이 크고 회사의 오픈 이노베이션 부서를 기업의 중점 부서로 두고 있으며, 빠른 의사 결정을 내릴 수 있는 조직 구조가 되어 있다.

위 코카콜라 사례를 보면서 한 가지 알게 된 것이 있을 것이다. 그건 바로 '지속 가능성과 순환 경제'라는 키워드이다. 본 키워드는 모든 기업의 미션의 일부가 되고 있으며, 이 부분이 포함되지 않으면 사업으로써의 지속성도 없어지기 때문이다.

지속 가능성은 3가지의 환경적, 사회적, 경제적 측면에서 사용되는

---

1) PitchBook, CCEP Ventures Overview: https://pitchbook.com/profiles/investor/442184-95#overview

광범위한 개념이다. UN의 지속 가능한 발전 목표 SDGs:Sustainable Development Goals는 세 가지 측면과 일치하고 균형을 이루며 경제 및 환경은 순환 경제와 더욱더 강한 연결성을 가지고 있다. 환경적인 측면에서는 모든 나라가 이산화탄소 감소에 힘쓰고 있으며, 2021년에 미국에서 발표한 내용에 따르면 2005년부터 2025년까지 온실가스 오염을 50% 감소[2]하겠다고 선언할 정도로 정부뿐만이 아니라 기업들도 깨어 있는 기업이 되기 위해 노력하고 있다. 경제적인 측면에서는 소비재 제조사들은 기존 재료와 제품을 최대한 오랫동안 공유, 임대, 재사용, 수리, 개조 및 재활용을 하기 위한 제조와 소비의 순환 모델에 집중하고 있다. 특히 제품 사용 시, 생산 시, 유통 시에 폐기물과 쓰레기가 많이 발생하는 순서로 이를 감소시키는 데 기업들도 힘쓰고 있는 추세이다.

지속 가능성과 순환 경제 측면에서 코카콜라는 다양한 사례들을 만들어 내고 있다.

기업들은 분해되지 않는 물질의 대체재로 다양한 유형의 바이오 기반 제품을 조사하며 생산하고 있다. 플라스틱의 경우 종이와 바이

---

2) The White House (2021), "FACT SHEET: President Biden Sets 2030 Greenhouse Gas Pollution Reduction Target Aimed at Creating Good-Paying Union Jobs and Securing U.S. Leadership on Clean Energy Technologies"
****Available at:
****https://www.whitehouse.gov/briefing-room/statements-releases/2021/04/22/fact-sheet-president-biden-sets-2030-greenhouse-gas-pollution-reduction-target-aimed-at-creating-good-paying-union-jobs-and-securing-u-s-leadership-on-clean-energy-technologies/

오 플라스틱이 가장 유력한 대체재이다. 코카콜라에서는 종이병과 100% 식물성 플라스틱병을 출시하며 이 영역에서는 많은 노력을 기울이는 회사다.

플라스틱 재활용을 진행하면서 함께 화학적 재활용 기술도 함께 필요성이 커지고 있다. 화학적 재활용 과정에서 폐플라스틱을 순정 플라스틱의 원재료로 바꾸는 역할을 한다. 2020년에 레이스 코카콜라 보틀링 코카콜라 브랜드의 서부 해안 및 중서부 보틀링 및 유통업체은 캘리포니아 전역에 30% 재활용 콘텐츠를 사용한 뚜껑에 있는 특정 제품을 생산해서 배포하기 시작했다. 2025년까지 패키징에 100% 재활용 가능한 재료를 사용한다는 회사의 목표에 따라 문제없이 진행되고 있다.

2020년 코카콜라의 최대 병 제조업자는 재활용하기 어려운 플라스틱 폴리에스터 폐기물에 재활용하는 스타트업인 CuRe Technology에 투자를 하겠다고 발표했다.

이렇듯이 지속 가능성과 순환 경제에 기업의 한 축으로 두고 오픈 이노베이션 활동도 진행해야 하는 시대가 도래한 것이다.

5-5. 금융 신용카드 기업 사례

마스터카드는 글로벌 신용카드 회사이다. 마스터카드는 금융 기술 혁신을 촉진하기 위해 오픈 이노베이션 전략을 추구하고 있다. 기업 내부와 외부에서의 혁신을 육성하며 금융 서비스의 미래에 대한 가능성을 모색하고 있다. 마스터카드는 파트너십, 제휴, 투자 등을 통해 새로운 아이디어를 발굴하고 신속하게 시장에 출시하며 소비자들에게 혜택을 제공한다.[3]

1) 오픈 이노베이션 조직

마스터카드[4]의 혁신은 조직 전반적으로 뿌리내려져 있다. 이는 경영진부터 시작되어 온 전략적 목표다. 조직 내 모든 사람이 혁신에 초점을 맞추도록 하기 위함이기도 하다. 오픈 이노베이션팀으로는 글로벌 '마스터카드 랩Mastercard Lab'을 보유하고 있다. 팀의 역할은 혁신 기술 발굴과 스타트업과의 협업 주선, PoC 촉진, 새로운 비즈니스 모델 탐색 등 다양한 활동을 수행한다. 조직 전체와 협업하여 혁신을 진행한다. 이 팀은 다양한 내부 조직과 연계된 활동을 펼친다. 마스터카드 랩은 이미 몇 년간 운영되고 있으며, 혁신에 집중하며 시간이 지남에 따라 발전해 왔다.

2) 기업형 액셀러레이터

마스터카드는 스타트 패스 Start Path라는 액셀러레이팅 프로그램을 통해 글로벌 스타트업과 연계한다. 프로그램의 목표는 마스터카드의 핀테크 생태계를 만드는 것이다. 초기 스타트업보다는 성장 혹은 후

---

3) Mind the Bridge, Mind the Chat with Amy Neale - Mastercard. Avaliable at: https://mindthebridge.com/mind-the-chat-with-amy-neale-mastercard/
4) 마스터카드 웹사이트: https://www.mastercard.com/global/en/business/fintech/fintech-programs/startpath.html

기 핀테크 스타트업과 협업하며 오픈 이노베이션 성공의 가능성을 극대화한다. 2014년부터 355개의 스타트업이 참여했으며 참여 기업들은 43개국에서 참여했으며, 프로그램 졸업 이후 약 200조 원_{150억 미국 달러}을 투자 유치했다.

스타트 패스 프로그램의 주제는 프로그램의 주제는 블록체인, 디지털 자산, 이머징 핀테크, 오픈 뱅킹 등으로 다양하다. 선정된 스타트업을 대상으로 3~4개월간 마스터카드의 전문가와 네트워크를 제공하여 글로벌 시장에서 성공할 수 있도록 지원한다. 마스터카드는 프로그램을 통해 단기적인 협력뿐만 아니라 장기적인 관계를 형성한다. 마스터카드는 스타트업으로부터 회사의 지분을 받지 않는다. 자신들은 VC 비즈니스가 아니며 정말 잘하는 스타트업들은 기업 측으로부터의 투자를 원하지 않기 때문이다.

3) 벤처 클라이언트

마스터카드는 실질적인 협업과 결과물을 위해 액셀러레이팅 프로그램에서 벤처 클라이언트 모델로 연결한다. 오픈 이노베이션 초기에는 PoC_{개념 증명}의 수를 늘리는 게 중요했지만, 이제는 그 이상의 결과를 추구하며, 혁신을 가속화하고 영향을 확장하려고 한다.

스타트업과는 PoC_{개념 증명}를 진행하는데, 이후 검증 결과에 따라 협력 방식을 결정한다. 협력 방식은 파트너십, 공동 기업, 라이선싱, 투자 등이다. PoC 프로젝트를 진행할 때는 프로젝트는 '적색', '녹색',

'노란색'으로 구분한다. '적색'은 실패로 간주되며, '녹색'은 성공을 의미한다. '노란색'은 중간 단계로, 이 단계에서는 원하는 결과가 나오지 않은 것을 의미하며 에너지 낭비를 최소화하려는 목적이다.

마스터카드는 다양한 성공 케이스를 보유하고 있다. AI 및 머신러닝 기반의 카드 거래 감시 및 부정행위 탐지 기술을 제공하는 스타트업인 브라이트리온Brighterion과의 협력을 통해 더욱 정확한 부정 거래 탐지와 카드 사용자 보호를 실현했다.

사이버 보안 분야에서 활동하는 누데이터 시큐리티Nudata Securit와의 협력을 통해 카드 사용자의 신원을 보호하는 솔루션을 개발하여, 사기 행위로부터 사용자 정보를 보호하며, 디지털 보안을 강화했다. 엑셀 로보틱스Accel Robotics와 협력하여 자동화된 소매점 체험을 위한 솔루션을 개발했으며, 이를 통해 소비자는 더욱 빠르고 편리한 쇼핑 경험을 얻을 수 있게 되며, 소매업자는 혁신적인 기술을 도입함으로써 경쟁력을 강화했다.

마스터카드는 고객으로부터 오픈 이노베이션 과제를 파악하고 문제를 해결하기 위한 실현에도 힘쓰고 있다. 고객의 목소리로부터 혁신이 시작되고 있다.

마스터카드는 새로운 제품이나 솔루션을 개발할 때는 항상 파트너십을 고려한다. 마스터카드 내부에서 직접 개발할 부분과 외부와 함께 강화할 부분을 항상 고려한다.

5-6. 자동차 제조 기업 사례

BMW 그룹은 프리미엄 모빌리티 제조 및 제공 업체다. BMW는 혁신을 통해 프리미엄 고객에게 영감을 주는 혁신적인 제품과 스마트 솔루션을 제공하려고 노력한다. 기술 스타트업과의 협력은 미래의 혁신 리더십을 확보하는 데 도움이 된다고 이야기한다.

1) 기술 스카우팅

BMW 그룹은 기술 스카우팅을 미국마운틴뷰, 그린빌 및 아시아서울, 상하이, 도쿄, 싱가포르, 유럽뮌헨, 텔아비브의 내부 기술 오피스가 글로벌 환경에서 수행하며, 트렌드 에이전시와 컨설팅 회사, 고등교육기관과도 협력한다. 이를 통해 BMW 그룹에 적용할 수 있는 새롭고 혁신적인 기술 및 기술 유도 트렌드를 빠르게 감지하고, 글로벌 시장에서 미래의 모빌리티이동성에 대한 고객의 요구를 이해하기 위한 노력을 기울이고 있다.

BMW 그룹은 산업과 과학을 넘나드는 새로운 기술과 추세의 기회와 위험을 식별하고 분석한다. 이를 통해 혁신적인 아이디어와 기술을 발굴하며, 이를 BMW 그룹의 성공에 이바지할 수 있는지 평가한다.

2) 벤처 클라이언트

BMW 그룹의 스타트업 개러지Startup Garage 는 외부 스타트업과의 협력을 강화하기 위한 프로그램이다. 이 프로그램은 혁신적인 아이디어와 기술을 발굴하고 BMW 제품 및 서비스의 혁신을 촉진하는 목적을 가지고 있다.

스타트업 개러지의 주요 활동은 혁신 아이디어를 발굴해서 자동차 및 모빌리티 분야에서의 새로운 기회를 찾고 비즈니스에 적용하는 것이다. 본 프로그램을 통해서 BMW의 니즈에 맞는 기술 스타트업을 발굴하고, BMW가 가진 기술적 과제를 해결하는 것에 집중한다. 스타트업 개러지는 스타트업과 협력하는 다양한 프로젝트도 지원한다. 이를 통해 스타트업의 기술이 BMW 그룹의 비즈니스 프로세스에 활용 및 통합될 수 있도록 발전시킨다.

3) 사내(외) 벤처

BMW 그룹의 크라우드 이노베이션 Crowd Innovation은 다양한 사람들의 참여와 아이디어를 모아 혁신을 추진하는 방식이다. 이 프로세스는 BMW 그룹이 내부 및 외부의 다양한 개인 및 전문가들을 참여시키고 의견을 나누며, 문제 해결 및 혁신적인 아이디어를 발굴하는 것을 목표로 한다.

먼저 혁신적인 해결책이나 아이디어가 필요한 문제를 정의하고 이를 크라우드 이노베이션에 제시한다. 이 문제들은 자동차 및 모빌리티 분야에서 다양한 도전 과제가 포함된다.

다양한 배경과 전문 분야의 사람들을 대상으로 크라우드 이노베이션을 모집한다. 내부 직원뿐만 아니라 외부의 전문가, 고객, 공동체 등 다양한 사람들이 참여하여 다양한 시각과 아이디어를 제공한다.

아이디어는 제품 디자인, 기술 개발, 서비스 혁신 등 다양한 영역에서 이루어진다.

참여자들은 자기 아이디어를 공유하고 다른 참여자들의 의견과 피드백을 받는다. 이를 통해 아이디어를 발전시키고 협력할 수 있는 기회를 찾아낸다.

제출된 아이디어는 BMW그룹의 전문가들로 의해 검토되며, 현실적으로 실행 가능한 아이디어가 선택된다.

물론 선정된 아이디어를 제공한 참여자들에게는 인센티브나 보상이 주어지며, 그들의 기여와 참여를 인정해 준다.

4) 벤처 빌더

BMW 그룹의 씽크. 메이크. 스타트. THINK. MAKE. START. 프로그램은 창의적인 아이디어를 실제로 구현하는 프로세스를 강조하는 벤처 빌더다. 이 프로그램은 아이디어를 고안하고 제품으로 발전시키는 과정을 장려하며, 아이디어 제안자와 전문가들의 협력을 강화하여 혁신을 가속화한다.

프로그램 참여자들은 자동차 및 모빌리티 분야에서 혁신적인 아이디어를 제안하고 공유한다. 제출된 아이디어는 전문가들에 의해 검토되며, 현실적으로 실행 가능한 혁신 아이디어가 선정된다.

선정된 아이디어 제안자와 전문가들로 팀이 구성된다. 이 팀은 아이디어를 실제로 구현하고 개발하는 과정에 참여한다.

팀은 선정된 아이디어를 바탕으로 프로토타입을 개발하고 실험한다. 이 단계에서 실제로 구현 가능한지 확인한다.

개발된 프로토타입은 실현 가능성과 비즈니스 가치를 평가받는다. 잠재적인 성공 가능성을 확인하는 것이다.

프로토타입이 실제 환경에서 시범 적용되며, 사용자 피드백을 통해 개선된다.

최종적으로 성공적으로 개발된 제품은 시장에 출시된다. 이 단계에서 비즈니스 모델과 마케팅 전략도 고려된다.

5) 기업형 액셀러레이터

BMW 그룹은 BMW 스타트업 개러지 액셀러레이터도 운영 중이다. 액셀러레이팅 프로그램은 스타트업과의 협력을 강화하고 혁신을 촉진하는 프로그램이다. 프로그램의 목표는 다양한 스타트업과 협력하여 새로운 아이디어와 기술을 발굴하고, 이를 BMW 그룹에 접목하는 것이다.

프로그램에서는 전 세계의 스타트업을 발굴하고 선정한다. 선정된 스타트업들은 액셀러레이팅 프로그램에 참여하여 제품 개발, 비즈니스 모델 검증, 시장 진입 전략 등 다양한 지원을 받는다.

특히 내부의 경험 있는 전문가들이 스타트업을 멘토링 한다. 이를 통해 다양한 영역에서 도움을 준다.

스타트업이 개발한 제품이나 기술을 실제로 BMW 차량이나 시스템에 실험할 수 있는 기회도 제공한다. 이후에 투자를 진행하는 경우도 있다.

6) CVC(기업형 VC)

BMW i 벤처스는 차세대 이동성을 형성하는 빠르게 성장하는 혁신적인 스타트업에 투자하는 BMW 그룹의 기업형 벤처캐피털 CVC이다. BMW i 벤처스는 미래의 개별 이동성을 형성하는 데 도움이 될 수 있는 차량 분야의 혁신 기업에 투자하며, 교통, 제조 및 공급망 산업의 기술적 솔루션과 다양한 지속 가능한 해결책에도 중점을 두고 있다.

BMW i 벤처스는 자율주행을 포함한 분야에서 빠른 투자 결정을 내릴 수 있도록 자율적으로 운영되며, 이러한 독립성은 최고의 벤처 플레이어와 속도와 품질을 일치시키며 최고의 투자 파트너를 유치할 수 있게 한다.

투자 분야는 다음과 같다.
   1. 차량 개발
   2. 스마트 생산
   3. 스마트 공급망
   4. 디지털 영업 및 서비스
   5. 정보 기술
   6. 지속 가능성

BMW i 벤처스는 지속 가능한 산업 솔루션에 투자하며 예: Boston Metal, Natural Fiber Welding, bCOMP, Chargepoint, Solid Power, Xometry 와 같은 상장 IPO 사례도 보유하고 있다.

BMW i 벤처스는 스타트업과의 파트너십을 통해 상호 이익을 추구한다: 2011년에 설립되었으며 이미 여러 개의 유니콘 기업을 배출해 냈다. 실리콘밸리와 뮌헨에 위치한 투자팀은 기술 동향에 매우 근접하며 성공을 가져올 혁신을 잘 파악하고 있다.

BMW i Ventures팀은 스타트업에게 금전적인 지원뿐만 아니라 성장하는 기업의 성공적인 발전에 이바지하는 비금전 자원 스마트 캐피털을 제공한다. 이를 통해 스타트업은 BMW 그룹의 기술 전문성과 네트워크, 실리콘밸리와의 근접성을 활용할 수 있다.[5]

5-7. 에너지 기업 사례

에넬 Enel 그룹은 이탈리아에서 설립된 글로벌 에너지 기업이다. Enel은 오픈 이노베이션을 중요한 전략으로 인식하며, 혁신과 지속 가능성을 결합하여 미래 에너지 솔루션을 찾고 있다.

그룹의 철학도 오픈 이노베이션에 기반한다. 오픈 이노바빌리티 Open Innovability®는 혁신적이고 지속 가능한 솔루션을 위한 크라우드 소싱 플랫폼이다. 오픈 이노바빌리티 Open Innovability®는 에넬 그룹의 철학을 요약하는 두 가지 개념에 기반을 두고 있다.

첫 번째 개념은 이노바빌리티 Innovability®다. 이는 혁신과 지속 가능성의 결합을 의미한다. 에넬에게 있어서 혁신과 지속 가능성은 모두

---

5) BMW Group Website: https://www.bmwgroup.com/en/innovation/open-innovation.html#ace-63971836

근본적이고 상호 의존적인 개념으로 자리 잡고 있다. 지속 가능성은 지속적인 혁신을 필요로 하며, 혁신이 실제로 유용하려면 지속 가능해야 한다고 이야기한다. 또한, 혁신과 지속 가능성이 결합될 경우 세계를 진정으로 변화시킬 수 있는 해결책으로 이어질 수 있다고 믿는다.

두 번째 중요한 개념은 에넬의 오픈 파워 Open Power 전략이다. 이는 아이디어가 어디서든 나올 수 있다는 믿음에 기반한다. 이 전략을 따르는 목표는 최상의 에너지 혁신 생태계를 구축하는 것이다. 에넬은 재능, 아이디어, 기술 및 리소스의 네트워크를 구축하여 에너지 부문의 전환을 주도하고 더 스마트하고 접근 가능하며 효율적이며 신뢰성 있는 분야로 만드는 것을 목표로 한다.

1) 오픈 이노베이션팀

에넬 오픈 이노바빌리티팀은 에넬 그룹의 모든 사업부와 연결되어 있다. 팀은 혁신적인 아이디어를 발굴하고 실행하는 것을 목표로 하며, 다양한 오픈 이노베이션 활동을 수행한다. 주요 역할로는 기술 소싱, 스타트업 파트너십 형성 및 스타트업 생태게 육성, 외부 기술 및 솔루션 평가와 에넬의 혁신 전략과의 부합성 검토 등이 있다.

2) 기술 스카우팅 + 벤처 클라이언트

에넬은 1만 4,500개의 중소기업 및 스타트업을 스카우팅해 왔다. 590개의 스타트업과 PoC 개념 검증을 수행하는 데 필요한 리소스를 제공했으며, 이러한 협력으로부터 약 8,000억 원 2억 8,000만 유로의 공급 계약을 체결했다.

에넬의 글로벌 허브 및 연구소는 스타트업 및 중소기업과 협력하여 기술 기반의 솔루션을 개발하고 글로벌 산업 자산, 전문가, 관련 데이터, 7천만 명 이상의 고객 네트워크에 대한 액세스를 제공함으로써 PoC_{개념 검증}를 수행한다. 테스트 단계가 끝나면 에넬의 글로벌 네트워크를 활용하여 새로운 솔루션은 국제적으로 확장된다.

에넬의 강점
- 비교적 적은 기술 및 경제적 요구 사항을 바탕으로 자격을 간소화
- PoC_{개념 증명} 계약서를 간단하고 유연한 내용을 작성하고 체결
- 스타트업은 PoC 계약 시 30% 선지급
- 결제 시간 단축_{30일부터 시작}
- 모든 프로세스의 디지털화
- 성공적인 PoC 이후 스타트업 성장도 함께 지원

3) 사내(외) 벤처

에넬은 오픈 이노바빌리티 플랫폼을 통해 혁신 과제를 언제나 제안하도록 열려 있다. 개인, 리서처, 소셜기업, NGO, 대기업, 스타트업, 다양한 기관 및 사람들로부터 프로젝트를 받고 있다.

공개되어 있는 혁신 과제를 선택해서 프로젝트를 제출하면 된다. 만약 선택할 혁신 과제가 올라와 있지 않다면 새 프로젝트를 제출할 수도 있다. 제안서 제출은 양식에 따라 작성하게 되어 있다. 제안서는 평가와 선별 과정을 거치며, 최종 선정된 과제는 보상을 받는다.

- **혁신 과제의 예시:** 전력 그리드 혁신을 촉진하고 지속 가능한 에너지 전환을 위해 스타트업 및 혁신적인 개인들로부터 아이디어와 솔루션을 모색 중이다.[6]

5-8. 기타 사례

이 외에도 다음과 같은 오픈 이노베이션 사례들이 있다.

- 회사의 경영진 교체로 인한 오픈 이노베이션이 중단된 사례로 참여했던 팀들에 대한 지원이 중간에 끊기면서 이도 저도 할 수 없는 상황이 된 예도 있다. 오픈 이노베이션 제도에 대한 명확한 수립이 되지 않은 경우에 일어날 수 있는 사례이다. 결국 오픈 이노베이션을 진행하던 팀들은 해체되고 모두 본업으로 복귀하였다.
- 최신 트렌드에 맞춘 신규 제품/서비스 확장을 위해 PoC를 진행하였으나 기업이 막상 참여한 스타트업들을 위한 Test Bed가 부재한 경우로 전략적 협업 포인트를 찾을 수 없었던 사례도 있다. 기업에서 오픈 이노베이션을 위한 인프라 준비가 되어 있지 않았고, 전략적으로 시장의 흐름을 이해하지 못한 상황에서 진행하여 실패한 사례이다. 결론적으로 투자한 스타트업들을 통해 전략적으로나 재무적으로나 성과를 내지 못했다.
- 상기 사례와 유사하나 반대로 기업의 협업 부서들이 오픈 이노베

---

6) 에넬 웹사이트: https://openinnovability.enel.com/about-us, https://www.enel.com/company/our-commitment/open-innovability

이션에 대한 이해도가 높고 준비가 되어 있었던 기업의 경우, 스타트업의 기술에 대해 빠르게 효용성을 판단하고, 제품화할 수 있는 것은 빠르게 PoC를 진행하여 가시적 성과를 달성하였다. 동시에 시간이 필요하다고 판단되는 사업에 대해서는 투자를 진행하며 균형 있는 오픈 이노베이션을 진행한 사례이다.

- 한 기업은 뛰어난 원천 기술을 가진 스타트업에 전략적 투자를 진행하였으나, 내부에서 해당 기술의 양산성이 검증되어 있지 않다는 이유로 제품 개발을 진행하지 않았고, 결국 스타트업은 burn rate가 높았던 해당 산업에서 벗어나 다른 전략적 투자자의 후속 투자를 받아 성공적으로 PoC 사례를 만들었다. 스타트업은 기업의 양산 인프라를 기대하여 받은 투자였으나 기존에 하던 사업에 대한 관성 탓에 실패한 사례이다.

- 투자 기업이 진출을 원하던 분야의 우수한 원천 기술을 가진 스타트업에 투자하였으나, 해당 스타트업이 정부 과제를 통해 기존에 진입하려던 대기업 고객의 과제를 직접적으로 수행하며 투자 기업은 영업망을 보유하고 있던 전략적인 위치를 상실한 사례도 있다. 투자하는 기업이 스타트업보다 유리한 전략적 조건을 갖추지 못해 일어난 사례로 본다.

위와 같이 다양한 산업에서 다양한 목적을 가지고 오픈 이노베이션 활동이 일어난다. 하지만 공통적으로 발견되는 요인은 기업의 담당자가 생태계를 이해하고 준비가 되어 있지 않으면 성과를 낼 수 없다는 것이다.

6

오픈 이노베이션
이렇게 하라

6.

오픈 이노베이션
이렇게 하라

6-1. 대기업, 중견기업 오픈 이노베이션
이렇게 준비하라

1) 리더와 직원들 교육부터 시작해야 한다.

오픈 이노베이션을 기업에 도입하고자 한다면 교육부터 시작해야
한다. 신사업 전략에 대한 이해와 비즈니스 모델 수립, 오픈 이노베이
션의 방법과 사례, 사업 평가 및 개발 방법, 프로세스 정립, 보상 체계

마련 그리고 투자와 스타트업 생태계에 대한 지식과 경험이 간접적으로 쌓일 수 있도록 제대로 된 교육부터 추진해야 한다. 특히 전 직원을 대상으로 기업가 정신에 대한 교육은 꼭 필요하다고 생각한다. 기업이 직면한 다양한 도전들에 어떻게 반응해야 할지에 대해 고민해 보고 연구하고 전략을 수립할 수 있도록 끊임없이 가르치고 동기 부여해야 한다. 지난 3년간 D 금융, L그룹, J 제약회사, K 제약회사 등은 임직원 모두에게 어려운 시기를 돌파하는 힘으로 기업가 정신을 강조하도록 강의와 워크숍을 필자에게 요청했었다. 새로운 생각과 인식이 형성되어 꾸준한 혁신의 동력을 얻고자 했다고 본다. 또한, 각 분야의 인재가 모였더라도 통일된 가치 체계와 생각의 Gap을 줄일 수 있으며, 상호 간의 지식 교류와 시너지가 창출될 수 있도록 외부 전문가로 구성된 교육과 Workshop은 필수이다. 아래의 교육 프로그램 예시는 필자가 40여 시간 교육 및 워크숍을 진행했던 내용을 예시로 들은 것이다. 각자 기업에 맞게 이론과 실제 사례를 배우고 적용할 수 있도록 교육 프로그램을 디자인하고 개발해 가기를 바란다.

2) 왜 그리고 무엇을 위해서 오픈 이노베이션을 하는지 정의부터 내리자

오픈 이노베이션은 하루아침에 엄청난 결과물을 만들어 낼 수는 없다. 그리고 다른 기업의 성공 사례가 우리의 성공 사례가 되지 않을 수도 있다. 기업의 측면에서 오픈 이노베이션을 진행해야 하는 이유를 축소하면 이렇게 이야기할 수 있다. 그건 바로 기업의 숙명인 지속 성장과 생존이다. 새로운 기술들을 바탕으로 한 사업들이 빠르게 생겨나고 있는 이 시기에 외부와의 협업과 트렌드 와칭은 필수 불가결한 요

[기업의 신사업 기획과 오픈 이노베이션 전략 교육 예시]

모듈	세부 내용
신규사업 발굴을 위한 Covid 19 기간의 Review	▪ Covid 3년 동안 무엇이 변화되었는가? ▪ 사회적 거리두기 공간은 무엇으로 채워졌는가? ▪ 지난 3년의 변화가 2023년에 미치는 영향은 무엇인가? ▪ 전략이란 무엇인가? 전략의 본질은 방점을 어디에 두어야 하는가? ▪ 텔러닥 등 비대면 진료는 앞으로 어떻게 진화할 것인가? ▪ [실습/토론 1] Covid 19, 우리의 삶을 어떻게 바꾸었는가? 　신규 비즈니스 발굴 관점에서의 고찰
인문학, 빅데이터의 핵심은 고객을 이해하는 것이다.	▪ 라이프 스타일이란 무엇인가? ▪ MZ 세대는 의미 부여를 통해 동기부여가 된다. ▪ 소비 패턴, 공간 이용 패턴, 시간 활용 패턴을 파악하라 ▪ 고객의 일상을 알아가기 위해 필요한 데이터는 무엇인가? ▪ 구글, 네이버, 카카오는 왜 헬스케어 시장을 넘나드는가? ▪ [실습/토론 2] 고객 라이프 스타일 디자인
기업가 정신과 신규 사업 기획	• 신규사업이란 무엇이며, 비즈니스 모델은 왜 필요한가? • 기업가 정신, 특히 Intrapreneurship이란 무엇인가? • POPs 프레임으로 살펴 본 기업가 정신 사례 연구 　[실습/토론 3] 유니콘 기업으로부터 배우는 기업가 정신, POPs로 정리해보기 • 신규 사업 전략적 방향 설계를 위한 Business Growth Matrix 이해 　- 4가지 방향성에 대한 이해 　- 주력 사업의 강화, 인접 사업의 진출, 비관련 사업 다각화의 이해 　- 제약 회사는 주력 사업을 어떻게 강화하고 있는가? 　[실습/토론4] 우리 회사의 Business Growth Matrix 작성해보기
새로운 성장 동력 발굴을 위한 오픈 이노베이션	▪ 글로벌 기업의 오픈 이노베이션 전략의 이해 및 사례 연구 　- 오픈 이노베이션이란 무엇이며 왜 필요한가? 　- 글로벌 R&D 센터 역할의 변화, 공동 연구, 공동 개발, 공동 마케팅 　- 2010년, 삼성그룹의 오픈 이노베이션 전략 그리고 현재 　- 바이엘, 샐트리온 등 제약 업계의 오픈 이노베이션 전략과 사례 　- 의료 가전 세라젬의 오픈 이노베이션 성공 사례 연구 　[토론/실습 5] 300억 이상 투자 받은 기업과 우리 회사와의 협업 아이디어 도출, 오픈 이노베이션 카드 작성 ▪ 오픈 이노베이션을 위한 마켓 리서치 그리고 Long List 작성 　- 신사업 카테고리 선정 및 관련 스타트업 리서치 사례 연구 　[토론/실습 6] Long List 15개 작성을 위한 리서치
신규 사업 계획서 작성 및 공유	▪ Design Thinking의 Stakeholders Pain Points Analysis 　- 문제를 보는 시각, 공감 능력의 중요성 그리고 비즈니스 아이디어 　- 이해 관계자 Pain Points 분석 사례 연구 　[토론/실습 7] Pain Points Analysis Case study 및 실습 ▪ 투자 받는 사업 계획서의 특징과 사례 연구를 통한 적용점 찾기 　- 실리콘밸리 투자자가 질문하는 9가지 Question 　- 100억 투자 받은 스타트업의 사업 계획서 Case Study 　- 예비창업패키지, 창업도약패키지 등 사업계획서 사례 연구 ▪ 사업 기획서 작성 해 보기_ 1 Page Proposal 　- 누구의 문제를 해결하고자 하는가? 시장의 기회는 존재하는가? 　- 당신의 솔루션은 기존 경쟁사와 어떻게 차별화가 가능한가? 　- 협업해야 할 파트너가 존재하는가? 유통과 고객 관리는? 　- 기술적, 재무적 관점에서의 사업 타당성은 충분한가? 　[토론/실습 8] 조별로 사업 계획서 작성 및 공유

소이다. 기업은 지속 성장과 생존이라는 두 마리 토끼를 잡기 위해 변화에 민감하게 반응해야 하고, 원하는 변화를 달성하기 위해서는 오픈 이노베이션을 적극 활용해야 하는 시기가 바로 지금이다. 다가올 위험을 분산시키기 위해서라도 오픈 이노베이션이 필요하다고 본다.

기업 측에서 오픈 이노베이션을 하기 전에 준비해야 하는 것은 딱 2가지이다. 그건 우리가 왜 오픈 이노베이션을 해야 하는지, 뭘 목표로 해야 하는지에 대한 정의를 내리는 것이다. 많은 국내 기업은 다른 곳이 하니까 해야 한다는 위기감에 시작하는 곳이 생각보다 많다. 하지만 뭘 위해 하는지, 왜 해야 하는지 모르면서 남들 따라 하다가는 결국 리딩 기업이 아닌 Follow 기업으로 계속 남을 수밖에 없을 것이다.

오픈 이노베이션은 지속 성장과 생존을 위해 기업이 선택할 수 있는 최적의 전략 중의 하나라고 앞서 설명했다. 그럼 기업이 지속 성장과 생존을 위해 무엇에 집중해야 하는 것일까? 정성적인 목표로 설명하자면 새로운 기술을 기반으로 새로운 시장으로의 진입과 기존 시장에서의 시장 점유율을 성장시키거나 유지하는 것이다. 정량적인 경영 지표는 매출 증대와 비용의 감소이다. 오픈 이노베이션을 진행하면서 처음 시작한 기업들을 보면 스타트업을 지원한다는 자체가 목표가 되어 버리는 예를 많이 봐 왔다. 기업의 입장에서 필요한 결과를 도출하기 위한 목표를 설정한다면 시간 및 자원 낭비를 최소화하고 원하는 결과를 빠르게 도출해 내는 데 도움이 되도록 설계해야 할 것이다.

3) 외부 파트너와 내부 조직의 밸런스가 필요하다

오픈 이노베이션은 결국 사람이 중요하다. 오픈 이노베이션을 잘 진행하려면 외부 전문가나 파트너를 적극 활용하는 것이 필요하다. 스타트업과 스타트업 생태계에 대한 전문 지식이 부족한 내부 인력만으로는 효과적인 오픈 이노베이션 결과를 만들어 내기란 매우 어려운 일이다. 외부 전문가와 파트너를 적극 활용하는 것은 오픈 이노베이션을 더욱 성공적으로 수행하는 핵심 전략 중 하나이다.

외부 전문가를 내부로 영입하는 방법도 있지만, 외부 전문가를 영입하여 내부로 데려올 때는 내부 프로세스와 문화, 조직 구조 등 다양한 이슈가 산재해 있기 때문에 결국 내부의 일원이 되어 원하는 결과를 내는 데 시간이 걸린다. 효과적인 방법으로는 외부 전문가를 어드바이저 또는 자문 교수로 영입하여 외부 파트너와 시너지를 내도록 가이드 및 중재 역할을 하도록 구조를 만드는 것이 더 나을 수 있다.

오픈 이노베이션을 처음 진행하는 경우, 외부 액셀러레이터, 컨설팅 기관, 인큐베이터, 벤처캐피털 등과 협업하여 스타트업 생태계에 대한 이해를 높이고, 스타트업에 대한 경험과 지식을 쌓는 것이 필요하다. 이러한 외부 파트너들과의 협업을 통해 오픈 이노베이션의 성공 확률을 높일 수 있다. 하지만 모든 걸 위임해서 전부 맡겨도 좋은 결과를 내기 어려운 경우도 존재한다. 파트너들과 지속해서 커뮤니케이션하고, 정확하게 기업이 무엇을 원하는지를 정리하고 전달하여, 기업 내부에서 생각하지 못했던 새로운 아이디어와 인사이트를 얻을 수 있도록 파트너들과 목표와 콘셉트 그리고 생각의 공유를 꾸준히 해야 한다. 그리고 지속해서 다른 잠재 파트너들과도 소통하며 그들의 경쟁력과 강점에 대해 파악하며, 상황에 따라 새로운 파트너와도 협업해야 한다. 이러한 과정부터가 오픈 이노베이션인 것이다.

좋은 스타트업을 발굴하기 위해서는 딜 소싱할 능력과 네트워크를 갖춘 소싱 전문 기관, 액셀러레이터, 벤처캐피털 등이 좋은 파트너가 될 수 있다. 액셀러레이터의 경우, 함께 액셀러레이팅 프로그램을 기획하여 선발한 스타트업을 지원하며 그들에 대해 깊게 파악하고, 사업부와 경영진에 데모데이를 통해 소개하는 방법을 많이 사용한다. 벤처캐피털과는, 기업이 해당 벤처캐피털의 LPLimited Partners 투자자가 되어 벤처캐피털이 투자 검토 중인 스타트업 또는 이미 투자한 우수한 스타트업을 소개받아 협업하는 것도 최근에는 꽤 많이 활용하고 있는 방법이다.

필자는 오픈 이노베이션을 새롭게 추진하기 위해 내부부터 오픈 이노베이션을 하라고 말하고 싶다. 다시 말하자면, 외부 파트너를 적극적으로 활용하라는 뜻이다. 스스로 시행착오를 거치면서 오픈 이노베이션 조직을 구성하고 제도화를 하려고 내부적으로 인력을 투입하고 사용하는 모든 인건비와 기회비용을 계산해 보면 외부 파트너를 통해 몇 개월 정도 컨설팅을 받는 것이 훨씬 저렴하다.

제도화가 완료되어도 조직을 구성하기 위한 인적 자원을 확보하는 것도 쉽지 않다. 당연히 어디서나 신입보다는 바로 업무에 투입되어 성과를 창출할 수 있는 경력직을 선호한다. 그러나 기본적으로 금융권에 있던 투자심사역들의 연봉 체계는 일반 기업과 다르기 때문에 이직할 매력을 느끼지 못한다. 그래서 파격적인 조건으로 리더급 인재를 채용하고, 내외부의 다양한 분야에서의 인재를 등용해 오픈 이노베이션에 대한 교육을 진행할 필요가 있다. 그런데 이렇게 다양한 인재도 막상 오픈 이노베이션에 대해서는 초보일 가능성이 높다. 그럼 어떻게 해야할까?

초기 단계에서는 스타트업 액셀러레이터나 외부 전문가의 도움을 통해 직접 투자와 연계된 협업을 구성원들이 경험해 볼 수 있게 하는 것이 중요하다. 각종 협회나 교육기관에서 투자심사역 교육, 액셀러레이터 교육 등을 진행하겠지만, 백날 이론적으로 교육을 받아도 실제로 스타트업들을 투자하고 육성하고, PoC 협업 과제를 진행해 보는 것만큼 못 하다. 신입을 뽑을 때도 항상 인턴십 경험이 있는 신입 사원을 선호하지 않는가? 이론보다 실제 경험이 중요하다는 것이다.

또한, 스타트업 생태계에 속해 있지 않던 사람들은 스타트업 네트워크에 취약하다. 스타트업 생태계에서 가장 매력적이고 유용한 정보는 온라인에서 검색되지 않는다. 모든 중요 정보는 사람들 간의 네트워킹에서 일어난다. 개개인의 네트워킹 역량과 유망한 딜을 찾아내는 경험치에 의존할 수밖에 없는 산업이기 때문에 대기업이나 중견기업이 기존 생태계 종사자보다 유리하기 어렵다. 적어도 경험치가 쌓일 때까지는 전문가들을 적극적으로 활용하면 좋겠다.

"You get what you pay for"라는 말이 있다. 한국말로 번역하면 "싼 게 비지떡이다."라는 표현에 가까울 것이다. 이 책에서 계속해서 다룬 것처럼 오픈 이노베이션은 구성원들 간에 리스크를 공유하는 행위이다. "Low Risk, Low Return. High Risk, High Return"이라는 말 역시 일맥상통한다고 생각한다. 많은 기업이 최근 오픈 이노베이션을 진행하며 액셀러레이터나 외부 전문가에게 공동 투자를 조건으로 무상으로 업무를 요청하거나 아주 낮은 용역비를 책정하기도 한다. 사실 유망한 스타트업이면 소개하지 않고 혼자 투자하는 것이 더 이득이다. 액셀러레이터나 외부 전문가는 평판을 걸고 하는 일이기 때문에 용역비를 많이 받으면 그만큼 리스크를 가지는 것이고 책임감이 생기게 된다. 오픈 이노베이션을 제대로 실천하려면 과제에 참여하는 모두가 리스크를 공유하고 결실을 공유하는 구조를 만들어야 한다. 즉 오픈 이노베이션에는 정당한 비용을 지급해야 한다. 그래야 제대로 된 결과를 담보할 수 있고 기초를 탄탄하게 만들어 갈 수 있다.

6-2. 스타트업 오픈 이노베이션 이렇게 활용하라

1) 오픈 이노베이션은 'Time-to-Market'

스타트업에 있어 오픈 이노베이션은 빠르게 Go-to-Market을 달성할 수 있는 수단이다. 그렇다면 스타트업이 오픈 이노베이션을 위해 준비해야 할 일은 무엇일까?

스타트업은 자신이 가진 솔루션의 가치를 완벽하게 이해할 필요가 있고, 빠르게 시장에 판매할 가능성을 찾기 위해 최대한의 상상력과 실행력을 발휘해야 한다. Product-Market-Fit PMF, 제품 시장 적합성은 생각지도 못한 곳에서 발견할 수도 있기 때문이다. 몇 가지 사례를 들어 보겠다.

뉴빌리티는 만도의 오픈 이노베이션 프로그램에 참여한 스타트업으로 자율주행 배달 로봇 플랫폼 업체이다. 뉴빌리티가 PoC 진행 가능한 곳을 찾다 보니 한 사례로 골프장에 적용할 수 있겠다는 아이디어가 생겼다. 카트를 타고 나가 골프를 치고 있는 사람들에게 자율주행 배달 로봇이 원격으로 주문한 간식이나 음료수를 카트 도로를 타고 배달할 수 있겠다는 생각이었다. 실제로 결과는 성공적이었다. 자율주행이 사유지에서는 규제받지 않는다는 점에서 착안한 PMF를 발견한 사례이다. 다음 사례 역시 동일한 규제 사항을 피해서 나온 성공 사례라고 본다.

서울로보틱스는 LiDAR 센서에서 나온 데이터를 자율주행에 활용할 수 있도록 분석해 주는 소프트웨어 기술을 보유하고 있다. 서울로보틱스는 BMW와 오픈 이노베이션을 진행하며 사유지에서의 자율주행은 규제가 적용되지 않는 점에 착안하여 BMW의 차량 생산 공장에서 PoC를 진행하였다. BMW의 고급 라인은 전부 V2X Vehicle-to-Environment 통신이 지원되고 있었으며, 서울로보틱스는 공장의 출하 루트에 LiDAR 센서를 설치 후, 중앙 시스템에서 차량들을 원격으로 자율주행하여 차고지까지 이동하여 주차하는 시스템을 구축했다.

기업과 오픈 이노베이션을 통해 발굴할 수 있는 기술의 응용처가 스타트업이 기존에 구상했던 응용처와는 전혀 다를 수도 있다. 그렇기 때문에 보유하고 있는 솔루션이 적용될 수 있는 다양한 가능성에 대해 창의력을 발휘하고 시나리오를 구상해야 한다. 언제 어떤 파트너와 일을 하게 될지 모르기 때문이다. 만약 스타트업 스스로 획기적인 PMF를 발굴했다면 이 상상력을 현실화해 줄 수 있는 기업 파트너가 어디일지를 뾰족하게 능동적으로 정의하는 것도 방법이다.

스타트업이 기업에 직접적으로 연락을 하고 협업을 진행할 수도 있다. 하지만 윗선에 지인이 있지 않은 한 만나기도 쉽지가 않을 것이다. 혹시나 운이 좋아 만나게 되더라도 간혹 부당한 대우를 받거나 기술을 탈취당하는 불상사가 일어날 수도 있다. 최근 있었던 몇 가지 오픈 이노베이션 분쟁 사례를 보더라도 가능성을 배제할 수 없는 일들이다.

2) 오픈 이노베이션의 장단점을 명확히 인지하고 추진하라

극초기 스타트업은 오픈 이노베이션을 추진하기 위해 협력할 기업 파트너 선정 시 주의가 필요하다. 기업이 지나치게 본 사업에 뾰족하게 매칭되는 분야에서만, 즉 지나치게 전략적인 관점에서만 오픈 이노베이션을 추진하는 경우를 경계할 필요가 있다. 애초에 극초기 스타트업이 기업의 전략적인 눈높이를 맞추기도 어려우며, 해당 기업이 적절한 파트너가 아닐 시에 동종 업계 타 기업과 협력하는 길이 막히게 된다. 오픈 이노베이션을 함께할 기업 파트너가 동일한 Value Chain에서 나에게 인프라적인 도움을 줄 수 있는 곳일지, 향후 동일 시장에서 경쟁을 해야 하거나, 판매처가 제한이 될 수 있을지를 종합적으로 고려해 보아야 한다.

그럼에도 불구하고 오픈 이노베이션 자체는 스타트업 성장의 디딤돌이 될 수 있다고 본다.

스타트업 측에서 대기업과 협업을 통해 얻는 이익은 아래 같다.

- **기술 검증 기회 창출**
  스타트업은 기술을 개발하고 MVP_{Minimum Viable Product, 최소 기능 제품}를 만들어 낸 이후, 상용화가 필요하다. 하지만 검증도 되지 않은 기술에 돈을 지급하고 사용할 대기업은 많지 않다. 먼저 스타트업의 기술이 시장에 맞는지 검증을 밟아야 한다. 검증의 기회를 만들어 내는 데 있어 대기업과의 PoC_{개념 검증}나 공동 개발은 스타트업 측에 큰 도움이 되는 방법이다. 앞에서도 언급했듯이 대기업 측에서도 검증 이후에 상업적 계약을 체결하거나, 투자를 하는 등 추가적인 협업을 고려하고 임해야 할 것이다.

- **매출 증대의 기회**
  대기업과 PoC, 라이선싱, 상업적 계약 등 직접적 계약을 통해 매출을 높이는 것이 가능하다. PoC의 경우, 대기업 측에서 비용을 받지 않고 진행하는 스타트업들도 있지만, 무료로 진행하는 건 추천하지 않는다. 대기업 측에서도 도움이 되니 스타트업과 PoC를 진행하는 것이다. PoC가 잘 진행된다면 상업적 계약 체결의 가능성도 높으니 전략적으로 생각하며 다가가 보자.

- **마케팅 자원 확대**

대기업은 인적 자원이 풍부하다. 반면 스타트업은 인적 자원뿐 아니라 모든 면에서 자원이 턱없이 부족하다. 초기 스타트업이라면 영업과 마케팅 부서가 없을 수도 있다. 대기업과 협업을 통해 스타트업은 대기업 마케팅팀의 일하는 방식을 배울 수 있고, 산업과 시장에 대한 인사이트도 얻을 수 있다. 대기업의 세그멘테이션, 페르소나, 타게팅, 경쟁 분석, 포지셔닝, 디지털 트랜스포메이션 등 다양한 전문가로부터 배움을 얻을 수 있는 귀한 기회가 될 수도 있다. 대기업은 트레이트쇼나 컨퍼런스를 통해 청중의 관심을 많이 끌 수 있다. 대기업의 파트너로서 우리 스타트업의 로고나 회사명이 부스에 올라가고, 발표 등을 통해 더 많은 잠재 고객에게 어필이 가능하다. 커뮤니케이션 부서에서 새로운 파트너십과 제품에 대한 보도 자료를 발행하면 스타트업 측 제품에 대한 메시지가 전 세계 고객에게 전달되어 브랜드에 대한 신뢰도를 높일 수 있다. 이러한 모든 이점이 결합되어 판매 활동 및 브랜드 개발을 보완할 수 있다.

- **영업 채널 확장**

스타트업은 영업 인력도 부족하다. 스타트업이 자사의 영업팀을 꾸리고 키우려고 하면 훈련하고, 잠재 고객의 파이프라인을 만들고, 성공적인 영업 발표 자료를 만들고, 모든 프로세스를 모니터링하는 데 시간이 걸린다. 신규 고객을 유치하는 건 쉽지 않다. 시간과 에너지 소비가 크다. 혁신 기술로 시장을 빠르게 선점하지 않으면 경쟁사가 먼저 시장 점유율을 높여 갈 수 있기에 타이밍도 매우 중요하다. 대기업과 협업을 한다면 이런 문제도 해결할 수 있을 것이다. 대기업 파트너사의 영업망과 고객 관계, 오랫동안 쌓아온 신뢰 관계를 활용하여 보다 쉽게 시장에 우리 솔루션을 도입시킬 수 있을 것이다. 그리고 대기업 측으로부터 솔루션 도입, A/S 등의 도움도 받을 수 있다.

- **브랜드 레버리지**

대기업의 마케팅, 영업 인력 및 네트워크를 활용하여 브랜드 노출과 평판을 쌓을 수 있다. 유명 대기업과 협업한다면 실적이 없는 스타트업에는 무엇보다 큰 발판이 될 것이다. 브랜드 가치는 절대 무시하면 안 된다. 인간은 인식에 약한 동물이기에, 대기업과 함께하는 모습을 보인다면 우리 스타트업도 같은 위치로 인식될 것이다. 경쟁사와도 큰 차이를 만들어 낼 수 있다.

대기업과의 오픈 이노베이션을 통해 위의 이익을 일부, 혹은 모두를 손에 넣을 수도 있다. 반면 시간과 인력, 노력을 쏟아부었는데도 의미 있는 결과가 나오지 않아 어려움을 겪을 수도 있기에 꼼꼼하게 따져 보고 추진해야 한다. 스타트업의 대표 혹은 담당자는 아래의 체크 리스트를 꼭 살펴보고 내부에서 충분하게 논의한 이후 추진하기를 바란다.

스타트업이 오픈 이노베이션을 통해 우리가 얻을 수 있는 Benefit Check List	점수 평가			부정적인 의견이나 예상되는 리스크를 작성해 보라
	5	3	1	
우리 기술을 검증할 수 있는 기회인가?				
우리 기술을 더 고도화 하고 개발할 수 있는 기회인가?				
매출을 증대시킬 수 있는 기회인가?				
마케팅 자원을 확보 및 확대할 수 있는 기회인가?				
영업 채널을 확장할 수 있는 기회인가?				
브랜드를 제고시킬 수 있는 기회인가?				
투자를 받을 수 있는 기회인가?				
해외 진출을 할 수 있는 기회인가?				
내부 인력의 성장을 할 수 있는 기회인가?				

3) PoC 비용을 스타트업에 전가하는 경우 똑똑하게 대처하라

스타트업에서 대기업과 협업을 고려할 때 기업의 브랜드만 보고 다양한 협업이 가능할 거라 기대감이 높아지는 경우가 많다. 오픈 이노베이션 모델 중 많이 보이는 모델은 기업형 액셀러레이터다. '이 기업의 액셀러레이션 프로그램에 들어가면 다른 부서와 같이 일할 수 있을 거야, 투자를 받을 수 있을 거야' 등 긍정적인 생각을 하는 스타트업들을 많이 본다. 하지만 대기업에서 진행하는 액셀러레이션 프로그램에 참석했다고 해도 타 사업부와 계약이 되는 경우는 매우 드물다. 먼저 액셀러레이션 프로그램 참여 시 상상만 하지 말고 타 사업부와 협업이나 투자에 대한 가능성에 대해서 꼭 물어보고 확인해 보기를 추천한다.

스타트업 측에서 대기업과 협업이 중요하다고 해도 너무 낮은 자세로 갈 필요는 없다. 스타트업도 대기업과의 협업이 필요하지만 대기업의 입장에서도 자신들이 원하는 결과 및 성과를 내기 위해서는 스타트업과 협업이 필수적이기 때문이다. 대기업 또는 공공기관, 지자체 등과 PoC개념 증명을 진행하게 될 때는 무조건 비용을 받으면서 할 수 있도록 해야 한다. 특히 대기업뿐 아니라 지자체, 공공기관의 경우 PoC 비용을 스타트업에 전가시키는 경우가 꽤 많다. 이것은 또 다른 폭력이라고 본다. 우리는 테스트 베드를 제공해 주었으니 너희들의 기술과 인력을 투입해서 증명해 보라는 것은 스타트업의 상황을 전혀 모르고 추진하는 오픈 이노베이션이다. 처지를 바꿔서 생각해 보라. 당신이라면 2개월 동안 급여나 비용을 받지 않고 무보수로 일을 할 수 있겠는가? 오히려 자기 돈을 써 가면서 일을 하라는 것에 수긍할 수 있겠는가? 재정적 자원과 인적 자원의 한계에 봉착한 스타트업들이 이 사업을 통해 다음 사업을 꼭 수주해야 한다는 생각에 무리수를 두면서 비용 없이 추진하는 경우를 너무 많이 보아 왔다. 어렵게 기회를 획득한 것을 놓치고 싶지 않아 무리수를 두고 진행했다가 현금 흐름이 막히거나 고갈되어 죽음의 골짜기 Death Valley를 겪는 스타트업들이 존재한다는 것이다. 이 글을 대기업, 중견기업, 공공기관과 지자체의 담당자들이 읽는다면 PoC 비용은 정당하게 지급해 주기를 바란다. 이 점은 정말 꼭 개선해 주기를 바란다.

대기업과 협업은 시간이 걸린다. 특히 지금 커뮤니케이션을 진행하는 부서가 아닌 다른 부서와 연계해야 하는 상황이라면 원래 느린 의사 결정 프로세스의 속도가 더 느려지고 복잡해지기 때문이다. 서로 연계에 대한 논의가 진행되다가 갑자기 없어져 버리는 경우도 허다하므로 무리해서 진행할 필요는 절대 없다. 스타트업 리더의 경우 오픈 이노베이션을 추진하고자 하는 기업의 목적과 목표 그리고 다양한 전제 조건과 기회비용의 요소 등을 객관화시키고 정확하게 득실을 따져 보고 추진하기를 바란다.

6-3. 정부기관, 공공기관 오픈 이노베이션 이렇게 지원하라

1) 정부는 혁신 생태계의 윤활유 역할을 해야 한다.

현재 한국 정부는 스타트업 생태계의 리더 역할을 하고 있다. 스타트업의 수, 투자의 수 등 모든 곳에 예산을 투여하여 생태계를 만들어 가고 있다. 확실히 좋은 영향을 끼치고 있는 건 누구도 부정할 수 없는 사실이다.

"이제 정부는 리더의 역할에서 최상위 포식자로 군림하게 되었다." 라는 다소 부정적인 이야기들도 들린다. 그럼에도 불구하고 정부 지자체 및 공공 기관은 이를 간과하지 않았으면 좋겠다.

스타트업 창업자들은 어떻게 더 좋은 세상을 만들 수 있을지와 고객의 문제에 집중하지 않고 어떻게 하면 정부 돈을 받을 수 있을지 고민한다. 정부 예산을 받게 해 주는 컨설팅 회사들까지도 무수히 존재한다. 정부 예산을 받기 위해 스타트업을 심사하는 심사위원 중에도 스타트업에 대해 잘 모르는 사람들도 많다. 이런 심사위원들의 눈에 띄기 위해 스타트업은 사업 계획서를 작성하고 사업 방향성을 수정하기도 한다. 심사위원들 한마디에 실제로 시도조차 해 보지 못하고 사업 계획을 수정하는 경우도 많다. 스타트업에 제일 중요한 것이 가설을 빠르게 검증하기 위해 도전하고 시도해 보는 것임에도 불구하고 말이다. 스타트업들은 정부나 지자체에서 주도하는 수많은 지원 프로그램이 있어 1년에 여러 개의 프로그램에 참여한다. 사업도 해야 하고 다수의 프로그램에 참여도 하기에 사업의 집중력을 잃을 수 있다. 때로는 기회비용이 너무 커서 사업 성장의 기회를 놓쳤을 수도 있다. 그리고 정부 지원 예산은 수많은 페이퍼워크를 요구한다. 일분일초가 급한 스타트업의 소중한 시간과 에너지를 빼앗는다. 이를 최소화하기 위해 행정적인 절차와 요구되는 사항들을 간소화할 필요가 있다.

국내에는 400개 이상의 등록 액셀러레이터창업기획자들이 존재한다. 매우 많은 숫자이다. 액셀러레이터로서 제일 중요한 건 스타트업 아이템을 시장에서 검증을 할 수 있도록 도와줄 수 있는 네트워크 및 멘토 풀이고, 프로그램을 얼마나 잘 운영할 수 있는지에 대한 능력이다. 투자는 벤처캐피털도 한다. 액셀러레이터는 예를 들어 스타트업을 엑시트Exit 하고 이제는 스타트업을 지원하려고 하는 신규 액셀러레이터가 있고, 기존에 액셀러레이터가 있으면, 정부의 프로그램 운영 예산을 따는 건 기존의 액셀러레이터가 된다. 액셀러레이터를 심사하는 심사위원들도 실적만 보고 점수를 주는 경향이 강하다. 경쟁력 있는 액셀러레이터보다는 덩치가 큰 액셀러레이터가 사업을 지속적으로 수주하는 사이클이 반복된다.

국내 벤처캐피털 펀드는 정부 모태펀드가 메인인 경우가 많다. 모태펀드를 통해 많은 벤처캐피털이 생기고 투자도 일어나고 있다. 모태펀드는 정부 부처나 지자체에서 출자받아 구성된다. 여기서 문제점은 시장은 유동적이며 하루아침에 트렌드가 바뀔 수도 있다. 모태펀드를 구성할 당시, 뜨거웠던 주제가 출자 사업을 진행할 때는 식어버릴 수도 있다. 실제 사례로 유명 투자사에서 모태펀드 출자 사업에 선정이 되고 LP투자자 모집을 실패해서 출자 사업을 진행 못 하게 된 경우도 있다. 지자체 펀드의 경우에는 지역 스타트업에 펀드 금액의 일부를 투자해야 한다. 글로벌에서 스타트업을 보고 있는 입장에서, 서울의 스타트업도 글로벌 스타트업과 비교하면 많이 부족하다. 지역 스타트업은 서울의 스타트업에 비교하면 많이 부족하다. 이런 지역 스타트업에 투자하는 건 투자자의 입장에서는 큰 리스크라는 걸 이해해야 한다.

2) 정부는 심판의 역할이지 선수의 역할이 아니다.

지금까지 정부는 큰 역할을 해왔다. 지속적으로 큰 역할을 해야 한다. 하지만 이제는 더욱 촘촘한 지원이 필요하다. 생태계를 이해하고, 구체적으로 어떤 게 이슈인지를 파악해야 한다. 그리고 혁신이 잘 일어날 수 있도록 규제 완화와 네거티브 규제 도입에 집중해야 한다.

정부기관에서 스타트업 생태계를 위해서 해야 할 일은 단 3가지다.

첫째, 생태계에 충분한 자금과 공간 인프라를 지원하고,

둘째, 스타트업이 새로운 사업을 영위하는데 발목을 잡지 않도록 규제를 최소화 또는 규제 샌드박스를 열어 주고,

셋째, 혹시나 반칙하는 선수가 있다면 악순환이 반복되지 않도록 철저한 처벌과 예방책을 마련해야 한다.

정부기관은 스타트업 생태계에서 심판, 또는 인프라 제공자의 역할을 해야지, 절대로 선수로 활동해서는 안 된다. 실제 스타트업 생태계의 선수들은, 스타트업, 투자사, 수요 기업, 또는 파트너사 정도의 분류가 가능할 것 같다. 이 생태계에서 모든 선수는 앞서 얘기한 것처럼 모두가 리스크를 지고 이윤을 내기 위해 활동하고 있다. 하지만 정부기관은 이 구조에서 단 한 개의 리스크도 지지 않으려는 속성이 너무 강하다.

시스템이 존재하려면 규칙을 어겼을 시 불편한 사람이 있어야 한다. 심판은 이 불편함을 위반자에게 집행하는 임무를 수행한다. 그런데 갑자기 이 심판이 직접 게임에 뛰어들어 본인이 공을 던지고, 본인이 스트라이크를 선언하고, 본인이 볼을 치고, 본인이 홈런을 선언하면 어떻게 될까? 경기의 규칙이 무의미해지고 시스템이 무너지게 된다.

근래 각종 정부기관에서 스타트업을 위한 오픈 이노베이션 프로그램을 직접 무상, 또는 최저가로 운영하고, 정부 자금을 스타트업에 직

접 투자하는데 과연 이것이 옳다 그르다를 따지기보다도 효과적일지를 한번 생각해 보자.

일반적으로 스타트업에 투자하는 VC 또는 AC에서는 투자심사역 개개인이 본인의 커리어와 캐리 보너스를 위해 우수한 스타트업에 투자하려고 엄선하여 투자를 집행한다. 해당 스타트업이 잘 되면 투자한 투자사도 성공을 하고, 담당 투자심사역도 그만큼의 보상을 가져간다. 하지만 정부기관의 투자심사역이 투자 집행 시 성공 여부에 따른 보상이나 페널티가 있을까? 긍정적으로 보았을 때 그저 스타트업을 돕고 싶다는 마음 하나로 업무에 임하는 정도일 것이라 생각한다. 자금 집행과 본인의 Needs가 일치하지 않는다는 말이다. AC들이 기업들과 진행하는 오픈 이노베이션 프로그램이 유상이며 비용이 큰 이유는, AC들도 본인들의 네임 밸류를 걸고 우수한 스타트업을 찾아야 하기 때문이고, 함께 투자를 집행 시 리스크도 공유하기 때문이다.

다시 한번 정부기관은 선수로 뛰어서는 안 된다는 걸 강조하고 싶다. 스타트업은 투자를 받음으로써 미래를 기약하고, 투자사는 스타트업이 성장함에 따른 이윤을 회수하고, 수요 기업은 우수한 기술을 소싱하여 더욱 큰 이윤을 낼 수 있는 신사업을 추진한다. 이 Value Chain에 정부기관은 공생할 수 없다. 정부기관은 단지 Value Chain 옆에서 이 생태계가, 그리고 이 시장의 파이가 더 커질 수 있도록 자금을 대고, 인프라적인 도움을 주고, 반칙하지 않도록 심판을 보는 역할에 충실해야 한다.

3) 정부도 플랫폼 방식의 오픈 이노베이션 사업이 필요하다

최근 정부기관에서는 오픈 이노베이션 지원 사업들을 진행하고 있다. 현재 정부기관에서 지원하는 오픈 이노베이션 사업들은 대부분이 대기업에 스타트업을 연결하는 데 집중하고 있다. 정부기관 측에서는 결과적으로 대기업과 스타트업의 계약이나 투자가 사업의 성과가 된다. 스타트업과 대기업의 협업을 통해서 상생하는 성과를 만들어 내는 것도 매우 중요한 역할이라고 생각한다.

하지만 정부기관에서 이해해야 하는 부분은 스타트업과 대기업의 협업이 성과를 내는 것은 쉽지 않다는 것이다. Mind the Bridge 보고서[1]에 따르면 "대기업 측에서 스타트업과 개념 증명PoC 혹은 파일럿 프로젝트라는 결과물을 만들어 내기 위해서는 1,000개 기업을 만나야 2개 기업과 협업이 성사된다."라고 한다. 대기업 측에서도 원하는 프로젝트를 진행하기 위해서는 시간이 걸리고 담당자가 바뀌면 프로젝트가 사라질 수도 있다. 정부 사업은 1년 이내 사업으로 결과를 기대하고 사업을 기획하지만 1년으로는 성과를 내기가 어렵기 때문에 기간을 조금 더 길게 보며 사업 기획을 할 필요가 있다.

오픈 이노베이션 예산으로 스타트업을 선별해서 대기업과 연계를 시키는 방식보다는, 플랫폼을 도입하여 많은 대기업과 스타트업이 언제든지 참여해서 서로 검색하고 미팅할 수 있게 해야 한다. 사업의

---

1) Mind the Bridge (Evolve or Be Extinct - Open Innovation Models for the Future - Season 2022), available at: https://mindthebridge.com/evolve-or-be-extinct/

성과는 참여 스타트업 및 대기업 수, 미팅 수, MOU/NDA/LOI 계약 수, 프로젝트 수, 투자 수 등으로 관리할 수 있다. 플랫폼에 들어온 대기업과 스타트업의 협업이 원활히 이루어질 수 있도록 전문 컨설팅 및 멘토링을 제공하도록 해야 한다.

4) 지역 산단의 성장 정체를 끊으려면 지자체의 오픈 이노베이션이 절실하다

필자는 3년 전부터 구미 지역의 산업단지이하 산단가 안고 있는 문제가 전국 지역 산단의 문제라고 인식하고 전국을 돌아다니면서 지역 산단의 CEO들을 인터뷰했다. 지역 산단이 안고 있는 어려움들을 정리해 보면 딱 2가지로 요약할 수 있을 것 같다.

첫째, 몇 년째 사업이 성장하지 못하고 정체하거나 조금씩 매출과 영업 이익이 하락하고 있다. 지속 성장을 위한 신사업을 기획하고 신상품을 만드는 것도 예전보다 훨씬 더 어려워졌다. 새로운 기술과 혁신적인 기업들이 나와서 지역 산단의 성장과 생존 자체를 위협하고 있다. 더 빠르고 더 혁신적으로 변해야 하는데 그런 혁신성을 가진 인재가 내부에 없다는 것이 지역 산단의 현실이라며 하소연한다.

둘째, Founder인 CEO가 나이를 먹고 늙어가고 있지만, 자녀들은 부모의 사업을 물려받을 생각이 전혀 없다고 한다. 1946년생 CEO를 만난 적이 있다. 자녀 셋 모두 미국에서 공부했는데 아버지 사업을 물려받고 싶어 하지 않고 재산만 상속받고 싶어 한다고 한다. 시골에 있고, 굴뚝 사업이라 불리는 옛날 제조업이기에 전혀 매력적이지 않다고 자녀들은 말한다. 또한, 자녀들은 시골에서 살 생각이 전혀 없다. 그래서 굳이 내가 아버지 사업을 물려받을 이유는 없다고 생각한다. 즉 가업 승계가 어렵기에 향후 이 기업의 미래를 누구에게 맡길 것인가 심각하게 고민하고 있다고 한다.

지역 산단의 CEO들은 스타트업 생태계에 대해 전혀 모르고 있다. 알더라도 피상적으로 얕게 알고 있다고 보인다. 지역 산단을 다시 재도약시키기 위해 지자체와 공공 기관이 해야 할 일은 스타트업 생태계를 알아갈 수 있도록 주기적인 포럼을 열어 배움과 만남을 기획하고 실행하는 것이 아닐까 싶다. 즉 혁신적인 기술과 아이디어를 가진 스타트업과 새로운 변화와 새로운 사업을 만들어 새롭게 도약해야 하는 지역 산단의 정체된 기업들이 만나 서로를 이해하고 알아가며 오픈 이노베이션을 할 수 있도록 플랫폼 역할을 해야 한다는 것이다. 이를 위해서는 정부 지자체는 지원자의 역할을 자처해야 할 것이다. 지역 산단의 CEO들은 본인들이 추진했던 방식과는 전혀 다른 형태로 스타트업이 성장하고 미래를 만들어 가고 있음을 인정하고 배우려고 해야 할 것이다. 매출도 적고 영업 이익도 적자인 기업이 왜 이렇게 기업가치가 높냐고 무시할 것이 아니라 그 이면에 있는 숨겨진 내용들을 잘 파악하여 어떻게 우리 기업을 성장시키고 매력적으로 보이게 하여 사업을 확장하거나 Exit을 할 수 있을지를 전략적으로 판단해야 한다.

[지역 산단을 살리는 오픈 이노베이션 방향]

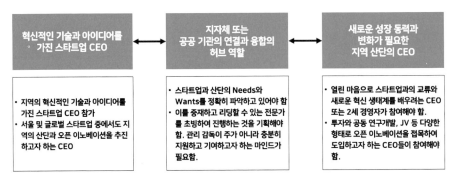

이를 기획하는 사람은 스타트업과 지역 산단을 잘 이해하고 파악하고 있어야 하며, 그들을 선도할 만큼 지식과 경험이 충분한 사람이어야 한다. 지자체와 공공 기관은 지역 사회를 어떻게 살릴 것인지를 오픈 이노베이션을 연구하면서 다양한 시도를 추진해 보기를 진심으로 바란다.

7

마지막 제언

7.

마지막 제언

7-1. 이주열 교수의 제언

1) 오픈 이노베이션은 '혁신과 성장의 축' 2가지의 속도를 증가시킨다.

짐 화이트허스트 Jim Whitehurst 미국 IBM 사장은 지난 2023년 3월 1일 열린 아시안 리더십 콘퍼런스 ALC 에서 "기업들의 혁신 방식이 대전환을 겪고 있다"라며 "자신의 아이디어를 꽁꽁 숨기던 과거와 달리 적극적으로 외부에서 협력자를 찾아 함께 개발하는 방식으로 변하고 있다고 했다. 그의 인터뷰를 조금 더 살펴보면 "세계는 앞으로 '오픈 이노베이션 개방형 혁신'의 시대를 맞이할 겁니다. 코로나가 발발한 지난 1년 반 동안 글로벌 기업들은 아이디어와 기술을 공유하는 연구 방식이 얼마나 효과적인지 제대로 경험했기 때문입니다."라는 말에 필자는 전적으로 동의하고 공감한다. 혼자 모든 것을 다 기획하고, 연구하고, 개발하고, 생산하던 시대는 저물어 가고 있다. 이제는 서로 협력하고 아이디어를 공유하고 성장과 나눔을 함께해야 할 시기이다. IBM이 2018년 시작한 '콜 포 코드 Call for code' 프로젝트는 그에 대한 사례이다. 콜 포 코드는 전 세계 스타트업과 학교·기업들이 모여 자연재해와 같은 문제를 해결할 수 있게 하는 협동 기술 개발 사업이다. IBM의 콜 포 코드에 대해 짐 화이트허스트 사장은 "179국에서 온 40만 명 개발자들을 모아 놓으니 불과 3년 만에 전 세계 환경·인종차별 문제를 해결하기 위한 1만 5,000여 개 앱이 탄생했다."라고 했다. 기업이 오픈 이노베이션을 추진할 때는 혁신이라는 축과 성장이라는 축 2가지 축을 기본으로 추진했으면 한다. 위 2가지를 기본 바탕으로 혁신의 속도를 증가시키는 방향으로 오픈 이노베이션을 활용하기를 바란다.

2) 인재 등용과 육성을 통해 리더를 키우는 기회로 삼아야 한다.

성장 정체의 원인인 역량 부족은 단순한 능력 부족이 아니라 기업의 성장 동력 사업과 핵심 분야에서 반드시 필요한 역량 예를 들어 유통 판매 역량, 디지털 마케팅 역량 등이 부족한 것과 잘못된 인사이동에 기인하는 경우가 많다고 한다. 국내에서는 2008년 즈음 외부 인사를 영입하는 것이 경영에 도움이 된다는 이야기들이 많이 회자한 적이 있다. 경영진, 팀장급 이상 등 리더급 인력의 10~30%가 외부 인재로 구성됐을 때, 가장 좋은 성과가 도출된다는 의견이었다. CEO나 이사회에서는 이런 수준에서 외부 인재를 영입하여 성과를 많이 거두기도 했고, 지금도 자주 활용하는 방법 중의 하나이기도 하다. 반면 내부에서 성장한 직원들에게는 기회를 박탈당했다는 심리적 상실감을 줄 수 있기에 균형 잡힌 인사가 반드시 필요하다는 의견도 제시되었다.

성장이 느리거나 도태한 기업들을 살펴보면 경영진을 구성하는 기존 멤버와 새로운 관점을 제시해 줄 수 있는 신입 멤버 간 균형이 깨져 있다는 것을 볼 수 있다. 기업은 외부에서 새로운 시각과 경험들을 흡수할 수 있어야 하며, 내부에서는 열린 마음과 생각으로 내가 알고 있고 경험한 것이 전부인 것처럼 행동해서는 안 된다는 것이다. 오픈 이노베이션을 추진할 때도 마찬가지이다. 내부와 외부 전체를 아우르고 바라볼 수 있는 균형과 열린 시각의 인재가 반드시 필요하다는 것을 꼭 기억하길 바란다. 이를 위해서는 무엇보다 팀 빌딩과 교육이 전제가 되어야 한다. 교육을 통해 같은 내용을 배우고 익히고 방향을 수립할 수 있도록 충분한 기회가 제공되어야 오래도록 호흡을 맞추고 성장할 수 있는 동력이 생긴다. 오픈 이노베이션을 통해 기업의 미래를 이끌어 갈 인재를 등용하고 육성하여 차기 리더를 키우는 기회로 삼아가길 바란다.

7-2. 최성안 대표의 제언

1) 위기감을 느껴라.

2023년 3월 기준 테슬라의 시가총액은 1,054조 원으로 자동차 업계의 1위다. 2위는 토요타 354조 원, 3위 폭스바겐 117조 원 등으로 2위에서 10위까지의 시가총액을 전부 합쳐도 테슬라의 시가총액이 더 크다. 불과 13년 만에 모든 것이 다 뒤바뀐 셈이다. 실리콘밸리에 있을 때 2010년 토요타와 테슬라 제휴를 이끌었던 지인에게 들었던 에피소드가 있다. "제휴 검토 후 우리 토요타의 엔지니어가 테슬라의 기술은 별것 없다고 했지만, 지금은 시가총액이 우리를 앞서고 있다." 최근 뉴스에는 토요타 엔지니어가 테슬라의 기술에 대해 칭찬을 하는 기사를 봤다. 이뿐인가? ChatGPT 출시 5일 만에 100만 명을 넘었고 현재 사용자가 1억 명을 돌파했고 이런 속도는 지금까지 없었던 전례이다. 한국에서는 규제 덕분에 지지부진하지만 우버, 에어비앤비와 같은 플랫폼 기업들도 택시 업계, 호텔 업계를 위협하고 있다. 새로운 혁신 기술은 하루아침에 당신의 산업을 파괴할 수 있는 파급력을 가지고 있다.

만약 당신이 회사의 미래를 걱정하며 잠을 뒤척이고 있다면 미래에 대한 위기감을 느꼈기 때문일 것이다. 반면 다가올 미래에 대한 위기감을 느끼지 못하고 있다면 만반의 준비를 다 했거나 변화 혁신에 대한 불감증을 갖고 있는 것은 아닌지 확인해 보길 바란다. 불감증은 좋지 않지만, 현실 도피는 회사에 전혀 도움이 되지 않는다. 새로 나오는 혁신 기술에 언제나 눈과 귀가 열려 있어야 하며, 어떻게 우리

회사의 지속 성장과 생존에 도움이 되도록 활용할 것인지 끊임없이
고민해야 할 시기임을 기억하면 좋겠다.

2) 혁신에 맞는 조직 구조를 갖추어라.

오픈 이노베이션은 변화가 빠른 현시대에 기업의 생존을 위한 필
수적인 방법으로 자리 잡고 있다. 오픈 이노베이션에서는 하나의 방
식과 단 한 번의 활동으로 성공을 거두기는 어렵다. 오픈 이노베이션
을 잘 하려면 우리 회사에 맞는 다양한 모델들이 무엇인지 고민하고
도입해야 하며, 오픈 이노베이션을 성공적으로 실행하기 위해서는 최
적의 조직 구조가 필요하다. 이를 위해서는 다음과 같은 방법을 사용
할 수 있다.

(1) 경영진의 참여

경영진 및 오너가 비전을 가지고 오픈 이노베이션에 참여를 한다면
의사 결정의 속도를 빠르게 낼 수 있다. 오픈 이노베이션에서 성공적
인 성과를 보이고 있는 기업들은 CIO Chief Innovation Officer, CDO Chief
Digital Officer 등 오픈 이노베이션을 이끄는 책임자를 두고 있다.

(2) 오픈 이노베이션 팀 구성

오픈 이노베이션을 책임지는 팀을 구성하여, 외부 및 내부 협력자
들과의 소통, 아이디어 관리, 프로젝트 관리 등을 수행할 수 있게 한
다. 오픈 이노베이션 모델별로 전문가의 채용이나 협업이 필요하다.

(3) KPI 및 예산 배정

오픈 이노베이션은 전사 전략의 한 부분이 되어야 한다. 전사적으로 목표를 세워야 하고 오픈 이노베이션팀만의 KPI가 아니라 사업부서도 연결되는 KPI와 예산을 가질 수 있도록 배정해야 한다. 배정된 KPI 및 예산을 오픈 이노베이션 프로젝트와 프로세스별로 책임을 명확히 분리하여 관리해야 한다.

(4) 지속적인 개선

오픈 이노베이션을 실행하는데 문제가 생기면 즉시 해결하는 절차를 구성하여, 오픈 이노베이션 프로세스를 지속적으로 개선할 수 있도록 한다. 예상했던 결과가 도출되지 못하거나 실수가 있었다면 프로세스를 복기하여 같은 실수를 반복하지 않도록 해야 한다. 실패에 관대한 처우를 보여 주며 기업가 정신이 사내에 내재화되도록 꾸준히 개선해야 한다.

7-3. 송종화 대표의 제언

1) 고여 있는 물은 썩는다.

일본의 글로벌 대기업인 Sony는 전자제품 산업을 선도하던 혁신 기업이었다. Sony는 과거 혁신적인 인재들을 모집하여 연구 조직을 구성하고, 워크맨, 플레이스테이션 등 혁신적인 제품들을 내세우며 세계적인 기업으로 자리 잡았다. 하지만 결국 내부에서의 혁신만을 고집해 온 결과 조직 문화가 경직되고 외부 아이디어 유입에 소극적으로 대하며 경쟁력 부진으로 2009년부터 2014년까지 6년 동안 다섯 차례나 적자를 기록하기도 했다. 2011년에는 4,550억 엔이라는 막대한 순손실을 기록했다.

워크맨, TV, 플레이스테이션 등으로 성공을 이룬 과거의 성공 방정식에서 벗어나지 못한 전자 사업부의 엔지니어들은 지나친 자부심으로 타 사업부와의 협업을 거부했다. 이렇게 변화를 거부한 Sony가 수년 동안 적자를 기록하다 2021년에는 영업이익 1조 엔을 기록하였다. 또한, 니혼게이자이신문 일본 20대 주요 기업 CEO 추천 종목 순위에서 3년 연속 1위를 기록하고, 심지어 2위와는 압도적인 격차를 기록했다.

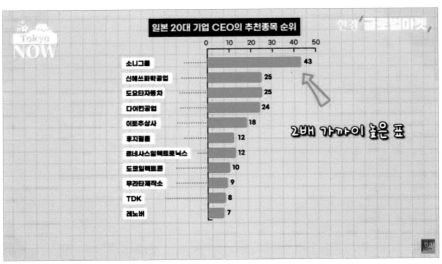

[참조. 한국경제신문, 2022년 1월 23일, 정영효 기자 https://www.hankyung.com/article/202201069198i]

그렇다면 Sony는 어떻게 이렇게 역전 드라마를 찍을 수 있었을까? 그 배경에는 평사원으로 시작하여 회장으로 은퇴한 히라이 가즈오 전 Sony 회장이 있다. 2011년 하워드 스트링거 CEO가 해고되고 히라이 가즈오 전 회장이 CEO로 복귀하게 된다.

히라이 회장은 미국과 캐나다 등 해외에서 생활하며 성장한 미국인이나 다름없는 일본인이었고, Sony에서 근무할 당시에도 Sony의 주류 사업인 전자제품이 아닌 비주류 사업인 게임과 음악 쪽을 담당하였다. 필자가 이전에 언급한 것처럼 오픈 이노베이션이 단순히 외부 스타트업과 협업하는 것만을 의미하지 않는데, 히라이 회장이 진행한 것은 내부의 부진한 사업들을 매각하여 정리하는 Inside-Out 혁신을 진행하고, 2014년부터는 Sony Startup Acceleration Program이라는 오픈 이노베이션 조직을 구성하였다.

[히라이 가즈오 전 Sony회장과 Sony Startup Acceleration Program]

[사진 출처: https://www.nobiz.se/videos-and-design/2019/10/14/teach-and-learn]

그가 2012년부터 2018년까지 진행한 것은 바로 성공 방정식에 취한 전자 사업부의 비중을 낮추고, 변화하는 트렌드에 맞춰 Sony를 게임과 음악, 그리고 디지털 콘텐츠를 유통하는 사업의 비중을 키웠다. 다양한 사업부 간의 협업, 그리고 외부 스타트업들과의 오픈 이노베이션을 통해 현재의 Sony는 과거의 위상을 되찾았을 뿐만 아니라 혁신 기업으로써 VR 산업, 로봇 산업 등을 선도해 나가고 있다.

흐르지 않고 고여 있는 물은 썩는다. 과거의 성공 방정식에 취해 변화를 거부하고, 그 기간이 길어지면 기업은 내부부터 곪아 버린다. 과감한 오픈 이노베이션을 통해 곪은 부위를 도려내고 새살이 자라날 수 있도록 외부와의 교류로 혁신을 취해야 매일매일 변해 가는 이 세상에서 기업은 생존할 수 있다.

2) 지속적인 성장을 위해 중장기적 오픈 이노베이션 전략을 수립하라.

물가는 지속적으로 올라간다. 다만 안정적으로 성장 중인 국가라면 그 속도가 완만할 뿐이다. 우리가 경제 활동을 활발히 하면 할수록 국가의 GDP는 증가하고, 양수의 경제 성장률을 기록한다. 이러한 구조에서 파이가 지속적으로 커지지 않으면 누군가에게는 돌아갈 자원이 줄어들 수밖에 없다. 기업이 매년 꾸준한 매출을 내고 있다고 안주하면 안 되는 이유이다. 매년 동일 매출을 내면 상승하는 물가에 맞춰 직원들의 임금도 상승해야 하고, 원자재나 물류비용 등 회사의 각종 비용도 함께 상승하기 때문에 기업은 매년 매출과 영업 이익이 증가하며 성장을 해야만 생존할 수 있다.

위에서 언급한 Sony의 사례처럼 내부의 혁신에만 의존하고 과거의 성공 방정식에서 벗어나지 못하면 변화하는 세상의 트렌드에 맞춰갈 수 없다. 지속적인 성장을 위해서는 오픈 이노베이션이 필요한 이유이다.

그렇다면 왜 '중장기적' 오픈 이노베이션이 필요할까?

오픈 이노베이션의 성과가 정량적으로 증명되는 데에는 3년 이상의 시간이 걸리기 때문이다. 오픈 이노베이션에 대한 환상을 가져서도 안 되는 이유인데, 많은 사람이 오픈 이노베이션을 처음 접하면 마치 마법처럼 새로운 기술을 도입해서 1년 뒤에 신제품을 출시할 수 있을 것으로 오해하기도 한다. 평균적으로 스타트업이 성공적으로 시제품을 개발하고 양산, 또는 서비스를 본격 개시하는 Series A 정도의 투자 단계까지 이르는데 3년 정도의 시간이 걸린다. 실제로 기업의 사업과 접목하여 실체가 있는 무엇인가를 협업을 통해 만들 수 있는 시점은 스타트업에 투자 후 3년이라는 얘기다.

몇몇 대기업과 중견기업에서 몇 년 전에 오픈 이노베이션을 추진했다가 조용히 조직을 해체하였다. 1~2년 정도 해 보고 성과가 나오지 않으니 3년 차에 포기한 것이다. 이런 사례들이 수많은 기업 내에서 존재한다. 그러면 대체 왜 이런 일들이 일어날까?

대기업이나 중견기업의 조직 개편 및 인사이동이 매년 일어나기 때문이다. 임원이 오픈 이노베이션 조직을 맡고 1년 안에 성과를 내지 못하면 다음 연도에는 새로운 임원이 또다시 부임해 처음부터 다시 프로그램을 시작하게 된다. 그 과정에서 전년도 진행한 이력을 바탕으로 Lessons Learned는 기억 속에서 사라지게 되고 똑같은 실수를 매년 반복하게 되는 것이다.

삼성전자의 경우 오픈 이노베이션 센터를 독립 조직으로 운영하여 리더십이 수년간 유지되었고, 실제 3년 정도 지난 시점에는 당시 투자한 스타트업인 LoopPay라는 곳을 인수하여 지금의 삼성페이를 사업화하는 데에 성공하였다. 지금도 당시 오픈 이노베이션 센터는 Samsung NEXT로 이름만 바뀌고 운영되고 있고, 지속해석 성공적인 투자를 하고 있다.

기업들이 도태되지 않고 지속 성장을 이루려면 내외부로 유기적인 정보의 흐름이 만들어져야 한다. 또한, 이건 트렌드가 아니라 생존을 위한 숙명이다. 오픈 이노베이션에 대해 기업의 오너들과 경영진들이 머리만이 아닌 마음으로도 받아들이고, 숙명을 이루기 위해 최소 3년에서 5년은 오픈 이노베이션을 시도해 보려는 노력을 해야 한다. 이 책의 내용이 기업에 있는 누군가에게 기업의 지속적 성장을 위한 하나의 나침반, 아니 초반에 언급했던 오픈 이노베이션의 첫 사례에서 다룬 크로노미터가 되어 지금 나의 위치를 파악하고 나아갈 방향을 설정할 수 있는 수단이 되었으면 한다.

부록

실무에 도움 되는
프레임워크

오픈 이노베이션 현황 및 준비도 평가표

기업 입장에서 바라본 오픈 이노베이션의 추진 방법

스타트업의 생애주기로 바라본 오픈 이노베이션의 추진 방법

▣ 오픈 이노베이션 현황 및 준비도 평가표

이 평가표는 기업의 오픈 이노베이션 준비 상태와 성과를 다각적으로 검토하는 데 사용될 수 있다.

평가 항목	설명	평가 기준 (1-5 점)
전략적 정렬 (Alignment)	오픈 이노베이션 전략 및 정책의 명확성	
	오픈 이노베이션 KPI 설정 및 관리	
	오픈 이노베이션에 대한 전략적 우선순위	
	기업 전략과 오픈 이노베이션 활동의 연계도	
	새로운 기술 및 시장 동향에 대한 모니터링 및 조정 능력	
문화 및 조직	혁신 지지하는 조직 문화의 존재 여부	
	실패를 통한 학습 및 창의성, 협업의 장려 정도	
	오픈 이노베이션 실행을 위한 조직 문화 및 구조 현황	
	최고 경영진의 오픈 이노베이션에 대한 관심도	
	타 부서 간의 연계 용이성	
외부 협력 및 네트워크, 파트너십	외부 조직(파트너, 학계, 연구기관, 스타트업과)과의 협력 정도	
	협력을 통한 신기술 획득 및 지식 교환 등 활동 정도	
	외부 네트워크 및 파트너십의 질과 범위	
내부 프로세스 및 구조	프로젝트 실행 및 리스크 관리 현황	
	오픈 이노베이션 활동의 기획 및 실행 방법	
	다양한 오픈 이노베이션이 운영 가능한 구조 보유	
	내부 리소스 및 역량의 활용도	
성과 평가 및 영향	성공 및 실패 사례에 대한 학습 및 개선 활동	
	오픈 이노베이션 활동의 전반적 성과	
	오픈 이노베이션에 대한 자원 배분 및 투자 수준	

■ 평가 기준:

- 1점: 매우 부족함

- 2점: 부족함

- 3점: 보통

- 4점: 양호함

- 5점: 매우 우수함

이 평가표는 각 항목에 대한 평가를 통해 기업의 오픈 이노베이션 준비 상태와 강점, 개선 필요 영역을 식별하는 데 도움을 줄 수 있다. 평가 결과를 바탕으로 전략적 계획을 수립하고, 조직 내 오픈 이노베이션 문화를 강화하며, 외부 협력 및 네트워크를 확장하는 방향으로 노력할 수 있다.

◨ 기업 입장에서 바라본 오픈 이노베이션의 추진 방법

오픈 이노베이션 추진 방법 – 기업 입장의 접근 방향성과 적정 타임라인

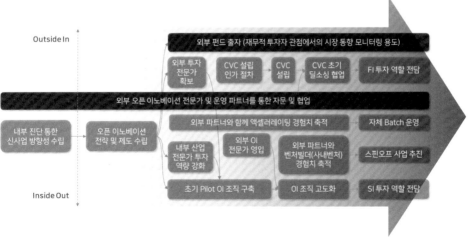

내부 진단을 통해 우선적으로 신사업 방향성이 수립되어야 한다. 이후 오픈 이노베이션 전략과 제도를 수립하기 위한 과정이 동반되어야 하는 데 전반적인 과정을 외부 전문가의 도움을 받아 다양한 성공/실패 사례를 비교하여 기업에 적합한 모델을 구축하는 것이 중요하다.

Outside In 접근으로 외부 펀드 출자를 집행하는 것은 외부의 FI Financial Investor: 재무적 투자자들이 어떤 분야의 어떤 스타트업들에 투자하는지 시장 동향을 모니터링하기 위한 용도로 필요하다. 기업의 입장에서는 SI Strategic Investor: 전략적 투자자의 입장에 매몰되면 지속 성장성을 지닌 스타트업을 변별하는 과정에서 선입견이 반영될 수 있다.

추가적으로 CVC Corporate Venture Capital: 기업형 벤처캐피탈을 설립하는 것은 생각보다 복잡하다. 창업투자회사창투사 또는 신기술 사업 금융 전문회사신기사의 형태로 설립해야 하는데 자본금이 각각 20억, 100억 규모이며 인가를 받는 과정이 수개월 이상 걸린다. 내부적으로 본 계정투자를 집행하는 것보다 자유도가 있으나 경우에 따라서 내부 오픈이노베이션 조직이 투자 기능을 보유하고 있다면 R&R이 불명확해질수 있어 전사 차원의 명확한 전략과 제도가 미리 수립되어야 한다.

하단은 Inside Out 접근으로 오픈 이노베이션 조직을 구축하여 전략적인 오픈 이노베이션을 위한 제반 사항들을 정리하였다. 천 리 길도 한 걸음부터라 했다. 초기 오픈 이노베이션 조직은 소수 정예로 구성하며 내부의 산업 전문가를 교육하며 외부 투자 전문가를 섭외

해 구색을 갖춘다. 그 이후로는 외부 오픈 이노베이션 전문가를 영입하여 조직을 고도화할 필요가 있다.

Inside Out의 전체 과정에서 초반에는 외부 오픈 이노베이션 전문가 또는 운영 업체와 협업하여 첫 단추를 잘 잠그는 것이 중요하다고 생각한다. 많은 기업이 오픈 이노베이션을 처음 시작하는 과정에서 실수하는 것이 있는데, 바로 사내 벤처를 첫 오픈 이노베이션 과제로 시작한다는 점이다. 필자의 경험으로 미루어 보되, 가장 극악의 난도를 자랑하는 오픈 이노베이션의 형태가 사내 벤처다. 기업가 정신이나 스타트업이 일하는 방식을 전혀 모르는 사람들이 모여서 프로그램을 기획하고, 프로그램에 참여하는데, 결과물이 좋을 수가 있을까? 그래서 스타트업들과의 풍부한 경험을 보유한 파트너와 액셀러레이팅 프로그램을 먼저 진행하는 것을 제안한다. 본인 사업에 목숨을 건 스타트업 대표들을 경험해 보고 나면 깨닫는 바가 생긴다. 사내 벤처, 그리고 좀 더 발전된 형태로 벤처 빌더의 모델은 좀 더 운영진의 역량이 축적된 후에 진행하는 것이 바람직하다.

몇 번의 협업을 거치고 나면 대부분 오픈 이노베이션 전략과 방법론이 내재화될 것이다. 그 이후부터는 자체적으로 CVC를 통한 투자를 집행하고, 자체 액셀러레이팅 Batch를 통해 스타트업을 육성할 수 있을 것이다. 다만 해당 과정에서 제삼자의 객관적인 입장에서의 의견이 다른 관점을 제공할 수 있기 때문에 많은 기업이 독자적인 오픈 이노베이션 시스템을 구축한 이후에도 외부 파트너와 협업을 하곤 한다.

▣ 스타트업의 생애주기로 바라본 오픈 이노베이션의 추진 방법

오픈 이노베이션 추진 방법 – 스타트업의 생애 주기 기준

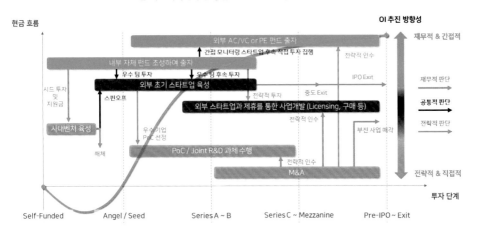

바로 전에 기업 입장에서의 타임라인에 맞춘 오픈 이노베이션의 추진 방법을 다뤘다면 이번에는 스타트업의 생애 기준에 맞춘 재무적/전략적 오픈 이노베이션 추진 방법에 대한 내용을 소개하겠다.

스타트업이 아이디어로 시작하여 첫 투자를 받고 Exit 할 때까지의 생애주기 상에 기업과 진행할 수 있는 오픈 이노베이션 방법들을 항목별로 나열해 보았다. 상하 축으로는 기업 입장에서 재무적인 접근인지, 전략적인 접근인지 기준으로 정리하였고, 각 항목의 가로 길이는 어떤 생애주기에 있는 스타트업들에 해당하는 오픈 이노베이션인지를 의미한다. 또한, 화살표의 경우 어떠한 판단으로 인해 해당 액션을 취하는지를 의미한다.

상단부터 외부 출자의 경우 이전에 언급했던 것처럼 시장 동향을 모니터링하기 위한 용도이다. 하지만 이 경우에는 하단에 자체적인 펀드를 조성하는 경우가 있다. 이 자금을 통해 펀드에서 투자한 스타트업 중 전략적 가치가 있거나 수익성이 커 보이는 곳의 경우 후속 라운드에 직접 투자를 통해 지분율을 확대하기도 한다. 외부의 초기 스타트업을 육성하는 경우 우수한 곳은 이 자본을 통해 초기 투자, 또는 추가적인 후속 투자까지도 집행한다.

내부적으로 육성한 사내 벤처팀의 경우 위의 펀드에서 초기 지원금을 제공하고, 우수한 팀의 경우 스핀오프시켜 스타트업으로써 투자하고 육성한다. 사내 벤처팀이 해체되는 경우는 두 가지일 것이다. 사업성이 없거나, 전략적으로 내재화하는 것이 유리해 보이는 사업일 경우이다.

초기 스타트업이 아닌 Product-Market-Fit을 어느 정도 확보한 스타트업과는 직접적으로 제휴를 통한 사업 개발을 진행할 수 있다. 대기업의 솔루션보다는 완성도가 떨어지는 경우는 있지만, 초기 전략적 고객 입장에서는 상대적으로 저가에 기업의 Needs를 반영해가며 입맛에 맞춰 고도화가 가능하기도 하다. 이런 스타트업의 경우 솔루션이 내부 사업과 잘 맞는다면 전략적 투자 또는 M&A를 집행하기도 할 것이다.

직접 육성한 스타트업의 경우 우수한 기술력이나 솔루션을 확보했다면 내부 실무팀과 붙여 PoC 및 공동 연구를 진행할 수 있다. 이 중에서 사업화까지 성공하는 케이스는 전략적으로 M&A를 추진하는 것이 상대적으로 초기에 저렴한 가격에 솔루션을 확보할 수 있는 전략이다.

마지막으로 기업의 입장에서 신사업을 추진하고 오픈 이노베이션을 진행하다 보면 기존 사업 중 부진한 영역을 매각하고 확보된 예산을 다시 선순환을 위한 투자에 활용할 수 있다.

오픈이노베이션 관련내용 문의하기

문의 링크: https://forms.gle/cUqNJEYMKFQP9QKF9

문의 QR코드:

이주열 Paul Lee

현재 서울벤처대학원대학교 연구교수로 있으며, 글로벌 오픈 이노베이션 센터장을 맡고 있다. 서울벤처포럼을 만들어 스타트업이 성장할 수 있는 생태계를 구축해 가고 있으며, 호서대학교 벤처기술창업대학원 교수로 벤처 창업론을 가르치면서 충청벤처포럼을 준비하고 있다.

공학 전공자로 1과 0만 배우다 한양대학교 국제학대학원에서 중국의 정치, 경제, 역사, 문화 등을 배우고 공부하면서 인간의 욕망과 기술이 어떻게 세상을 변화시키는지에 눈을 뜨게 된다. 석사 졸업 후 경영컨설팅 회사에서 New Business Planning을 담당하며 비즈니스 모델과 신규 사업 개발의 전문성을 14년간 200여 개 프로젝트를 진행하면서 내공을 쌓았다. 성장 전략과 더불어 B2B Sales Force Enhancement 전략과 실행을 담당하며 KMAC에서 올해의 컨설턴트 상을 3번 수상하기도 한다. 2012년부터 지금까지 스타트업 40여 개에 투자 및 엑셀러레이팅을 하면서 대기업, 중견기업과 오픈 이노베이션을 통해 스타트업은 스케일업 및 Exit 할 수 있어야 한다는 생각을 갖게 된다. 또한, 현재 세라젬 자문교수를 맡고 있으며, 오픈 이노베이션을 통해 미래 성장 전략을 디자인하고 실행하는데 중점을 두고 있다. 저서로는 『탁월하게 나답게 사는 삶』, 『ESG로 세상을 변화시키기』, 『지속가능은 가능한가』, 『Sales DIPS』 등이 있다.

최성안 Sun Choi

현재 미국에 본사를 두고 있는 글로벌 액셀러레이티 겸 밴처캐피탈 2080 Ventures의 공동 설립자이자 공동 대표를 맡고있다. 앤젤투자도 활발히 진행하고 있으며 유니콘기업인 SpaceX, 세레브라스를 포함하여 글로벌 초기 스타트업에 투자를 진행했다.

일본 리츠메이칸 APU에서 학부를 졸업한 후, 경영컨설턴트로서 미츠비시, 토요타 등의 대기업을 대상으로한 전략 컨설팅을 통해 전사 전략, 신사업 기획, M&A 등 다양한 프로젝트를 진행했다. 이후 스웨덴 스타트업의 아시아 진출을 위한 첫 멤버로 활동하여 해당 스타트업이 핀란드의 대기업에 인수될 수 있도록 기여했다. 일본 스타트업에서 인공지능을 활용한 영업 SaaS를 기획부터 론칭까지 진행하여 소프트뱅크, 구글 재팬 등에 론칭했고 도쿄증권거래소 마더스에 상장하는 데 중추적인 역할을 했다. 샌프란시스코에서 Hult International Business School에서 MBA 과정을 시작하며 실리콘밸리 생활을 시작했다. 실리콘밸리 액셀러레이터 겸 글로벌 톱 오픈이노베이션 컨설팅펌인 Mind The Bridge에서 아시아 총괄대표를 역임하며 1,000개 이상의 국내외 스타트업들의 해외 진출 지원 및 자문과 글로벌 대기업의 오픈 이노베이션 프로젝트를 담당했다.

송종화 Jake Song

현재 B2B 사업 개발 전문 투자사
인 주식회사 인시디얼의 창업자이자
대표를 맡고 있다. 스타트업들의 B2B
사업 개발을 돕고 엔젤투자도 집행
하고 있다. 14년간 '실행 가능한 오픈 이노베이션'의 커리어를 쌓아 왔고,
현재 창업진흥원의 전문위원으로도 활동하고 있다.

미국 UC Berkeley에서 Chemical Biology 학부를 졸업 후 실리콘밸리의
삼성전자 R&D Center에서 7~10년 뒤 미래 신기술을 센싱/소싱하는 오픈
이노베이션팀의 애널리스트로 커리어를 시작했다. 이후 스타트업 경험을
피부로 느끼고 싶어 Brown University의 Innovation Management and
Entrepreneurship 석사 과정에서 1년간 의료기기 스타트업을 창업하고, 졸
업 후 다시 삼성전자 Open Innovation Center에서 투자 애널리스트로서
삼성의 바이오 신사업 전략을 수립하고, Cloud Computing, Big Data,
Security 분야의 투자 전략 수립 및 스타트업의 기술 실사 업무를 병행하였
다. 2014년부터는 국내 어보브반도체에서 마케팅 팀장을 맡으며 7년간 전
사 전략 기획, 상품 기획, 마케팅, 사업 개발, 전략적 투자 등 폭넓은 영역의
실무에서 오픈 이노베이션을 녹여냈다. 2021년부터 약 2년간은 국내 톱 액
셀러레이터인 퓨처플레이에서 사업개발팀장을 맡아 기업들의 오픈 이노베
이션 전략 도입을 위한 컨설팅 업무를 담당했다.

실패하는 vs 성공하는 기업

초판 1쇄 발행   2024년   5월   7일
초판 1쇄 발행   2024년   5월   15일

저자   이주열, 최성안, 송종화
펴낸이   박정태
편집이사   이명수   감수교정   정하경
편집부   김동서, 박가연
마케팅   박명준, 박두리   온라인마케팅   박용대
경영지원   최윤숙

펴낸곳   주식회사 광문각출판미디어
출판등록   2022. 9. 2 제2022-000102호
주소   파주시 파주출판문화도시 광인사길 161 광문각 B/D 3층
전화   031-955-8787   팩스   031-955-3730
E-mail   kwangmk7@hanmail.net
홈페이지   www.kwangmoonkag.co.kr

ISBN   979-11-93205-25-9   03320
가격   21,000원